首届教育学会教育史分会优秀博士论文
泰山学院学术著作出版基金资助出版

基础教育的文化传承与理论创新丛书

黄书光 主编

BENTUHUA SHIYU
ZHONG DE JINDAI XIBU
DIQU BANXUE QUXIANG
YANJIU
RONGRUSHI YU
HUSHESHI BANXUE ZHI
BIJIAO

本土化视域中的近代西部地区办学取向研究
——"融入式"与"互摄式"办学之比较

谢文庆 著

教育科学出版社
·北京·

"基础教育的文化传承与理论创新"丛书

总序

现代意义的中国基础教育始终是伴随着东西方文化的剧烈冲突与交流而不断前行的。如何从文化传承的角度来探讨 20 世纪以来中国基础教育改革的复杂形态、深层动因、理论特点和发展趋势，为当代基础教育改革的理论创新寻找本土经验和学理支撑，无疑具有十分重要的学术价值和现实意义。

为了实现我们共同的学术理想和研究旨趣，我们设计了这套丛书，由 8 部既相互关联又相互独立、彼此呼应、重点突出、个性独特的著作组成。其中既有从文化视角对一个地方社区基础教育进行的历史人类学考察，又有从中西文化融合的视角深描改革开放 30 年这一特定时期中国基础教育改革的异域形象，也有以迥异的文化教育模式为参照去比较和透视近代中国乡村教育的不同路向，更有从方法论角度对基础教育演进的文化意义的追问。此外，还有采取人类学的实地研究和口述史方法对改革开放后我国农村小学师资来源、培养、教学生活等的多维历史影像的精心构筑，以及对民国时期中国西部地区的两种办学取向所做的饶有趣味的深度比较与辨析。在这些专题研究基础上，拟以"时代为经，问题为纬；立纲抓本，不求全备"为原则，借助历史叙事、理论比较、田野调查、个案考察、综合反思等方法，对百年来中国基础教育改革进程进行全方位、多棱镜、深层次的系统探究，一方面拟从"文化价值"的哲学高度，去努力揭示百年中国基础教育改革探索的内在逻辑、复杂面相、基本规律和发展路向，另一方面则以"教育家办学的文化反思"为重心，系统考察近现代基础教育领域教育家群体的本土化办学实践与多样化理论创生，总结近代以来中国基础教育领域中千姿百态的本土经验，力求揭示中国基础教育改革的内在逻辑、基本规律和发展路向。具体而言，本丛书由如下8本著作组成。

1.《文化视野下的村落、学校与国家——一个地方社区基础教育变迁的历史人类学考察》（张济洲著）

2.《他者镜像与自我建构——中国基础教育的异域形象（1978—2008）》（黄忠敬等著）

3.《近代中国乡村教育的不同路向——邹平教育模式与延安教育模式比较研究》（崔玉婷著）

4.《百年中国基础教育改革的方法论探析》（李政涛等著）

5.《文化差异与价值整合——百年中国基础教育改革进程中的思想激荡》（黄书光等著）

6.《本土化视域中的近代西部地区办学取向研究——"融入式"与"互摄式"办学之比较》（谢文庆著）

7.《声音与回响——我国农村中师毕业生的历史考察（1979—2009）》（赵金坡著）

8.《中国近现代基础教育变革中教育家办学的文化反思》（黄书光等著）

以上8本著作的撰写者都是学有专长的教育学博士，多数人已是教授和副教授。尽管我们最初的研究是侧重于教育史专业或者教育学原理专业，但在后来相当长一段的时间内均热衷于基础教育探索，都对基础教育的历史、现状与未来抱有浓厚的兴趣，都不同程度地亲临了当代基础教育的改革现场，都力图从专业的视角对中国基础教育改革发展的问题与症结、对策与建议、出路与走向提出自己的一得之见。或许我们对火热的基础教育实践的参与和体贴还不够细致入微，或许我们对冷峻的基础教育历史的了解与观察还不够客观全面，或许我们观察事物的角度和思考问题的方式还不够准确到位，但确实都以百倍的热情和求实的态度尽了一个研究者的赤诚之心。

为了提升研究的质量，我们曾就基础教育改革发展的关键环节及核心问题举办过多次的小型学术沙龙，邀请相关学者进行跨学科的理论撞击与学术争锋。毋庸讳言，每一次论辩我们都很难达成一致的意见，但毕竟开阔了我们的研究视野，坚定了我们的学术追求，使我们对"文化传承"与"理论创新"的辩正统一关系有了基本的价值认同，并在此前提下展开了各自的个性化研究。尽管我们并不刻意菲薄自己的学术成果，但它确实只是一种探索性研究的开端。面对生命成长的最初阶段和人才摇篮的基础教育，仍有着太多的未知领域亟待我们去开拓与进取，仍有着太多的棘手问题亟待我们去思考与求索。在此，真诚地期望读者们善意的批评指正，以鞭策我们在崎岖的山道上继续顽强地攀登与不懈地追求。

感谢教育科学出版社的大力支持和帮助。值本丛书出版之际，特向教育科学出版社的领导和编辑致以崇高的敬意和衷心的感谢。

华东师范大学基础教育改革与发展研究所　黄书光

目　录

导　论

教育变革的本土化选择

一、选题缘起与意义

"教育体系是每个民族的民族意识、文化与传统的最高表现。"（联合国教科文组织国际教育发展委员会，1996）[218]鸦片战争以来，中国"四书五经"的课程内容、"学优则仕"的教育目的、"知行合一"的教学策略与"天朝上国"的骄傲自负一起，被西方强势的工业文明冲垮。作为赶超型现代化国家，中国经过强烈的抗拒和痛苦的抉择，无奈地逐渐接受了"师夷长技"的策略，走上了效法"西夷"的现代化之路。不论是"中体西用"的保守，还是"民主与科学"的激进，都面临着中西文化的选择和中国文化的创新问题。"为了成为我们本身，我们必须学习一种语言、一种文化、一种知识，还需要这个文化本身是相当多样化的，以便我们能够在现有观念的储存中做出自己的选择和以自主的方式进行思考。因此，这种自主性靠依赖性来滋养：我们依赖于一个教育、一种语言、一个文化、一个社会；我们当然更依赖于一个大脑，它本身是一个遗传程序的产物；我们还依赖于我们的基因。"（埃德加·莫兰，2008）[67]中国的教育正是在文化位移中努力寻找自己的坐标，在深刻地变革中重组自己的文化教育"基因"。如果说清末的教育变革还带有诸多的文化自负，新式学堂在整个教育体制中处于边缘地位，那么，民国时期的教育变革则完全采用了西方教育体制，在短暂的"全盘西化"的冲动过后，出现了一定的文化自觉，开始在变革中探寻教育现代化与本土化的结合点，试图解决我们至今仍在探索的世纪难题。但"抛开自家根本固有精神，向外逐求自家前途，则实为一向的大错误，无能外之者"（梁漱溟，1992）[106]。"改革者没能从心底把当地情况和文化作为重要的问题来处理"，"决策者常常会不考虑当地的情况而强行推行某种观点，而需要（根据实际情况）迅速做出调整和补救时又表现得非常脆弱"（迈克·富兰，2010）[84]，这是教育变革一直不尽如人意的关键因素。如何实现教育变革的本土化，创建具有中国立场、民族精神的教育，成为近代中国的一个基本命题。一些教育家明确提出教育本土化理论，并积极地进行本土化的教育变革。如陶行知提出"反洋化教育"、"反传统教育"、"在半殖民地半封建的国家建立争取自由平等之教育理论与方法"（江苏省陶行知研究会，2008）[784]，不愿再做"把外国教育制度拉到中国来的东洋车夫"（江苏省陶行知研究会，2008）[270]；晏阳初指出，教育要"解决中国的问题"，不能"抄袭外人的法子或者抄袭中国的老法子"（宋恩荣，1989）[78]，而"是要在农民生活里去探索问题"（宋恩荣，1989）[48]。为探索本土化的教育模式，陈鹤琴在杭州创立中华儿童教育社，梁漱溟在邹平成立山东省乡村建设研究院；雷沛鸿指出，"我们自愿把我们的教育制度'土化'，使它富有当时当地色彩，而且使它能根据当时当地的需要"（雷沛鸿，1990）[186]；卢作孚将实业救国和教育救国合而为一，以实业家的视角改革教育、改造社会，创造出独具特色的本土化办学模式，乡村民众教育成果斐然，"集数学家、教育家、乡村改革家、实业家之大成于一团"（陈代六，1993）[83]，与晏阳初、梁漱溟并称为乡村建设"三杰"。这些都鲜明地体现出本土化的教育变革立场。

特别需要指出的是，雷沛鸿和卢作孚身处西部地区，执着于振兴当地教育事业，为西部地区办学做出了卓越贡献。但遗憾的是，他们在后来受到了不公正的待遇，学术界一直忽视对他们办学思想的研究。改革开放以后，学术界对他们的研究才逐渐多了起来，人们才认可他们是近代教育家的杰出代表。但是，目前的研究多停留在梳理其教育思想和教育实践的层面，亟待加强比较研究与理论反思。从本土化的视角将他们在西部地区的办学取向进行比较研究，具有重要的学术价值和现实意义。首先，实现本土化是教育变革的目的与归宿——"我们应该向西方学习，这是没有疑问的。但研究中国问题，不'应该'以'西方为中心'，而'应该'以'中国为中心'"（曹锦清，2010）[1]。雷沛鸿与卢作孚的办学就是强调"以中国为中心"，其教育本土化的理论思想和实践取向值得我们认真研究。其次，当前区域教育发展与均衡问题，特别是中西部和少数民族地区的教育发展，已经引起极大关注，他们在各自所在地区进行了大量卓有成效的教育改造和社会改造实验，是区域教育现代化的经典案例，非常有必要进行深入研究。再次，国家大力进行教育改革，积极"倡导教育家办学"（国务院，2010）[55]，因此研究教育家及其办学规律，成为学术研究的一个重要方向。最后，他们以不同的理念和方式进行办学，形成了各具特色的办学取向，为研究教育家办学提供了丰富而新颖的材料，也为当前的教育改革提供了历史的借鉴与启示。

二、研究综述

（一）雷沛鸿研究综述

1. 赞誉与争议：民国时期研究概况

（1）**热情赞誉**。雷沛鸿在执掌广西教育行政，特别是 1933 年第三次出任广西省①教育厅厅长以后，提出并实施了国民教育运动（包括国民基础教育、国民中学和国民大学），取得了令人瞩目的成绩。省政府和教育厅及时将教育改革方案、教育统计公报和教育视导报告等公之于众，积极宣传和推动国民教育。这引起了全国关注，人们纷纷来桂参观考察或撰文评论。"在本质上国民教育就是国民基础教育"，具有全面性、计划性、整体性、中心性的特性（卢显能，1941）[2-5]。广西普及国民基础教育"非特在教育本质上有彻底的认识，经费上统（通）盘的筹算，事业上有确定的重心，设施上有整齐的步骤，更且在推行上有全省各界上下一心一德的努力合作。果真按照目前的计划，切实行之数年，其结果不只是广西教育的出路，也许就是大家现在在找中国整个教育之出路吧！"（徐旭，1934）[130]此后，"他省亦多闻风继起"（傅葆琛，1994）[330]。1936 年 1 月，中国社会教育社以俞庆棠、刘平江为团长组成了 66 人的考察团，在广西考察了 3 周，认为"我们深切感到广西的教育确有许多优点，值得我们取法。同时我们又觉得尚有一些须待改进的地方，可供当局参考"（中国社会教育社广西考察团，1937）[43]。1936 年 6 月，龚家玮主编《广西新教育之观感》，收录了冷观、红叶、李斗山、胡适之、苏阳恂等人的论文，集中对广西新教育，尤其是国民基础教育进行评价

---

① 如无特殊说明，本书所用的"广西省"均为民国时期的省区划分。

（龚家玮，1936）。1938 年，杨卫玉介绍了广西教育的发展成就，指出了师资、资金等方面的缺憾，但当局"已经有了治标治本逐步解决的办法。不久之将来，广西的教育，将于抗战胜利声中获得更圆满之结果，这不是恭维的颂词"（杨卫玉，1938）[7-15]。1938 年 4 月，虞伯舜编写《抗战后方的新广西》，其中第六部分《战时教育在广西》专门介绍了广西的学生军、国民基础教育、中学、大学教育及其服务抗战的情况（虞伯舜，1938）。1939 年 2 月，吴彦文介绍了广西少数民族的概况，及不同时期实施"特种部族教育"的具体情况（吴彦文，1939）。国民政府教育部督学刘寿祺到广西视察时指出，广西的国民基础教育制度与山东的乡学、村学和定县的平民教育制度相比毫无逊色，因为"广西的国民基础教育制度，有崇高的理想，有全盘的计划，具体的办法，而且能够切实地作大规模的实践，所以能纳入国家立法，而推行于全国"（刘寿祺，1992）[128-129]。

（2）争议不断。雷沛鸿在军阀割据、经济羸弱的广西推行国民教育会遇到许多困难，也引发了一些争论与不同意见。广西国民教育推行中数量可观，但质量亟待改进（张镇道，1942）[38-40]，主要表现在师资、教材、校舍、经费、行政等方面（梁上燕，1943）[21-22]，总之"目前的国民教育问题多多"（罗善屏，1943）[37-40]。以师资培训为例，师范教育与国民教育在行政上的分立，导致了计划不配合、师范教育中学化、行政上相互推诿等问题（陈剑恒，1941）[5-6]。广西边远县份的国民基础教育"没有一点蓬勃的朝气"，许多校长不孚众望、漠视教育，学校教师数量严重不足，且多"颓唐弛懈"、"无服务热诚"（李豪，1941）[54-57]；"这与经费的困难，设备的简陋，师资的缺乏，没有适当的教材有很大的关系外，而教育方法的不善，以致形成学生程度低落，也未尝不是很大的原因"（林立，1941）[56]。1941 年，继任广西教育厅厅长的苏希洵指出："国民中学制度成为广西教育上争论得很利（厉）害的一个问题，有些赞成国民中学的人，把它说得很好，主张把普通中学取缔，一律改办国民中学；有些反对国民中学的人，把它说得很坏，主张把国民中学取销，一律改办普通中学；有些人以为国民中学不应该取销，但要使一般国中毕业学生有继续升学的机会，因此主张在国民中学里而附设普通中学。各人议论纷纷，莫衷一是，真是仁者见仁，智者见智。"（苏希洵，1941）[54]从而出现了代替派、取销派和改进派之争（曹天忠，2001）[91-99]，主要是国民中学教育中理论建设、教材编写、师资数量、学校数量、学生升学、习惯做法等方面存在一些问题（潘景佳，1941）[34-37]。批评最多的是

"国民中学毕业生出路似不甚佳"，"上不足言升学以成深造之材，下不足言应世、以餍平庸之望"（常导之，1944）[40]。

雷沛鸿也承认，国民教育存在着师资缺欠、经费不足、教育不当、工作不利、失信民众等问题（雷沛鸿，1940）[8]。但国民教育依然在克服困难中不断前进，进而由教育部在全国推行。

2. 热潮与偏重：改革开放以后研究概况

改革开放以后，形成了雷沛鸿教育研究的热潮（汪灏，1999）[7-10]。1989年4月，广西教育学会成立了广西雷沛鸿教育思想研究会、雷沛鸿教育科学基金会，举办了八届雷沛鸿教育思想学术讨论会，基本形成了以广西为中心、东北相呼应、全国各地响应的研究局面，但却偏重于研究其教育思想。学者发表、出版了相当数量的学术论文、学位论文、研究专著和文集，形成了一定的研究规模。

（1）社会背景与人生经历研究。首先，雷沛鸿受到欧美的教育理论（董宝良，2009）[1421-1422]、儒家教育观点、杜威和陶行知生活教育理论的影响（曹天忠，2001）[80]，接受了孙中山的思想（曹又文，1993）[133]，主张教育救国，但并不反对革命（廖其发，2009）[921-925]。其次，他与新桂系都以孙中山的思想为遗教，信奉克鲁泡特金的互助论，强调团结合作的重要性；在处事方法上，他们都态度务实，计划周密；在教育观上，他们均重视教育的作用（谭群玉，等，1997）[104-106]。"但不宜把他和新桂系等量齐观"（马秋帆，1994）[前言1-13]，他与新桂系之间的矛盾也牵绊了国民基础教育质的提升（黄文华，2008）[42-46]。再次，雷沛鸿一生致力于教育事业（吴桂就，2010），他以教育家的博大胸怀"广收博采"（徐建平，等，1996）[232]，锐意创新（易慧清，1993）[81-86]，力图从中西文化交汇、冲突中寻求新文化的价值（林家有，1998）[74-78]，既有远大理想和目标，又能脚踏实地、锲而不舍地实干（王炳照，1993）[70-71]，并运用系统的、历史的、比较的方法（戴本博，1993）[91-93]，在穷省利用行政力量办大教育（高敏贵，等，1996）[1-7]。

（2）雷沛鸿教育哲学体系研究。雷沛鸿具有整体性系统思维（郭齐家，1993）[39]。他的教育哲学以"教育本质论"为核心，形成了一个完整的民族教育体系（吴桂就，2000）[126-134]，体现在从实际出发、变动、有教无类等方面（谭群玉，1991）[44-50]。他提出的教育方法论包括：一个标准，即有利于国民教育发展；两种策划，即社会策划和教育策划；三个要素，即经济、组织、人才；四个步骤，即由调查而假设，由试验而推广，由乡村而城市，由成人而儿童（李业才，等，1999）[84-88]。其思想精华是"审时度势立足现实的务实精神"，"通古知今汇通中西的创新精神"，"统观全局兼顾其他的整体精神"（阎广芬，1996）[99-103]。他认为，国民基础教育与四大建设（政治、经济、文化、军事）是整体关系，以适应"三自"（自卫、自治、自给）政策（曹天忠，2000）[6]。他在中国教育史上第一次对民族教育的内涵、实践和作用做出了最系统最全面的论述（钱宗范，1997）[56]。

（3）雷沛鸿教育思想的横向研究。从横向来看，雷沛鸿的教育思想涉及教育立法、教育管理、教学实验等方面。他的法律思想受到美国社会法学家庞德的影响（李露，1999）[96]，具有整体一贯性、特殊性、实践性的特征（刘兆伟，等，1999）[47-78]。他在当时省级地方教育立法工作中贡献突出（潘启富，2005）[22]，推动了广西教育现代化（王建梁，等，2001）[211]，也为20世纪40年代国民政府的教育立法提供了经验（全红，等，2001）[86]。同时，他重视教育管理方面的改革，以达到教育的最大效果（马佳宏，1999）[11-13]，具体体现在教育规划、教育行政管理制度、教育立法、教育经费、师资管理五个方面（李露，1998）[81-89]。另外还注意加强教师的自我修养（徐建奇，2005）[110]，认为教师不仅传授知识，更应该是学生的良师益友，引导学生做人、做事和治学（瀚青，1998）[83]。教育研究与教育实验宜"互为表里，互为体用"；主持者既须总揽全局，又须关心局部，且宜随时做出调整和修正；在实验中，则须突出重点，点面结合，以点带面，从而使教育实验得以总体推进（喻本伐，2006）[69-72]。

（4）雷沛鸿教育思想的纵向研究。从纵向看，他的教育思想涉及国民基础教育、国民中学、高等教育、成人教育、师范教育等。韦善美、程刚著《雷沛鸿教育思想研究》、曹天忠著《教育与社会改造》都采用这一体系。国民基础教育具有救亡和救穷的双重使命（杨启秋，1991）[92-99]，并在民族地区推广（陈曼平，1998）[49]、（李彦福，2009）[838-842]。国民基础教育是人民的权利，是建国大业的根本要图，是促进人类文明的根本途径（陈时见，1996）[77]，体现出素质教育思想（高时良，2009）[1580-1584]。国民中学则是富有弹性、兼顾职业训练、升学和就业的普通中等教育，给社会下层人士及其子弟受教育的机会（潘启富，1997）[22-24]，它教给学生治学与治生的知识，加强与社会实际的沟通，培养出大量实用人才（刘公绰，等，1998）[10-12]。国民高等教育应重视人文科学为先导的通识教育，为地方经济建设培养人才（杨芳，等，2006）[45-47]，同时，"大学必须实行思想自由，发扬理性的批判精神，运用科学方法，博通文理"，"树立良好学风，调动内在积极性，自谋学业的进步和人格的圆满发展"（张改先，等，1994）[51-55]。高等教育必须做到学术化、大众化、地方化（但昭彬，等，2009）[2194-2197]。雷沛鸿改革高等教育的理论与实践具有独创性，反映了高等教育必须适应社会结构、经济结构的基本规律（曲铁华，1994）[47]；他在成人教育上做出了突出贡献（阎广芬，1996）[38]，就地取材发展民族地区成人教育，探索文化教育和职业教育结合之路（林洞笙，2009）[781-783]，正确处理了当时成人教育中面临的西化与中国化、学校教育与社会教育、个体发展与社会改造之间的三大矛盾（李剑萍，1999）[73]；他重视师范教育（郭齐家，2009）[1540-1543]，指出"师范教育本为国民教育之母"，提出了一个优良教师的条件及师范生的品德标准（郭道明，1996）[72]，构建新的师范教育体系，加强师范教育立法，提高教师待遇和素质（王慧，2004）[40-43]。

（5）雷沛鸿教育实践研究。雷沛鸿教育实践的革新创造丰富多彩（陈时见，1997）[29]，他坚持理论与实践的统一（覃德平，1991）[64-69]。广西初等教育改革经历三个时期：1933—1934 年为研究试验期，1935—1936 年为推广办理期，1936 年下半年后为变革改进期（曹天忠，2001）[119-124]。在实践中，他的教育思想经历了萌芽吸收期（1913—1921 年）、整理内化期（1921—1931 年）、实践创造期（1932—1945 年）、总结提高期（1946—1951 年）（曹又文，1993）[39-46]，具体而言，他创办的国民基础教育、国民中学、西江学院与社会改造相呼应，产生了良好的效果（曹天忠，2004）[152-360]。

（二）卢作孚研究综述

1. 考察与评介：民国时期研究概况

民国时期，许多人对卢作孚及其事业进行参观考察。1922 年，《申报》介绍了四川泸县的职业教育（佚名，1922-02-01）[16]，虽然说是由杨森倡导，但与时任永宁道尹公署教育科长的卢作孚有着直接的关系。1925 年，卢作孚主持"成都、合川两通俗教育馆事务"，率队去江苏考察通俗教育状况（佚名，1925-12-05）[7]。他的主要办学活动在北碚地区（又称为"小三峡"），1923—1936 年由江（北）、巴（县）、璧（山）、合（川）特组峡防团务局（简称"峡防局"）管理，1936—1942 年改组为"嘉陵江三峡乡村建设实验区署"，1942 年以后改组为"北碚管理局"。卢作孚于 1927—1932 年任局长，其后主要由其四弟卢子英担任领导，但"他对北碚建设的领导并未放弃，抽空和假节日就要来北碚视察，听取汇报，进行指导"（周永林，凌耀伦，2001）[36]。1933 年，恽震参观了四川小三峡后，认为卢作孚"初在本乡教育界服务，嗣助杨森办教育行政，又在成都任通俗教育馆馆长，皆有声于时……成绩斐然"（恽震，1933）[17]。孔雪雄也对卢作孚主持的"北碚峡防团务局"进行了介绍（孔雪雄，1934）[441]。1935 年，徐亚明撰文详细介绍了小三峡的乡村建设成就，认为"将来的三峡"在教育事业上，"学校，有试验的小学校、职业的中学校、完全的大学校；社会，有伟大而且普及的图书馆、博物馆和民众教育的运动"（徐亚明，1935）[1-14]。1936 年，葛向荣等指出："四川嘉陵江三峡的乡村运动，虽然有政治、经济、文化方面，而中心运动却是训练民众，详细地介绍了北碚民众教育的具体情况（葛向荣，等，1936）[20-30]。1940 年，林峰考查了实验区的教育，以文学化的语言描述了澄江二十七保国民学校、北碚十二保民国学校和文星中心学校的办学成就与困难，并提出了解决问题的建议（林峰，1940）[27-29]。傅葆琛认为"四川北碚之团防局"是"中国的乡建运动"的重要地区，卢作孚则是与晏阳初、梁漱溟等齐名的"从事乡村工作的人士"（傅葆琛，1994）[403]。其他人也报道或介绍卢作孚和他的事业：《航业巨子卢作孚》（文石，1946）[23-26]、《传纪：航业界后起之秀——卢作孚先生与其事业》（蔚然，1934）[1-6]、《卢作孚讲业务管理》（佚名，1945）[9-14]、《卢作孚论中国战后建设》（佚名，1946）[1-15]等，其中很多内容都涉及他的办学经历。

20 世纪三四十年代，北碚的管理当局每月定期在《工作月刊》或《北碚月刊》等期刊上发表"嘉陵江三峡乡村建设实验区某年某月份工作报告书"，向公众介绍乡建进展情况，也随时将《嘉陵江三峡乡村建设实验区计划书》、《修正嘉陵江三峡乡村建设实验区署组织规程》等在报刊上公布。一些工作人员也撰文研究当地的办学情况。如黄子裳介绍了嘉陵江三峡乡村建设实验区的成立经过（黄子裳，1936）[7-9]，专门说明了当地学校教育和社会教育的情况（黄子裳，等，1937）[2]。刘忠义介绍了嘉陵江三峡乡村建设的实验区民众学校的情况，认为这"是非常艰巨困难的工作"，但"我们负着重大使命的乡建同仁又非将此项工作当为主要之一不可"（刘忠义，1937）[51-56]。刘忠义还详细介绍了嘉陵江三峡乡村建设实验区的义务教育的过程和效果（刘忠义，1939）[56-70]。

2. 关注与崇敬：改革开放以后的研究概况

改革开放以后，人们开始关注卢作孚的精神和事业，并以崇敬的心情进行研究，形成了可喜的局面：以凌耀伦、熊甫为代表的卢作孚经济思想、管理思想的研究，以刘重来、周鸣鸣为代表的卢作孚乡村建设与现代化研究，以徐仲林、吴洪成为代表的卢作孚教育思想研究（李向红，2010）[摘要]。研究的部门以重庆、四川等地高校和科研机构为主。

（1）人生历程与办学经历研究。许多研究者注意到了卢作孚人生与教育有着密切关系，不仅自己刻苦自学，而且关注民众教育（方舟，2005）[76-78]，积极从事办学活动：倡办通俗教育，开启民智；推行实业救国，重视人的训练；以民众教育为中心的乡村建设运动（刘义兵，2009）[1246-1249]。卢作孚早年是位真诚的"教育救国论"者，虽未实现教育救国梦，却开创了西南民众教育之先声，也为其日后的教育活动积累了重要经验（吴洪成，等，2010）[74-81]。

卢作孚的教育实践活动主要是在川南泸州推行新教育（1921年年初—1922年夏）、在成都倡办社会通俗教育（1924年春—1925年春）和以北碚为中心开展乡村建设实验与职工教育运动（1926年—1952年）。这些实践活动体现了卢作孚在不同历史时期教育思想上的转变和飞跃（吴洪成，等，2006）[255-256]。骆永寿则认为，其民众教育实践的第一阶段（1921年年初—1922年夏）在泸州、第二阶段（1924年2月—1925年7月）在成都、第三阶段（1927年—1944年）在重庆北碚（骆永寿，2001）[26-29]，他的教育思想经历了两个重要的发展阶段。第一阶段包括川南的教育实验（1921年年初—1922年夏）和创办成都通俗教育馆（1924年—1925年春）；第二阶段，即以北碚为中心的乡村教育建设和民生公司学校化实验（郭丽平，2006）[1]。

（2）卢作孚整体系统的办学思想。卢作孚将社会建设看作一个整体（肖欣，2007）[114-119]，教育则作为一个乡村建设的重要方面（王欣瑞，2007）[121]。卢作孚教育思想体现了复杂性和系统性。这与当时全国风行的教育独立运动、杜威的实用主义哲学观（谭超，2003）[99-102]及各地掀起的实业救国热潮的影响有着千丝万缕的联系（刘秀英，2003）[31-34]。从内容上看主要包括社会本位的教育目的论、有独立精神的教育独立论、回归生活的课程论、追求教育精神的师资论、灵活新颖的教学方法论、依序推进的乡村教育论、学校与社会兼重的教育环境论、注重美感精神的审美教育论（吴洪成，等，2009）[80-86]。从思想上看，主要包括教育是救国之本，要从基础抓起，先办好小学教育；教育经费要不断增加；不断改进教学方法，因材施教，同实际生活相结合（田海蓝，等，2003）[25-28]。这些超前的教育思想（刘重来，2001）[49-51]体现了他的办学理念：爱国主义和教育救国是其核心，努力提高全民族文化素质是其出发点，加强学校教育、推进教育教学改革是其重要内容（周绍东，2001）[91-96]。

（3）卢作孚教育现代化的办学思想研究。卢作孚主张教育近代化（吴红英，2008）[52-68]，"早在 30 年代，卢作孚就提出了在中国实现现代化的思想，对国家现代化的必然性、紧迫性、必要性作过大量而深刻的论述"（秦毅，2002）[23-26]，认为"训练人才是实现国家现代化的根本大计"（周绍东，2001）[113-116]。在现代化思想指导下，注意动员各种力量办学，探索出课堂教学与培养实际能力、教育与经济建设相结合的新路（李继樊，等，2001）[35-37]。他的教育思想主要体现在以下三个方面。

第一，卢作孚关注基础教育和学校教育。他认为"人人皆应有受教育之机会"，因此主管教育者要专心一意全神贯注搞教育；教育行政官员要懂教学，保证教育经费"优裕"；教师亦应懂管理，要精通教育学，富有乐业精神（李佳穗，1996）[20-21]。

第二，卢作孚重视乡村建设和民众教育（刘来兵，2008）[9]。他主张高扬爱国主义旗帜，以提高人的素质为宗旨，以发展乡村民众教育为重点，依靠高素质的教师队伍，因地制宜、灵活多样进行民众教育建设，倡导破旧立新和以教兴乡（刘来兵，等，2010）[131-137]。他曾在泸州、成都、北碚等地开展丰富多彩的民众教育实验活动（骆永寿，1995）[70]。

第三，卢作孚后期热衷于职业教育。他认为"办实业等于办学校"（彭干梓，等，2009）[63]。在民生公司对职工进行职业教育（郑文华，2009）[14]，注意因人而异、德才并举和学用结合（蕲阳侠，1991）[54-58]。他试图把教育救国与实业救国结合起来，"在职工培训上比其他资本主义企业站得更高，不仅看到眼前而且看到未来，不仅为了个人、公司，而且为了国家"（凌耀伦，1987）[65]。企业职工素质的优势，保障了卢作孚的航运事业的持续发展，也保证了卢作孚能够在民族战争中为祖国的利益做出极大的奉献。

（三）相关教育人物比较研究

1. 雷沛鸿与他人进行比较

雷沛鸿与晏阳初的乡村教育在调查研究、对症下药、统筹规划等方面是一致的，但晏阳初坚持自下而上的社会改良途径，雷沛鸿注重定式化、组织化、制度化；雷沛鸿主张学校教育与社会教育合流，以学校为实验中心，晏阳初主张学校式、家庭式、社会式三大方式并举，并无一个中心；晏阳初的体系较完整系统但相对封闭静止，雷沛鸿则有"继续性、前进性、变异性和常动性"的特点（张燕，2006）[156-157]。

陶行知和雷沛鸿都积极投身平民教育运动，生活教育社参与了广西国民基础教育运动，陶行知对广西实施"政教一体"的做法从否定到肯定，共同发起和推动战时教育运动（吴桂就，1993）[58-60]。

胡晓风将陶行知、黄炎培、雷沛鸿、梁漱溟和晏阳初列为 20 世纪中国教育史上构建中国教育系统工程的五位大师（胡晓风，1995）[23]。雷沛鸿的广西国民教育可与陕甘宁边区教育做比较（宋荐戈，1998）[8-10]。

2. 卢作孚与他人进行比较

晏阳初创造的"平民教育—乡村科学化"模式、梁漱溟创造的"文化复兴—乡村学校化"模式和卢作孚创造的"实业民生—乡村现代化"模式，为民国时期的三大乡村建设模式（张秉福，2006）[61]。他们是 20 世纪二三十年代乡村建设运动中的领袖人物，被称为民国乡村建设运动的"三杰"（王欣瑞，2007）[133-137]。他们有着相同的社会改造责任心、民族复兴使命感和不同的社会阅历、文化修养、人生追求，从而导致他们乡村建设的使命、步骤、内容及动力的基本理论和主张各具特色（李黎明，2006）。

卢作孚所开创的"民生—乡村现代化"模式与以梁漱溟为代表的知识分子所从事的"教育—乡村社会改造"模式相比具有不同的价值，两者都是民国乡村建设运动中具有模式意义上的两大代表人物（郭剑鸣，2003）[103-108]。这两种模式作为社会转型期的改良主义，对我们今天的农村现代化建设都极具借鉴意义（颜俊儒，等，2004）[21]。

卢作孚和晏阳初都崇尚"教育救国"和民众教育（或平民教育），追求农村现代化，走上乡村建设道路，但卢作孚认为应以经济建设为中心，而晏阳初则认为应以教育为重点（苟翠屏，2005）[129-135]。"北碚模式"是根据当地的情况使乡村"城市化"，"定县模式"走的是农业内涵式发展道路，就广大以种植业和养殖业为主的农村地区来说，后者走上农业现代化之路、践行科学发展观是正确抉择（王金霞，等，2005）[10]。而卢作孚与晏阳初"思想上的相通，人格上的相敬，作风上的相似"，使他们不仅成为事业上相互支持和帮助的同志，而且成为终生不渝的挚友（苟翠屏，2009）[56-60]。

卢作孚与黄炎培都强调大职业教育观，强调教育与实业的联系；强调爱国，为社会服务的精神；重视职业道德的教育；在教育方法上，都强调从做中学、做学合一，理论与实践并行。但是，黄炎培主张教育救国，卢作孚则认为发展文化教育必先办实业；卢作孚立足于民生公司，主要进行职工教育，使"有业者乐业"，而黄炎培立足职业学校，对象是学校学生，解决"无业者有业的问题"；卢作孚的宗旨是服务社会、便利人群、开发产业、富强国家，而黄炎培的目的是使无业者有业、有业者乐业（李向红，等，2009）[120-121]。

（四）"教育本土化"研究综述

每个国家和地区都有本土特色的文化教育，形成了丰富而多元的世界。近代以来，在西方文化教育的强势冲击下，落后国家和地区追随西方开始了现代化进程。这一进程不但伴随着西方列强的侵略扩张，而且外来文化教育"水土不服"的现象严重，本土传统文化又丧失殆尽。于是，人们开始反思这一问题，探索文化教育的本土化之路。"21世纪在全球各地区之间的文化交流融汇中出现的趋势便可约略表达为'经济技术发展全球化，社会文化变迁本土化'。"（朱炳祥，2002）[635]当前，教育本土化已经从西方化的对立层面演化成了构建本土教育的理论基础，从自发地反侵略意识变成自觉地本土教育创生行动。

1. 研究概况

（1）近代时期。最先引入西方教育的洋务派提出了"中学为体，西学为用"的指导思想，将"西学"作为补充"中学"的"用"。然而，这并未能抵挡住"西学"的冲击。辛亥革命、"新文化运动"等从政治、经济、文化、社会等各个层面摧毁了中国保守势力，向西方学习的潮流一发不可收拾，尤其是清末民初先后颁布了三大学制——癸卯学制、壬子-癸丑学制、壬戌学制，以法律制度的形式在中国大力推行西方教育体制。这种囫囵吞枣式的引进推行势必造成西方教育在中国出现南橘北枳、水土不服的问题，人们开始理性反思，提出教育变革要本土化，在20世纪二三十年代形成了"新教育中国化"运动（吴冬梅，等，2005）[71]。当时"中国化"也表述为"本土化"、"土化"、"本国化"等，许多教育家都参与其中，如陶行知、雷沛鸿、陈鹤琴、晏阳初、梁漱溟、舒新城、庄泽宣、古楳等。1927年，陶行知创办了晓庄师范学校，力求改变从前的"东洋车夫"角色，"要在中国实际生活上面找问题"（江苏省陶行知研究会，2008）[270]。1929 年，晏阳初将中华平民教育促进总会正式迁往定县，决心"要在农民生活里去探索问题"（晏阳初，1989）[48]，"因为这个运动不是抄袭外人的法子或者抄袭中国的老法子可以收效的，必得一点一滴由实地里创造出来，用汗血去体验认识出来，然后才算是我们的东西，才是解决中国问题的东西，是要从干中找出来的。"（宋恩荣，1989）[71]1931 年，梁漱溟在邹平成立了山东省乡村建设研究院，1933 年，雷沛鸿在广西开始普及国民基础教育，都是"以本省文化以至全国文化的精华为其社会根据"（韦善美，马清和，1990）[532]。

吴冬梅认为，1927 年，庄泽宣发表《如何使新教育中国化》一文，"成为 20 世纪二三十年代'新教育中国化运动'真正开始的标志。"（吴冬梅，2009）[33-34]而李海云则认为，20 世纪 20 年代初，仲九、舒新城等就开始注意教育中国化问题。1925 年，李璜在《中华教育界》第 7 期发表《本国化的教育与外国化的教育》一文，提出了教育"本国化"问题。"1927 年庄泽宣发表《如何使新教育中国化》一文，标志着新教育中国化理论探索的一个巨大进步。"（李海云，2008）[57-59]30 年代初，古楳在《中华教育界》发表三篇文章：《为什么现在的教育不适合中国的社会经济背景》（1932 年第 9 期）、《为什么现在的教育不是民众的》（1932 年第 10 期）、《中国教育背景与中国教育改造问题》（1934 年第 7 期），都涉及教育本土化问题，并写成《现代中国及其教育》（中华书局 1936 年版）一书。

（2）现代时期。1949 年以后，中国重视以毛泽东思想为指导创建"社会主义"特色的教育，教育事业从师法欧美转向学习苏联，中苏关系恶化后又强调"自力更生"。"文化大革命"期间甚至一度取消了学校教育，将教学、考试、升学等视为异端加以批判。这种"本土特色"的教育政治化倾向严重，视西方教育为"资本主义"异端，视苏联教育为"修正主义"异端，视中国古代教育为"封建主义"异端，盲目地反对"封、资、修"，中国教育未能创造出本土化的奇迹，反而遭受重大损失。

改革开放以后，中国学术研究重新向世界开放，重视教育国际化，但主要还是"面向世界"学习西方，本土化又成为重要的学术视野。1994 年 11 月，《中国社会科学季刊》和《中国书评》发起了题为"社会科学的规范化与本土化"的研讨会，此后，《东方》、《读书》、《现代与传统》、《北京青年报》等重要报刊也对这个论题展开了讨论，论域涉及经济学、政治学、法学、社会学、史学等。不过，此次讨论明显偏重于"规范化"方面（王啸，2002)[123]，本土化的问题仅有一些零星的议论，未能贡献出有效的观察框架（石中英，2005)[345-346]。2000 年，《教育理论与实践》编辑部与北京师范大学教育管理学院共同主办了"教育国际化与本土化研讨会"，邀请部分教育理论工作者就有关"教育国际化与本土化"和中国即将加入 WTO 的背景下，教育所面临的新机遇、新挑战进行座谈讨论（本刊记者，2000)[13]。这一时期教育本土化的研究主要集中在以下几个方面。

一是对近代时期"教育本土化"的研究，焦点是"新教育中国化"运动。近年来有多篇学位论文以此为研究对象：2003 年，北京师范大学博士生吴冬梅撰写博士论文《20 世纪二三十年代"新教育中国化"研究》，从理论上分析了"新教育中国化"，以舒新城和庄泽宣作为例子；2006 年，华东师范大学博士生李海云撰写博士论文《新教育中国化运动研究》，分析了新教育中国化运动的源起与过程，以庄泽宣和古楳作为理论研究的案例，以晏阳初和雷沛鸿作为实践探索的案例，2009 年由社会科学文献出版社作为专著出版；2006 年，东北师范大学硕士生郭娜撰写硕士论文《教育管理本土化问题研究》；2007 年，华东师范大学硕士生周辉撰写硕士论文《庄泽宣"新教育中国化"思想研究》。同时，有学者对陈鹤琴创办"中国化的新幼稚园"（贾宏燕，2010)[51]、古楳的新教育中国化思想（李海云，2008)[104-107]、以新式教学法为中心的近代中学教育本土化改革（杨涛，2011)[120-124]等进行了研究，以本土化为视角对民国以来百年教育变革进行了分析、梳理（谢文庆，2012)[27-31]。

二是对"教育本土化"的理论研究。在 20 世纪后期，"教育本土化的研究在我国寥若晨星，几乎没有这方面的专论文章"（郑金洲，1997)[11]。21 世纪初，这方面的研究逐渐增多，有多篇研究论文和专著问世。中国台湾等地则更重视从中国传统儒家、道家等文化中获取教育本土化的合理因素（钮则诚，2011)[9-15]。

三是对"教育本土化"实践的研究。陈佑清认为，我国新时期教学过程本土化探索的经典实验丰富，学科范围内的课堂教学模式改革实验：魏书生的语文课堂结构改革实验，邱学华的小学数学尝试教学法，卢仲衡的中学数学自学辅导教学模式，黎世法的异步教学模式，上海育才中学的八字教学法；学校整体推行的课堂教学过程改革实践：江苏洋思中学"先学后教，当堂训练"的课堂教学结构，山东杜郎口中学课堂教学"三三六"模式（陈佑清，2011)[60-66]。实际上，陈佑清忽略了区域层面的本土化教育改革实验：如国家推行的新课程改革、华东师范大学叶澜教授主持的"新基础教育"实验和苏州大学朱永新教授主持的"新教育"实验等，都取得了一定的成效。

2. "教育本土化"的定义

（1）外来教育"化"入中国本土。本土化是与现代化、国际化、全球化相对的概念，是对西方教育压倒性优势的"反动"。因此，教育本土化具有多种内涵：一种教育中的民族情结，一种教育中的国家安全意识，一种新文化殖民主义的防范策略，一种教育发展的理性选择（张胜军，等，2005)[21-22]。从这一意义出发，教育本土化更强调"化"的境界与策略，使西方文化在非西方世界被吸收、认同进而转化为本土文化组成部分（王啸，2002)[129]。在与外来教育的碰撞中，"教育本土化可以理解为外来教育思想与中国教育实际的会通、融合，是使外来教育思想转化为我国教育实际的一个组成部分，并因而体现出本土特征的过程。"（郑金洲，1997)[3] 这一过程"就是要从我们所拥有与归属的地理、历史、文化、经济以及民情等交织而成的生活脉络结构中，发现问题，确定需求，并寻求资源，充分反映于教育活动中，并运用教育活动来解决我们的问题，并满足我们的需求"（钟志华，2005)[11-12]。

（2）与西方教育的文化互动。由于文化交流的相互性，本国文化在吸收别国文化的同时，也要把本民族的传统文化优势推到世界上去，从而使本国文化在世界上占有一席之地（王瑞武，2007)[32]。教育本土化可以定义为："教育界人士依托中国教育实践问题，在重视本土教育所处地缘特征与文化传统的基础上理清异域教育理论的历史源流、文化内核与现代境遇，继而对之加以价值判断和重新解读，选取其中的适切因素使之与本土积极因素相互激荡以转化、应用、升华于本土教育实践场域，同时关注全球教育问题，在借鉴异域教育理论的基础上从本土传统与现代因素中充分挖掘、有效阐释、合理转换并族群共享那些能使地球村居民及其子孙后代幸福生活、和谐发展的精神资源，希冀逐渐达成中外融汇、古今相承、实践创生、国际对话的过程。"（宋秋英，等，2011)[6] 这一概念界定将全球化作为考察、规划当代中国教育本土化的重要视野，在全球化与本土化的辩证互动中蕴含着本土与异域、传统与现代、理论与实践三个维度的有机联系。

3. "教育本土化"的原因探析

（1）民国时期"教育本土化"的原因。中国教育"抛开自家根本固有精神，向外逐求自家前途，则实为一向的大错误，无能外之者"（梁漱溟，1992）[106]。而且"新教育中国化一直和国家发展、民族存亡交织在一起，建立中国现代教育的目的即欲通过教育改革来改造中国社会，救亡图存"（陈元，2012）[17]，"是循着国势衰微—教育不良—移植模仿这一自然思维逻辑展开的"（吴冬梅，等，2005）[32]，使得这一问题更加复杂。因此，"我们自愿把我们的教育制度'土化'，使它富有当时当地色彩，而且使它能根据当时当地的需要，复把握当代的问题核心，而谋有所以应付外来的要求，解决骤起的事变。"（韦善美，马清和，1990）[186]这就需要一定的条件来实现"教育本土化"。基于此，近代教育家进行了教育本土化的艰辛努力。

从民国时期高等教育来考查，其本土化的动因："首先，高等教育在处理传统文化与外来文化关系过程中必然要求具体当事人处理好历史发展的'悖论问题'……其次，民国时期的民族觉醒、奋起抗敌的政治氛围也促进了大学本土化……最后，在民国大学本土化过程中，有远见卓识的大学学人也借助这一过程逐步建立了符合中国实际的现代人文学科门类体系。"（陈康，2011）[262-263]

（2）当代"教育本土化"的原因，主要可归纳为以下三点。

一是现实性原因。改革开放以后，随着教育国际化趋势的加强，中国教育"搬"、"抄"、"仿"、"学"问题凸显，西化气质日益严重。中国教育的学制体系、管理模式、教学方式、课程内容等已经西化。而且中国教育学理论研究中"所用的概念、基本假设、分析框架和研究方法大都来自西方，甚至我们讨论的话题也是由西方人提出的。我们是在中国用西方的教育理论研究西方的教育问题"（庄西真，2004）[4]。

二是本质性原因。本土化其实是一种"思乡症"，落后的发展中国家以西方发达国家为榜样进行现代化过程最容易出现。因为，一方面发展中国家并没有产生预期的现代化结果；另一方面，它们却正在丧失自己的文化根基以及由此而带来的自我认同上的混乱。在这样一种焦灼的情况下，出于对自己本来身份的认同，出于对自己故乡的眷恋，本土化就应运而生了（王啸，2002）[6-7]。

三是文化性原因。本土化体现了对本土文化的认同与追忆，这种表达使世界文化从一元化趋势走向多元化，这种文化多元化不仅使世界文化丰富多彩，而且使现代化模式呈现出多种选择。联合国教科文组织对此进行了分析："第一，文化多元性作为人类精神创造性的一种表达，它本身就具有价值。第二，它为平等、人权和自决权原则所要求。第三，类似于生物的多样性，文化多元性可帮助人类适应世界有限的环境资源。在这一背景下多元性与可持续性相连。第四，文化多元性是反对政治与经济的依赖和压迫的需要。第五，从美学上讲，文化多元性呈现一种不同文化的系列，令人愉悦。第六，文化多元性启迪人们的思想。第七，文化多元性可以储存好的和有用的做事方法，储存这方面的知识和经验。"（联合国教科文组织，2000）[3]

全球化或国际化使文化教育出现了融合、交流，但也使弱势的本土文化面临被融化、被改变，甚至完全丧失的危机。因此，文化教育本土化成为必然的选择，"一是采取开放的心态，学习吸收世界文明一切优秀成果，并使之本土化，融合到我们民族文化之中，不断创造民族的新文化。二是继承和弘扬自己民族文化的优秀传统，并向世界传播。"（顾明远，2011）[124]

4."教育本土化"的策略分析

中国建构新的现代文明，一方面，在拥抱西方启蒙价值的同时，也应该对它批判；另一方面，在解构中国旧的传统文明的同时，也应该对它重构。这样构建起来的中国的新文明是"现代的"，也是"中国的"（金耀基，1997）[54]。既然教育本土化已经成为历史的必然，那么如何实现本土化则成为必须解决的问题。研究者提出了自己对教育本土化策略的构想，大体有以下几种倾向。

（1）侧重中国教育的本土创生策略。中国教育本土化应该立足本土，从中国立场出发，创立有中国气派的本土教育，即强调教育本土化过程中的"本土性"（郑金洲，2000）[374-375]。还有学者指出，创建中国教育学派是教育本土化的一种基本路径（易连云，2003[37-42]；李政涛，2004）[6-10]。从社会角度看，我们应该"站在中国历史立场、中国社会立场、根据社会的布景（social scenery）与社会的背景（social background）、环境的要求与社会的需要而来谈这个问题"（韦善美，马清和，1993）[294]。从教育事业本身来说，教育变革要"自明、明他、他明"，即"第一要自己晓得自己，第二要自己晓得别人，第三要别人晓得自己"（江苏省陶行知研究会，2008）[97-98]。庄泽宣"以为要把新教育中国化，至少要合于下列四个条件：一，合于中国的国民经济力，二，合于中国的社会状况，三，能发扬中国民族的优点，四，能改良中国人的恶根性"（庄泽宣，1938）[23-24]。舒新城认为："此时我们所当急于预备者，不在专读外国书籍，多取外国材料，而在用科学的方法，切实研究中国的情形，以求出适当之教育方法……使中国的教育中国化"（舒新城，1924）[10-12]。新教育中国化运动主要进行了两个方面探索："一是如何使已经'建立'起来的外国化的新教育能够适应中国国情；二是在前者基础上根据中国社会发展需要创造出适合自己的新的教育。"（李慧洁，2007）[70]

（2）侧重中外教育的融会策略。庄泽宣指出，要改造教育，实现"新教育中国化"必须依据的原则：一是从各国新试验里找，二是从专家研究里找，三是从本国实例找（庄泽宣，1938）[137-142]。他还设计了相应的教育行政体制（庄泽宣，1938）[46-48]。王啸主张"坚持全球化与多元性或本土化的辩证互动，坚持和发展文化多元性或文化本土化，是人类必须确立的关于全球化的基本文化立场"（王啸，2002）[8]。"全球-本土"关系视野下我国的教育变革："（一）以原发性问题引领教育的本土化变革……（二）以'平常心'看待全球性教育改革资源……（三）求同-持异、并行-对话：探寻自己的本土化道路。"（杨小微，2003）[26-27]

（3）多元因素的互动策略。教育本土化涉及多种因素，只有实现多元互动才能真正形成本土化的教育。许多学者对此进行了探索。于伟等认为，教育传统、教育知识、教育实践是教育理论本土化的前提性要素（于伟，等，2010）[17]。杨小微提出，中国教育本土化的方式：一是调整文化心态、健全消化机制，二是在"求同"与"持异"之间保持适度的张力，三是在冲突和融合之间寻找出路（杨小微，2003）[55-57]。

（4）教育本土化的研究策略。学者对如何进行教育本土化的研究提出了方法论。于泽元指出教育学本土构建的原理："一个自我反省的监督；两个重要解释与理解的背景框架，即全球化和传统文化；三个理论构建的核心路径，即个人意义、互动结构和文化图式，为教育理论本土构建描绘了一个整体而具体的方法论版图。"选择方法的原则：文化主位原则、从主观到客观原则、从微观到宏观原则、深层比较原则。三种可以相互起辅助作用的质化研究方法：符号互动论（symbolic interactionism）、常人方法学（ethonmethodolgy）和扎根理论（grounded theory）（于泽元，2010）[8-9]。吴黛舒详细地论证了本土化研究策略，教育学本土"化"的研究重点：第一，基于本土问题，就是说为了要认识和解决中国的问题而借鉴；第二，要研究本土性，也就是现象、问题和产生它们的背景、条件及二者的关系方式；第三，研究"结合点"，这一步才真正到达"化"境；第四，在"化"的问题上，需要提倡"具体"研究，"世界"、"西方"等被抽象得不知所指的概念有时候很难使问题清晰。本土"化"的形式：第一种，问题的转化，对同一个问题，区分在本土的特殊性表现；第二种，理论的转化，即转化理论的靶心，使之适应解释和解决中国的问题；第三种，方法的转化，包括研究假设和理论框架、资料收集和资料分析方法甚至是实用性技术方法等；第四种，教育学自身形态的转化，重视中国本土原生教育思想（吴黛舒，2007）[1-5]。

总之，20世纪中国教育改革中，教育家们立足本国的"融合中创造"、"本土化成长"、"实践中再生"俨然成为他们自觉的文化选择（黄书光，2010）[11]。

5. "教育本土化"的进程

（1）实然：教育本土化的历史进程。一般对"新教育中国化"运动的过程讨论较多。李海云认为，"民国时期新教育中国化意识明朗化，真正意义上的主动的新教育中国化改革自此开始"（李海云，2006）[13]。"20年代开始在全国范围内掀起了轰轰烈烈的新教育中国化运动，在1927年前后，新教育中国化运动掀起了一个发展的极度活跃期，这种势头一直持续到1937年抗战爆发。"（李海云，2006）[25]实际上，新教育中国化在1937年以后依然是教育家们的关注点，她并未涉及。

林良夫认为，新教育中国化及教学方法演变分四个阶段：第一阶段从1895—1902年，新学校制度萌芽，打破个别教学而代以团体讲授；第二阶段从1903—1911年，由团体讲授的形式，进而追求机械的步骤，赫尔巴特的五段教学法最为盛行；第三阶段从1912—1918年，延续五段教学法，有单级教学、分团教学、蒙台梭利教学法等；第四阶段1919年以后，受自由研究精神的驱动，输入并采用了教育统计法、测验法、学科制、设计教学法、道尔顿制等。但新教育制度缺少三种中国旧教育的精神：一是助学体系，二是人与人意义上的师生关系，三是学生个人独立研究精神。新教育应该吸收这些精神，才能逐步中国化（林良夫，2000）[259-261]。

（2）应然：教育本土化研究的必然趋向。教育本土化不仅是西方教育引入中国后的一种"反动"，也是当前教育变革的一种追求，是中国教育成熟的重要标志，更是中国教育走向世界的必然选择。"一条具有中国本土特色的'现代化'之路将是现代性与民族性的动态结合、有机结合，这种结合其实也就是中国的'本土化'道路。"（王啸，2002）[110]杨小微认为美国、日本和中国显示了教育本土化的三种类型：美国是"无"中生"有"的本土化奇迹，日本是外压之下精神文化的坚守，中国在西方文化冲突与融合中渐进的本土化。"与美国相比，我们少了一些开拓与原创，与日本相比，我们又少了一点对自身根基的坚守。如何克服自卑、树立自信？笔者以为可以从如下方面考虑：（1）找回根基，弘扬原创精神，关键是确立本土化的立场……（2）以全球为资源，但要求自主选择……（3）使本土文化价值中'普世'的更'普世'，'殊别'的更'殊别'。"（杨小微，2003）[24-26]有学者认为："本土化的正常途径是平等的对话和交流，本土化的前提基础是本土传统，本土化的核心价值观是'适中'。"（李承先，2008）[16-17]

6."教育本土化"需要处理的各种关系

（1）本土化与全球化、国际化。从本土化的源头分析，"本土化（indigenization）是一个与全球化伴生的概念。如同全球化一样，本土化也有着多重意蕴。而在诸如经济、科技、政治、文化等每一重意义上，本土化都与全球化构成了一种相互关系。换言之，在本土化与全球化之间存在着一种张力。这提示我们，对本土化的理解不能脱离开全球化，反之亦然。"（王啸，2002）[6]因此，"本土化并非只是全球化的补充，更不是全球化的对立形式"（王啸，2002）[78]，"本土化不仅意味着打破自闭，还意味着与其他文化或文化他者（the other）的交流和交往"（王啸，2002）[87]。

有时全球化与国际化是可以互换的，"本土化是相对国际化而言的，所以两者是不矛盾的。正是因为教育要国际化，才提出在国际化过程中要结合民族特点，使之本土化。因此不存在纯粹的本土化，不能说本民族的文化才是本土化，民族文化是自然存在的，无所谓本土化的问题。"（顾明远，2011）[127]而且，中国教育的本土化与国际化并不对立，而是内在统一的，它们互为手段和目的，因此教育本土化就是要克服中国教育学界长期以来对于外国教育学抄袭多于创造、对于传统教育学否定多于继承的弊端，提升中国教育学术的水平，在更好地为中国教育改革服务的同时，使之在世界上发扬光大（石中英，2005）[351]。中国教育不仅要学习、借鉴国际上先进的教育经验，而且要确立自身独具特色的内涵，并走向国际教育舞台。

（2）本土化与现代化。现代化是世界发展的趋势，也是中国教育追求的目标，但落后的中国实现现代化要向侵略势力学习，而现代化理论本身又有诸多分歧，使这一问题益加复杂。同时，现代化理论又蕴含着现代性，成为一个问题的两个侧面。因此，"一方面，中国的本土化必须要以对'现代性'的追求为根本，因为'现代性'作为'人'之形象的根本转变，是具有普遍性的……另一方面，这种'具体性'又表明中国的'现代性'绝非是对欧美的简单模仿，尽管'并没有与欧美的现代性决然不同的中国的现代性'。"（王啸，2002）[93] "现代性问题是人类文明的基本准则问题，民族性是特殊文化共同体的生活方式问题，现代化问题介于两者之间，即如何把现代文明的基本准则同民族的文化特性相结合，形成既符合现代性要求，又与民族文化相容的文明秩序。"（王啸，2002）[109] 这就是说，本土化是由传统走向现代化的中介和桥梁，是现代化发展的一个结果或者说一种表现形式，教育本土化是教育现代化体现出的地域特色。当然，本土化与现代的相依相存，并不意味着本土化会始终支持现代化进程，也有可能与现代化产生冲突，阻碍现代化的进行（郑金洲，2000）[373-374]。

（3）本土化与本土传统。本土化必定面临如何认识、继承本土文化教育的问题，近代以来激进主义与保守主义之争屡有高潮，说明这一问题的急迫与复杂。项贤明认为："要厘清本土化与本土学术研究的关系，也就是要把'本土化'（nativization）与'本土生长'（indigenous evolution）区别开来。如果说'本土化'是一个主动吸收西方文化的外铄过程，那么'本土生长'才是发源于本土社会内部的文化自我演进过程。'本土化'与'本土生长'并非一回事，不可混为一谈。"（项贤明，2000）[221] 这是对本土化的一种狭义理解。"本土化绝不意味着向传统文化的回归，相反，本土化是要同传统文化中有悖于'现代性'的东西决裂。当然，这并不是说不再有任何传统了，也并不是说人们不再相信先辈所信的东西。而是说，现代性是一种具有历史意义的差异状况，它以某种方式打破了从前的一切，使传统成为可以调整和修改的、'富于弹性的'资源。因此，现代世界并没有带来传统的消亡，而是赋予传统以新的地位和环境。"（王啸，2002）[85]

当然，教育本土化也会对中国教育产生一定的负面影响，如教育研究中的非理性、对"族国"的强调、复古倾向（吴冬梅，2005）[33]。因为"凡本地原有的文化，无论是源于历史的民族传统文化，还是源于现实的活的本土文化，都不存在什么本土'化'的问题。说到本土'化'，就必定有一个原来属于非本土的东西向本土的东西转化的过程。西方的'知识'，即便'通过翻译而变为本国化的'，也仍然是西方的'知识'。一经本土'化'，便将此'知识'认作'本土'的，真是'却把杭州作汴州'了。所以，所谓'本土化'实际上是一个自内的文化殖民过程，与其说它是非西方文化的复兴，倒不如说是西方文化真正地开始了对非西方文化的浸淫"（项贤明，2000）[219]。

（五）反思与超越：今后研究的基点

1. 雷沛鸿和卢作孚研究的不足

首先，民国时期的研究侧重雷沛鸿和卢作孚（对其经济思想研究更多）的教育实践，能够比较客观地分析得失成败。目前的研究偏重教育思想的探究，对教育本土化实践关注不够，而且较少关注他们成长中内在动因和外部环境作用下的心路历程，没有透视出教育家进行教育本土化变革的合理选择及其背后折射出的教育规律。其实，他们根据当地的实际和情况的变化而提出的符合省情、区情的教育思想、政策，与具体的教育思想和实践相比，这些实事求是的态度和因地制宜的智慧，更值得我们学习、借鉴。

其次，研究逻辑偏差，"以论带史"现象严重。许多研究者预先设定好一个研究的框架，然后再去寻找相关的史料来加以证明，任意取舍、裁剪史料，致使史料与结论在逻辑上本末倒置。本来历史人物的文章、言论和记载不一定能反映真实的历史，需要进行多方面地甄别、印证，而这种断章取义式的使用更远离了史学研究的真谛。同时，许多研究者带着"褒扬乡贤"的感情去看问题，缺少客观冷静分析，凭个人喜好进行无原则的表彰，对其局限性避而不谈。

再次，历史资料挖掘不够，使用存在误区。目前基本是依据雷沛鸿、卢作孚的文集或选集，通过解释文本来研究其教育思想，极易出现偏差或误解。对于其他相关材料如民国时期的报刊资料、广西政府公报、相关人员的回忆录、政协文史资料、地方史志、书信、日记等利用不够，更谈不上相互印证和甄别史料。这是对他们的教育实践研究较少的重要原因。

最后，比较研究中存在着简单类比现象，对人物背后的深层内涵挖掘不够。比较时多选择梁漱溟、晏阳初等研究的"热门"人物，对于雷沛鸿和卢作孚关注较少，尤其是他们之间尚没有进行比较研究。实际上，雷沛鸿和卢作孚经常游走于学术人、政治人或生意人之间，人生经历要比其他的乡村教育家们复杂。与梁漱溟、晏阳初、陶行知等比较纯粹的教育家相比，雷沛鸿和卢作孚兼有教育家、政治家或实业家的特质，具有更宽广的社会视角、更敏锐的政治嗅觉和更灵活的处世哲学。他们兴办的教育更加注意与国情、省情的结合，具有更强的本土性、现实性和推广价值。

2. "教育本土化"研究的不足

首先，内涵比较模糊。许多学者从发生学意义上指出，本土化在全球化、西方化的潮流中产生，是对二者的"反动"和质疑，也是在这一意义上区分"本土化"与"本土生长"。教育本土化是一个内涵不断发展的概念，产生于西方文化教育的输入，中国亦步亦趋地学习和照搬西方教育模式，不能适应中国国情，于是本土化才成为教育家的追求。而随着时代发展，本土化的内涵更加丰富，除了与西方化对应的被动意蕴之外，在本土主动生成的教育也可以称为本土化。今天，我们重新定义教育本土化，从这一概念出发，来审视雷沛鸿和卢作孚的办学。

有学者片面地理解这一概念。如"教育本土化则是指维护本国的、本民族、传统的、现实的教育文化的活动"（沈慧，等，2005）[17]；"本土化也就是民族化，从更宽广的意义上讲，就是国家化。即指一个国家在发展过程中要体现、保留和形成自己独有的特色和优点"（彭拥军，2004）[14]。针对这一问题，有学者进行广义的定义，"教育本土化，指充分认识本土的政治、经济、文化教育等社会状况和历史传统，学习借鉴国际上先进的教育理念与实践经验，形成符合本土实际、富有本土特色的教育，并积极参与国际对话与交流"，既包含着将先进的国际教育经验"化"入中国的意蕴，又包含在本土成长、具有本土特色的教育（谢文庆，2012）[28]。这种定义明确了教育本土化的内涵，扩大了理论视野，便于学术研究。

其次，外延把握不准确。虽然有学者指出，"要破除'全球化'与'本土化'二元对立的思维方式，而是要从'全球化-本土化'的整体视角来把握"（王啸，2002）[79]，但是，他们没能真正分清教育本土化的外延。一些学者只是泛泛地谈本土化原则，如科学认识国情、客观认识我国教育的特点、深入探索具有中国特色的教育之路等，自身对中国国情和教育特点都不甚了解，更未能深入地进行理性分析，理论高度与深度有待加强。许多学者提出"国际视野、本土行动"的口号，这其中存在着被动接受西方教育的他主性，中国教育只是在根据西方经验而"行动"。实际上，教育本土化应该包括相互依存的三个基本因素：国际视野、时代精神和本土特征（谢文庆，2012）[28]，从这三个因素出发研究教育本土化才能打开视野，以包容、自信、理性的态度去面对古今中外的文化教育，才能真正实现教育的本土创新，才能使本土特色的中国教育走向世界。

再次，历史研究不足。有人对"本土化"提出了警示："处在与西方接触地带的本土学者，由于其目的在于用本土文化建构来抵御西方文化霸权，因而就可能会忽视对自身学术实践的批评，而归根结底，'本土化运动'这样的学术实践本身，也不过是强化西方学术霸权的一种翻版。"（赵旭东，2001）[56]这与项贤明的担忧相似。当前，中国教育界对西方教育崇敬多于反思，对中国教育传统批判大于继承，而且只是提出一些吸收中国传统的原则，或将中国教育传统经过现代化改造，使其具有现代性，但是却缺少具体的相关研究和实践成果。实际上，我们应该加强对中西文化教育传统的历史研究，明确中外教育的成败得失。历史研究更重视探究教育变革背后的因素，以分析教育家在什么情况下、要解决什么时代难题、采取了哪些相应策略，这种原理性的研究会使我们研究教育问题时获益良多。研究中西方教育家在面对本土化问题时做出的理性选择和实践应对，真实地呈现出他们解决复杂难题时的理性精神与实践智慧，真诚地汲取他们的经验教训，来指导我们的教育变革。这是教育史研究的文化特性、现实意蕴和实践精神。

最后，教育理论研究与实践探索的错位。1949年前，中国化的明显不足："第一，中国化的努力主要集中在对中国国情和问题的关注上，属应用性，对西方理论的框架、基本概念等未作突破性研究，缺乏原创性还是其致命弱点。第二，关于国情的理解也较为简单和浮表，直接把政治纲领、经济国力等当时社会系统中的状态作为出发点，缺乏深入的、真正教育学意义的中国学者的思考。"（叶澜，2004）[10]当前，教育理论研究倾向于西方化，充斥着西方话语和西方理论。教育实践中多是凭借教育政策和经验在工作，缺少也不愿意接受理论的指导。这种教育理论界自说自话、教育实践界自我封闭的现象十分严重，导致了中国教育理论与实践的分离，本来应该融为一体的双方却呈现出"天各一方"的怪异状态。教育本土化研究成为化解双方误解、弥合双方鸿沟的重要方式。教育研究应该重视哲学反思、实践探索和历史研究，三者密切配合才能创生出中国特色的教育，才能真正实现教育本土化。

3. 研究展望

首先，加强理论方法的适切性。我们应该树立正确的历史观，避免"先见"的影响，要系统地思考教育家在社会转型、军阀割据的环境中创新教育、改造社会的艰难困厄与人生智慧。我们要合理运用区域现代化、教育本土化、中层理论、复杂系统论等理论，正确选择心理史学、计量史学、历史人类学、社会学等研究方法，扩大研究范围，增加研究深度。

其次，注意研究视角的多样性。我们既要研究教育家的教育理论，又要关注教育实践；既要尝试以历史的眼光看教育，又要尝试以教育的视角研究历史，以确立教育史的立场；既要有宏大叙事，体现他与其他教育家的共同命运，又要有细微观察，凸显教育家的独特经验。雷沛鸿和卢作孚的研究要多角度、全方位、立体化，力争还原一个鲜活灵动、个性分明的历史人物，避免脸谱化、条块化、片面化。

再次，提高史料运用的合理性。扩大史料来源，如上面提到的政府公报等，但要认真梳理、甄别，政府公报往往官话连篇、冠冕堂皇，文史资料和回忆录的当事人往往会夸大或隐瞒某些史实，地方史志和家谱往往有"乡贤"情结而"为尊者讳"：这些必须正确地加以应用。在此基础上，各种史料相互依托、相互印证，构成了一系列的证据链，才能使我们的研究更接近历史的真实。

最后，研究视角的创新。以前还未能从教育本土化的视角对雷沛鸿和卢作孚的办学进行比较研究。雷沛鸿从教育内部来关照社会，以教育来推动区域现代化，形成了"融入式办学"取向；而卢作孚则从教育外部来关注办学，以区域现代化建设来带动办学，形成了"互摄式办学"取向。从全新的视角来研究西部地区的这两种办学取向，可以推进教育本土化、教育家办学、区域现代化等研究的深入，对创建本土化的教育理论，深化中国教育改革，推动中国教育走向世界等都具有深远的意义。

三、研究方法

（一）历史文献法

历史文献法指研究者按照一定的研究目的或课题，通过研究文献活动，全面、正确地了解、掌握所研究的问题，揭示其规律、属性的一种方法。历史上教育家的研究主要采用这一方法。包括文献检索、文献收集、文献鉴别、文献的研究和运用。对雷沛鸿、卢作孚的文献研究应努力做到充实和丰富，应该与研究目标或课题假设有较强的相关度，但要注意甄别文献的真伪，并客观准确地使用它们。

（二）比较法

比较研究是历史研究的一种基本的、重要的方法，"历史现象的比较，不但可以使古今融合，也可以使中外沟通。将中国历史放入世界历史洪流中，这是最应利用的一种方法。"（杜维运，1986）[108]比较研究法对于教育史研究具有重要作用。第一，有助于冲破史学研究领域僵化、教条、沉闷的局面，促进史论的进一步结合；第二，有助于克服史学研究的片面性、狭隘性，便于在比较广阔的历史背景中发现历史现象之间的因果联系与同异关系；第三，可以起到"间接实验法"的作用，探寻历史规律；第四，便于从整体上把握历史的全局和局部的同异关系，以进一步探求历史发展的普遍规律与特殊规律（姜义华，等，2003）[149-151]。

我们在日常生活中经常使用比较方法来认识事物，这是一种基本的思维过程和方法。当然它们之间应该有一定的可比性，是进行比较的基础。雷沛鸿、卢作孚的共同点：都重视教育本土化、热心于教育救国、有相对成熟的教育理论、不畏艰辛的教育实践、重视国民或民众教育、促进地方教育的现代化。但他们也有一定的差异：雷沛鸿执着于教育，卢作孚先是倾心于教育后着力于实业；雷沛鸿以教育改造社会，卢作孚通过政治、实业等社会事业来改造教育等。本书主要通过比较他们的办学取向，关注他们异曲同工、殊途同归地实现本土化办学，探讨教育本土化的实现路径、区域教育现代化的合理因素和教育家成长的内在规律。

（三）个案法

个案法也叫"个案研究"、"个案历史法"，指对一个团体、一个组织（包括家庭、社区）或一个人以及一个事件进行详尽的调查研究的方法。个案研究的目的：一是对个案做一个广泛深入的考察；二是发展一般性理论，以概括说明社会结构或过程。"一般来说，选择个案的标准是三重的：即选择与假设有关的个案，控制主要的外部变化和有效利用调查研究的系统。""还可以把个案研究区分为四种主要类型：全球型、地区型（多国的）、地方型（国内的）与跨时（cross-temporal）型。"（朱勃，等，1984）[77-78]本书选取的雷沛鸿和卢作孚就具有一定的代表性，是属于地方型的个案。

四、概念界定

（一）教育本土化

教育本土化（education indigenization）指充分认识本土的政治、经济、文化教育等社会状况和历史传统，学习借鉴国际上先进的教育理念与实践经验，形成符合本土实际、富有本土特色的教育，并积极参与国际对话与交流。教育变革要"自明、明他、他明"，即"第一要自己晓得自己，第二要自己晓得别人，第三要别人晓得自己"（江苏省陶行知研究会，2008）[97-98]。因此，教育本土化的追求并不仅"意味着理论视线的内转"（于述胜，2008）[12]，而应该包括三个基本因素：国际视野，指积极学习、借鉴国际上先进的教育理念和经验，熟知世界教育变革的现状和趋势，更重要的是形成本土的变革逻辑和话语体系，积极参与国际教育对话、交流与合作；时代精神，指教育变革要切合时代要求和时代使命，解决本土的现实困境和未来发展问题；本土意识，指教育变革要切合本土的文化传统和社会实际，实现教育的本土成长。三者不可分离，相互依存。需要指出，"本土化"的含义，不仅指"成为"、"趋向"的动态特性，将西方先进教育引入中国，为我所用，也指一种静态的性质和特点，即在本土创生出来的、具有本土特色的教育。对于后一种含义，项贤明认为应该称为"本土生长"，"'本土化'与'本土生长'并非一回事，不可混为一谈。"（项贤明，2000）[221]这是一种狭义的定义，笔者认为从广义上说"化"入本土和"本土生长"都是"本土化"的合理内涵。

民国时期虽然也有"新教育中国化运动"，但近代对"中国化"概念有不同的理解，除了"变成中国的"含义外，还有"统一成整个中国"的意思。如李寰认为："所谓中国化运动，凡属中华国族及强大兴盛之人民，无论属于任何宗支族，其衣食住行、语言文字、行为思想等必须合于一种中国化之公式，'公式是采取各族之优点，交流各族之文化而成'，庶几统一文化，团结力量，犹方可以立足于此生存竞争之大时代，否则仍然纷岐（分歧）错杂，犹存各人打扫门前雪之态度，实是自速灭亡而已。"（李寰，1948）[6]因此，本书采用"本土化"为核心词，以免"中国化"带来的歧义。另外，英文表达"本土化"有 indigenization，nativization，localization 等不同单词（王啸，2002）[74]，而笔者认为"本土化"与 indigenization 的内涵更为贴近。

（二）融入式办学

融入式办学（running educational institutions in integrated type）指雷沛鸿在广西创立以国民基础教育为核心的国民教育体系，包括国民基础教育、国民中学和国民大学三个层次。具体而言,融入式办学主要体现在三个层面。第一,从办学与兴办其他社会事业的关系来看,他注重教育的社会基础作用,将教育事业融入社会事业,以教育改造促进社会改造。他强调教育引领政治、经济、文化、军事等事业的发展,以教育现代化推动区域现代化,展现出教育事业的恒久魅力和基础作用。第二,从办学种类来看,他依靠教育行政权力,将民众教育和学校教育、成人教育和儿童教育、普通教育和职业教育等融合为一体,统称为国民教育,成为一种新型学校体系。教育行政、教育科研、教育出版等机构都为国民教育服务。第三,从本土化角度来看,他以"土化"思想为指导,将西方教育融入广西本土,形成了国民教育体系,注重西方教育在中国的"本土生长"。

(三) 互摄式办学

互摄式办学(running educational institutions in interactive type)指卢作孚在四川境内的办学,包括在泸州和成都的早期办学、北碚的乡村教育、民生公司的职工教育等。与融入式办学相对应,互摄式办学也体现在三个层面。第一,从办学与兴办其他社会事业的关系来看,他兼具教师、校长、政府官员、企业经理等多种身份,注重办学与社会事业的互相推动。他将教育现代化置于区域现代化之中,认定教育事业是国家发展和地方建设的重要组成部分,以社会全面均衡发展的思想来统摄办学事业,协调教育发展的规模和速度,使教育在现代化进程中做出应有的贡献。第二,从办学种类来看,他既创办了基础教育、中等教育、高等教育,又创办了民众教育、学校教育和教研机构,也创办了普通教育、职业教育。各类教育互不统属,也未融合成一种学校体系,但它们之间互相关联、互相支持,形成了不同教育体系之间的良性互动。第三,从本土化角度来看,他对西方教育的了解明显弱于雷沛鸿,但他善于间接摄取西方教育理念,强调结合本土实际办学,注重教育"本土创生",形成中西方教育的互摄关系。

(四) 教育家办学

教育家办学(educators running educational institutions):从"教育家办学"的角度来说,"办学"可以有狭义和广义两个定义。狭义"办学"(running schools)指兴办、管理各级各类学校,包括各类大、中、小学校。广义"办学"(running educational institutions)指兴办、管理各种学校、教育科研机构、教育行政等机构。其外延广泛："办"包括投资、创立、管理等，且管理更为重要，过程更长久；"学"包括文化教育、科学教育、职业教育和继续教育在内的各级各类学校，也包括教育行政、教育科研等机构，是一个大教育系统。本书主要采用广义概念。

广义的教育家办学是指具有一定素养的教育工作者按照教育教学规律兴办和管理学校等教育机构，坚持以人为本、勇于开拓、不断创新，在教育理论、教育模式和教育实践等方面取得重大的成果，在一定区域或范围内产生较大影响，得到公众的认可并能经受历史的考验。狭义的教育家办学是指具有一定教育家潜质的人管理各级各类学校，不断创新教育理念、管理模式和教学方法，取得良好的教育效果，在一定的范围内产生较大影响，被公众认可。本书使用广义的概念。另外，在使用这一概念时还要注意三个方面的问题。第一，理论与实践的结合。教育家办学是教育理论和教育实践完美结合的产物，办学者只重教育理论则会好高骛远、华而不实，只重教育实践则手高眼低、缺乏境界，理论与实践中任何一方的缺席都不会是真正的教育家办学。第二，历史与现实的结合。从历史性看，教育家办学可以分成三种情况：一是具有一定教育家潜质的人办学；二是已经初步表现出教育家素质的人办学；三是已经成名的教育家继续办学。但无论如何，教育家都是在艰辛的办学过程中不断磨炼而成长起来的。教育行政部门要尊重教育家的教育成长规律，宽容教育家所遇的挫折和所走弯路，不要急功近利或急于求成，只要成绩不要挫折。第三，主体精神与客体世界的结合。教育家一般都具有强烈的主体意识和独特的教育理念、管理思路，并能够与学校实际有机结合起来，创新出独具特色的教育理论、教育模式和教育方法。

（五）区域现代化

区域现代化（regional modernization）："区域"（region）一词比较常用，但定义起来却并不容易。《简明不列颠百科全书》中认为，"区域"指"有内聚力的地区。根据一定标准，区域本身具有同质性，并以同样标准而与相邻诸地区或诸区域相区别。区域是一种学术概念，是通过选择与特定问题相关的特征并排除不相关的特征而划定的"，"社会科学中最普遍的特征是民族、文化或语言，气候或地貌，工业区或都市区，专门化经济区，行政单位以及国际政治区域"（中国大百科全书出版社简明不列颠百科全书编辑部，1986）[703]。任军锋认为，区域是政治、经济、文化等领域相互联系、相互作用的特定共同体，可以按照经济状况、地理位置、气候条件、种族和人口分布、历史传统等标准来划分，主要包括一定的位置（location）、空间性（space）、同质性（homogeneity）、特定的角色功能（function）等特征（任军锋，2003）[7-8]。吴宣德认为，区域有四个特点："其一，区域是按照同质性和内聚力，或按照某类特征来划分的。其二，'区域'和'地区'是不完全相同的概念。其三，区域发展所体现的是一种差异性。其四，区域分析是一种空间分析。"（吴宣德，2001）[24]虽然学者对区域的界定不一致，但大都以行政区划、经济形态、地理气候、民族风俗、历史传统等为标准。本书所研究的区域比较明确，雷沛鸿主要在广西办学，卢作孚主要以北碚为中心在嘉陵江地区的办学。这两个区域基本符合上述标准。

区域现代化指一定地域单元内，经济趋向工业化、政治趋向民主化、社会趋向城市化以及价值观念趋向理性化的互动过程。中国地域广阔，加之军阀割据，各地之间差异较大，近代中国现代化的进程、方式、重点等表现出各自的特色，因此研究中国的区域现代化具有重要意义。

应该指出，关于中国近代时期的"现代化"有许多不同的表达方式，如"近代化"、"早期现代化"、"早期近代化"、"西化"、"欧化"等。罗荣渠主张统一称为"现代化"，认为："从历史的角度来透视，广义而言，现代化作为一个世界性的历史过程，是指人类社会从工业革命以来所经历的一场急剧变革，这一变革以工业化为推动力，导致传统的农业社会向现代工业社会的全球性的大转变过程，它使工业主义渗透到经济、政治、文化、思想各个领域，引起深刻的相应变化；狭义而言，现代化又是一个自然的社会演变过程，它是落后国家采取高效率的途径（其中包括可利用的传统因素），通过有计划地经济技术改造和学习世界先进，带动广泛的社会改革，以迅速赶上先进工业国和适应现代世界环境的发展过程。现代化这个概念与通常所谓的'近代'或'现代'的历史概念不同。"（罗荣渠，1993）[16-17]这一概念界定符合现代化的客观进程，可以促进包括教育史在内的历史研究的深入发展。

第一章

教育本土化的时代呼唤

在中国古代，创办适合本土实际的教育本不成问题，因为以儒家为核心的传统教育虽然褒贬不一，但毕竟是在中国本土生长的，与古代政治、经济、文化等密切贴合，根本不存在本土化的问题。虽然曾经面临外来的佛教文化的冲击，但经过几百年的冲突、融合，儒学凭借强势的政治、文化、教育地位，使佛教"化"入了中国本土文化之中。但清末以来，西方强大的工业文明将其文化教育输入中国，在中西文化的强弱转换中，中国经过强烈的抵抗，遂无奈地接受了向西方学习的宿命，甚至民国初年有了全盘西化的倾向。这样，随着学习西方文化从"器物"、"制度"到"文化"不断地深入，中国教育逐步走出了闭关自守的状态，但中国文化教育的现代化转型问题无可回避地凸显出来。如果不实现教育本土化，形成有中国特色的、为世界教育界所认可的办学模式，教育现代化将无法实现。如果无视甚至蔑视本土文化，中国教育就只能迷失自我，永远无法摆脱落后局面，无法实现国富民强的理想。于是，教育本土化成为时代的命题，至今仍然困扰着中国教育。而且，人们越来越认识到，中国教育能否取得世界瞩目的成就，不仅取决于对西方教育文化的把握程度，而且更取决于对本土教育文化及本国国情的了解与适应程度（丁钢，2009）[133-134]。时代呼唤教育本土化，更呼唤对教育本土化的研究。

第一节　教育本土化变革的世纪回眸

本土是"根"，是"魂"，忘记了本土，教育就成为"无本之木"，就会"失魂落魄"。本土在我们脚下、在我们身边、在我们心中，我们无法逃避，也不能漠视。"改革在一个地方的成功，一方面是好的思想或观点发生了作用，而更大程度上取决于使这些好的思想可以生根、发芽、成长壮大的环境。"（迈克·富兰，2000）[269]我们回顾教育变革的本土化历程，也期望本土化的真正回归。

教育变革，又称教育改革（educational reform），指改变教育方针和制度或革除陈旧的教育内容、方法的一种社会活动，目的是使教育适应社会发展和人的发展的需要，以提高教育质量，从内容来看可以分为整体教育改革和部分的、单项的教育改革（顾明远，1998）[745]。实际上，不管宏观的国家教育体制还是中观的学校管理模式，乃至微观的课堂教学方式，时时刻刻都在进行着变化与革新，只不过有时候教育变革比较剧烈彻底，而有时候则比较温和舒缓。可以说，一部教育史就是一部教育变革史。

"国际视野、本土行动"、"思乡症"等并不能准确表达教育本土化的含义，因为教育变革不论是借鉴西方还是自我创新，实现本土生长是主要目的，也就是说，教育本土化既是变革的起点，又是变革的归宿。本土化最初是对西方文化殖民的一种反动，随着以现代化为核心的全球化浪潮迅猛发展，本土化就成为后发外生型现代化国家的必然选择，逐渐具有了民族自觉、文化自信的特征。

民国时期，教育家们开始意识到教育本土化的重要性，对此进行理论与实践的探索。如庄泽宣强调乡村教育要"对症下药"，即应该以施教乡村为核心，根据其实际需要，"或侧重生产技能，或提倡合作事业，或增强自卫力量，或加固团体组织，或推动地方自治。负乡村教育责任的人，目光要远大，对于世界大势本国潮流所趋要能看得清抓得住，同时对于所施教的乡村社会也要洞悉其优点与缺点，然后因势利导，事半功倍。"同时，又指出"抄袭"来的乡村教育的缺陷：

> 今日中国采用的教育制度，不幸是间接或直接的采自西洋工商社会极发达的国家，其中设施大都需要大量经费，适合大规模的社会组织和富于进取心、耽于物质生活的民族性的。这种制度在比较工商化的中国都市中推行已百弊丛生，在乡村社会中推行更是如方木塞在圆孔中格格不入。因此中国乡村教育的设施，有待于创造之处甚多……所以在乡村办教育的人万不可抄袭西洋成规。即在中国，各地情形迥不相同，即使

有的办法在甲村办得有效，在乙村就未必有效。所以办乡村教育的人连中国其他乡村已行之有效的方法制度，在推行的时候也不能不采取试验的态度，常常准备改变以适合当地的情况与需要（庄泽宣，1939）[7-8]。

20 世纪以来，中国教育学习西方的步伐加快，并以学制政策的方式全面推广西方的教育制度。这样，中国教育出现照抄照搬西方教育、脱离中国实际的弊端，以至食洋不化，"但融会中西文化、将外来的西方教育资源民族化、本土化的努力一直没有停止。"（杨东平，2003）[318]我们可以简要回顾一下民国建立以来的教育本土化的努力及经验教训。

一、本土化：教育变革的世纪求索

从本土化的角度来看，百年来的教育变革可以分成六个阶段。

第一阶段（1912—1928 年），本土化意识由弱到强。辛亥革命的政治风暴、"五四"新文化运动的文化启蒙、"一战"期间民族资本主义经济的加速发展，为教育现代化提供了强大支持，向西方学习成为时代潮流。不论是学习欧洲、美国和法国等教育制度的变革，"壬子-癸丑学制"（1912—1913年）、"壬戌学制"（1922 年）和大学区制改革（1927—1928 年）还是初步发展的教育独立、职业教育、科学教育、工读主义、平民教育、乡村教育、实用主义等教育思潮，大都抄袭西方教育经验和理论，以"教育救国"为己任，但实际效果并不理想。教育变革具有了国际视野和时代精神，但是本土意识被遮蔽了。"徒以我华幅员广大，地方风气程度，万有不同，不能遽规定画一之办法，以蹈削足适履之弊"，缺少"各地方得依其本处之状况，增减变通之"（高凤谦，1991）[617]的政策。他们开始关注教育变革本土化，历史已经进入下一个阶段了。

第二阶段（1928—1937 年），本土化意识强烈，开始形成国民党、共产党和第三方人士的教育变革格局。1928 年，国民党政府正式将党化教育改为三民主义教育，并公布了"戊辰学制"；共产党以井冈山为起点创立了革命根据地，并开始进行新民主主义教育，教育变革已经露出了党派控制的端倪。而影响更大的是教育家们主持的教育变革运动，不仅比上一时期更加深入，而且认识到本土化变革的重要性。1927 年，陶行知创办了晓庄师范学校开展生活教育运动，认为"我从前也是把外国教育制度拉到中国来的东洋车夫之一，不过我现在觉得这是害国害民的事，是万万做不得的。我们现在要在中国实际生活上面找问题，在此问题上，一面实行工作，一面极力谋改进和解决"（江苏省陶行知研究会，2008）[270]。1929 年，晏阳初的中华平民教育促进总会正式迁居定县，目标是"要在农民生活里去探索问题"（宋恩荣，1989）[48]，"因为这个运动不是抄袭外人的法子或者抄袭中国的老法子可以收效的，必得一点一滴由实地里创造出来，用汗血去体验认识出来，然后才算是我们的东西，才是解决中国问题的东西，是要从干中找出来的。"（宋恩荣，1989）[78]陈鹤琴在杭州创立中华儿童教育社。1931 年，梁漱溟在邹平成立了山东省乡村建设研究院。1933 年，雷沛鸿在广西开始普及国民基础教育，指出："本省所倡导的国民基础教育运动及其各宗法案之立法精神暨教育理论之哲学基础，实以本省文化以至全国文化的精华为其社会根据。"（韦善美，马清和，1990）[532]

教育变革在重视本土意识的同时，没有弱化国际视野、时代精神，三个因素相对比较均衡，形成了百年来教育变革本土化的第一次高潮。但随着抗日战争和解放战争的来临，抗御外敌和国共争斗日益成为中国社会的主题，教育正常发展道路出现偏离，逐渐成为政治斗争的工具。

第三阶段（1937—1949 年），教育变革的政治倾向。国民党在 1937 年 8 月提出"战时须向平时看"的教育政策，许多学校内迁，有的联合办学，形成了西南联合大学等名校，有的将私立学校改成公立，保存了教育力量，但也加强了政治控制。1932—1945 年在中学实行"毕业会考制"，大学实行"总考制"，并规定了统一的课程体系，加强三民主义教育。共产党在根据地和解放区则实行"干部教育第一，国民教育第二"的政策，强化了干部教育和成人教育，毛泽东在 1941 年发表了《新民主主义论》，正式提出了"民族的、科学的、大众的"新民主主义教育，创办了中国人民抗日军事政治大学、鲁迅艺术学院等学校。第三方人士的教育变革由于战乱等原因被迫停止或转型，影响日渐减小，如蔡元培（1940 年）、陶行知（1946 年）等先后去世，黄炎培等因奔走国是受到当局迫害，晏阳初在 1940 年以后主要在国外活动以争取平民教育的外援，雷沛鸿 1940 年 8 月辞去广西省教育厅厅长职务。两党在解决时代命题时，试图用政治、军事来左右教育变革，这也符合中国政治至上的历史传统，然而国际视野却日益被忽视。这一趋势在新中国成立后更加明显。

第四阶段（1949—1976 年），本土意识的强化和异化。1949 年后，教育变革强化了无产阶级专政的"社会主义"特色，目的是"以毛泽东思想为指针，清除和改革一切为剥削阶级服务的旧思想、旧制度……把各学校各单位的工作纳入毛主席无产阶级革命路线的轨道，进一步建立和健全为无产阶级政治服务、为社会主义经济服务的新思想、新制度、把全国办成毛泽东思想的大学校"（《红旗》杂志社论，1998）[1420]。具体可分为三个时期。一是1949—1956年，接收、改造国民政府、外国遗留的教育机构，以苏联教育为榜样调整教育格局。毛泽东思想成为教育变革的指导思想，凯洛夫编著的《教育学》成为新中国教育教学的基本指导用书。二是1957—1966年，社会主义建设时期，突出了理论与实际结合、教育与劳动结合等，1958年出现了"教育大跃进"，学校数量快速膨胀。三是1966—1976年，"文化大革命"中反对"封建主义、资本主义、修正主义"的教育，否定了中国古代的大传统、近代教育的小传统及新中国成立后十七年来的新传统。打倒一切，重塑一切，本土化意识异常强烈。教育本土化和"文化大革命"一样，也是"史无前例"的。

在"左倾"思想指导下，教育变革走上了歧途。虽然教育变革强调了中国特色，但敌视国际教育潮流，错误地估计了时代精神，以致不顾教育基本规律，一意孤行地强化教育的"社会主义"特色。这种异化的本土意识可以看作一次教育变革本土化的高潮，但由于本土化三因素的失衡，教育并没能取得预期的成果，适得其反地成为社会发展的障碍。

第五阶段（1977—2000年），本土化的合理回归，突出教育国际化。可以分为两个时期。第一个时期是1977—1985年，主要贯彻"调整、改革、整顿、提高"方针，平反冤假错案，恢复和发展各项教育事业，开展国际交流与合作，拉开了教育改革的序幕。第二个时期是1985—2000年，主要在四个方面进行变革。一是确立教育的战略地位，邓小平提出"科技是生产力"和"三个面向"思想，十二大上确立了教育的战略重点地位，1995年提出"科教兴国"战略。二是推进教育改革，提升教育质量，中共中央、国务院先后颁布了《中共中央关于教育体制改革的决定》（1985年）、《中国教育改革和发展纲要》（1993年）等重要政策，提出建设中国特色社会主义教育体系的教育改革目标，普及九年义务教育（2000年基本实现），强化素质教育，建设世界一流大学和高水平大学。三是加强教育国际交流与合作，鼓励公费和自费出国留学进修，积极赶超国际先进教育。四是加强教育法制建设，相继出台了《中华人民共和国义务教育法》（1986年）、《中华人民共和国教师法》（1993 年）和《中华人民共和国教育法》（1995 年）等。

教育变革摆脱了"政治挂帅"的束缚，开始以教育标准来推进和衡量教育改革，本土化意识也从狂热的追求"社会主义"与资本主义的差异性回归到理性的常轨。然而，中国教育的落后使西方教育成为变革的圭臬，终生教育、全民教育等思潮深刻地影响了中国教育，"中国教育学所用的概念、基本假设、分析框架和研究方法大都来自西方，甚至我们讨论的话题也是由西方人提出的。我们是在中国用西方的教育理论研究西方的教育问题。"（庄西真，2004）[4] 这一时期的教育变革强调了"中国特色"，但依然是"摸着石头过河"，国际视野压倒了本土意识。要改变这一现状，"必须坚持实事求是的思想路线，从我国的国情出发，因地制宜，分类指导，分区规划，按照统一性与多样性相结合的原则，走一条符合我国和各地区实际的教育发展路子。"（吴德刚，2011）[18]

第六阶段（2001 年至今），本土化的世纪创新。进入 21 世纪，科学发展观成为教育变革的重要指导思想。2001 年，国务院作出《关于基础教育改革与发展的决定》，教育部印发《基础教育课程改革纲要（试行）》，决定在中小学实行新课程改革。虽然新课程改革提到了建构主义、多元智能等西方教育理论，引发了争论和批评，但未限定某一种教育理论作为指导思想，而且在课程设置、课程管理、课程评价等方面留有较大的自主空间，为课程自主创新和本土生长提供了条件。同时，华东师范大学叶澜教授主持的"新基础教育"实验和苏州大学朱永新教授主持的"新教育实验"等都进行得有声有色，主张从本土实践走向本土理论。这样，教育改革摆脱了"摸着石头过河"的手足无措，由外延式扩张转向内涵式发展，走上了本土化变革的快车道。

2010 年制定《国家中长期教育改革和发展规划纲要（2010—2020年）》，明确了今后教育发展方向，强调建设有中国特色的社会主义教育体系。

按照面向现代化、面向世界、面向未来的要求，适应全面建设小康社会、建设创新型国家的需要，坚持育人为本，以改革创新为动力，以促进公平为重点，以提高质量为核心，全面实施素质教育，推动教育事业在新的历史起点上科学发展，加快从教育大国向教育强国、从人力资源大国向人力资源强国迈进，为中华民族伟大复兴和人类文明进步作出更大贡献（国务院，2010）[11]。

在继续拓展国际视野、突出时代精神的同时，注意了本土生长和本土创新，可以说《国家中长期教育改革和发展规划纲要（2010—2020 年）》拉开了教育变革本土化第三次高潮的序幕，教育变革本土化的突破性进展指日可待。

二、教育本土化的世纪反思

（一）本土化的波峰波谷

百年教育变革经过了三次低谷和三次高潮。

三次低谷：第一、三、五阶段。第一、五阶段略有相似，都是由于消除了学习西方的障碍，为改革教育落后的现状而出现了引进西方教育的高潮，忽视了本土意识。但第一阶段充满了被动和无奈，怀着教育救国的理想在变革，而第五阶段则是国家主动进行改革开放，为了科教兴国而变革。第三阶段则由于战争和政治原因，突出了时代精神，而忽视了国际视野和本土意识。

三次高潮：第二、四、六阶段。第四阶段教育变革偏离了教育规律，过度强调本土化，而忽视了国际视野和时代精神，导致教育遭到严重损失。第二、六阶段能够使本土化的三个因素均衡发展，教育变革取得或可能取得较大成果。

因此，我们可以得出结论：第一，教育变革要取得较好的成效，必须使国际视野、时代精神和本土意识这三要素相对均衡地发展，若过于偏重某一两个要素，将会给教育带来难以弥补的损失；第二，实事求是地分析三要素在每个时代的不同内涵，使其符合实际情况，以免使教育变革偏离正确的轨道；第三，教育变革要体现一定的灵活性，既要在实践中发现问题，及时调整思路和政策，又要给地方和学校的改革实践者一定的自主空间，使他们能够创造性地进行变革。

（二）本土与国际

"发展应该是土生土长的。不过，一个国家也许还需要有外来的刺激，而且外援在一段相当长的时期内恐怕还是发展中的一个必要的组成部分。"（联合国教科文组织国际教育发展委员会，1996）[279]但要避免两种倾向：一是全盘西化，拿来主义，结果南橘北枳；二是对西方教育不感兴趣，甚至嗤之以鼻，闭门造车。

西方化和国际化都是现代化的具体表现，我们要摆脱国际化和本土化的二元单向思维。实际上，"本土化是相对国际化而言的，所以两者是不矛盾的。正是因为教育要国际化，才提出在国际化过程中要结合民族特点，使之本土化。"（顾明远，2011）[127]近代以来，教育现代化主要是落后国家和地区学习西方教育，而"二战"后的国际化主要指"国际间相互交流、研讨、协作、解决教育上共同问题的发展趋势"（顾明远，1998）[751]，是双向甚至多向度的。教育现代化也由单一的西方化模式变成多种模式并存，尤其重视本土特色。而本土化则是在西方化和国际化的基础上，将别国先进的教育理念引进中国，结合本土实际进行消化吸收，从而生长出具有本土特色和中国立场的教育。之前一直有一种误解，将本土化看作西方化和国际化的对立面，甚至认为本土化就是保守的，是阻碍现代化的。其实，国际化是方向、趋势和手段，现代化是实质，本土化是目的和归宿。

（三）本土与传统

本土化不仅要切合国际教育潮流，而且要对中国传统教育深入地分析总结，剖析出其合理内核和文化本质，作为中国现代教育的精神家园和创新基础。"传统经历了发展和变迁，它们不断得到丰富，它们也曾受到削弱。变化着的环境、利益和利益冲突的后果以及活跃着理智能力和想象力，都给传统施加了所有各种各样的压力。就在它们给传统施加压力的时候，它们本身也没能逃脱传统。"（希尔斯，1991）[428]

这要避免两种误区：一是无视中国传统教育，现在从教育实践到教育研究都有一种漠视中国教育传统的不良风气；二是民族主义倾向，认为中国文化都是优秀的，甚至要恢复读经和繁体字，回到古代教育。

本土化与中国化、民族化既有联系又有区别。从本质内涵来看，本土化既包括"成为"本土的动态特性，又包括具有本土"特色"的静态含义，而中国化和民族化则更多的是"成为"的含义。从文化交流的角度来看，本土化是双向的交流与对话，中国化和民族化则是单向地学习与借鉴；从地域范围来看，中国化和民族化是以整个中国作为意义单元，而本土化既包括全局性的中国化，也包含不同地域特色的本地化。因此，本土化内涵丰富，可包含中国化和民族化。

三、两位教育家办学的历史定位

前面对民国成立以来的教育变革从本土化角度进行了梳理，但在实际办学中，能够意识到教育本土化，并在办学实践中得以体现的并不多。即使是在本土化办学的高峰时期，能够将教育本土化中的国际视野、时代精神与本土意识三要素合理地运用到办学中的教育家也不多见。这一方面说明教育本土化、创建中国本土的教育学任务之艰巨，另一方面也说明像雷沛鸿等能够明确提出教育要"土化"的教育家对中国教育发展的卓越贡献。雷沛鸿与卢作孚的办学穿越了教育本土化的前三个阶段，主要成就集中在第二、三阶段。近代中国教育现代化经历了简单模仿（1862—1903 年）、制度推进（1904—1927 年）、本土探索（1927—1949 年）三次超越（谢文庆，2012)[90-91]，他们所处的本土化第二、三阶段正是教育现代化的本土探索时期。他们将教育本土化的理念运用到办学实践中，在一定区域内推进，取得了相当的成效，不仅成为当时全国教育的榜样，也为当今的教育变革提供了丰富的经验。本书运用比较的研究方法，从本土化办学的视角来审视他们在西部地区的办学思想与实践。

第二节　教育本土化的国际背景

近代中国教育变革目标是要实现教育现代化，最便捷的方式就是向西方学习，这也导致了教育本土化的问题。西方的教育发展到了近代以后，与古希腊和古罗马教育、中世纪教育有了明显的不同。教育目的从培养传教士和统治者的中世纪教育变为提高全民素质的国民教育，教育管理由教会、私人为主变为由国家控制的公立教育为主，教学组织形式由个别教学变成班级集体授课，课程由宗教课程、古典课程变成世俗课程、实用课程。这些变化对雷沛鸿和卢作孚的教育变革产生了重要影响，成为他们学习的模板和追求的目标，是他们实现教育本土化的主要依据。

一、近现代西方教育思潮与趋向

(一) 教育普及成为世界潮流

自从 16 世纪欧洲宗教改革时期,宗教改革家马丁·路德 (Martin Luther) 和加尔文 (Jean Calvin) 提出普及义务教育,得到各国响应。17、18 世纪欧洲各国纷纷实施强迫义务教育,加强教育的普及。此后,义务教育年限逐渐增加。比如,在德意志,1559 年威丁堡规定国家在每个村庄设立初等学校,强制家长送子女入学;1619 年德意志魏玛邦颁布学校法令,规定父母应送 6—12 岁男女儿童入学,否则政府强迫其履行义务;1763 年普鲁士颁布《普通学校规程》,强迫 5 到 13 或 14 岁的儿童入学;1802 年巴伐利亚、1805 年萨克森先后颁布《初等义务教育法》;1885 年普鲁士实行免费初等义务教育,使其儿童入学率由 1816 年的 60%上升到 100%。英国的《费舍教育法》(1918 年) 规定,儿童 5—14 岁 (后延长至 15 岁) 为义务教育阶段,小学实行免费教育,地方设立继续教育学校,为 14—16 岁的年轻人提供免费教育训练;20 世纪 20 年代的《多哈报告》明确提出中等教育面向全体儿童的思想,延长了普及教育的年限。法国在 1881 年开始实行国民义务教育,1882 年规定 6—13 岁 (后延长至 14 岁) 的儿童接受免费义务教育。这样,义务教育成为西方国家的一项基本国策,国民基本素质也有了大幅提升,对社会发展起到至关重要的作用。

究其原因,资本主义的经济发展,特别是工业革命以后,生产力飞速发展,工业生产对工人的要求越来越高,需要工人掌握一定的知识才能从事生产,同时也为普及教育奠定了强大的经济基础。随着民主自由思想的传播,受教育权成为人们努力争取的自由平等权利之一,人们为此进行了不屈的斗争。经过资产阶级革命或改革,资产阶级逐渐掌握了国家政权,从教会手中夺回了教育管理权,他们标榜民主自由,也认识到工人学习基础知识对工业生产的重要性。于是,普及教育就成为他们追求的目标,也成为教育变革的世界潮流。

(二) 国民教育迅速发展

随着资本主义的发展,欧洲逐步建立起一系列的民族国家,民族意识逐渐增强，民族主义成为流行的政治思潮。虽然对民族主义的评价褒贬不一，但它对民族国家的建立与发展起着重要作用，而且正好符合中国备受侵略、急需救亡图存的局势，民族主义传入中国迅速被社会接受，中华民国的建立使民族国家成为现实，民族主义更加深入人心。民族主义表现在教育上就是要求教育为国家服务，国家接管教育尤其是学校教育，实行义务教育和国民教育，提高国民素质以更好地为国家做出贡献。如德国著名教育家费希特（Johann Gottlieb Fichte）和凯兴斯泰纳（G. Kerschensteiner）就是倡导国民教育的典型代表，推动了德国的教育改革，并对世界其他国家和地区产生了深远的影响。

同时，人们也逐渐认识到，教育不仅是儿童的特权，成年人有必要也有能力接受一定的教育，以提高其适应社会生产、生活的能力。这样，在普及义务教育的同时，成人教育也开始受到注重，于是针对全体公民的国民教育逐渐盛行。如果从贵族教育、宗教教育到平民教育是一次教育的飞跃，那么从儿童教育到国民教育是教育的又一次飞跃。雷沛鸿等人认识到国民教育的重要性，实施国民教育是符合世界教育潮流的，而先从国民基础教育开始普及又符合了广西经济文化落后的现状。随着新教育的发展，农村教育极端落后的状况日益明显，人们开始强调乡村教育，"民国十二年以后，全国教育联合会有《新学制师范课程标准》的拟订，其中对于高中师范科的课程，列有'乡村教育'的选修科；至民国十六年，正式由中央公布。"（金嵘轩，1936）[9]，而许多初级师范和简易乡村师范等也重视乡村教育课程，编写了大量的相关教材①，除了教材外还有相当数量的与乡村教育有关的著作出版。

雷沛鸿回忆："当时颇受丹麦教育家格龙维先生及英国工人教育协会所

---

① 略举例：喻谟烈. 乡村教育（师范丛书）[M]. 上海：商务印书馆，1929；鲁世英. 乡村教育 [M]. 北平：文化学社，1931；张宗麟. 乡村教育（高中师范教本）[M]. 上海：世界书局，1933；方与严. 乡村教育（师范学校教科书）[M]. 上海：大华书局，1934；储劲. 乡村教育（师范小丛书）[M] 上海：商务印书馆，1934；甘豫源. 乡村教育（新课程标准师范适用）[M]. 上海：中华书局，1935；王沆康. 乡村教育（师范学校及乡村师范学校新课程标准适用）[M]. 南京：正中书局，1935；刘炳藜. 乡村教育 [M]. 上海：中华书局，1935；王淋，程本海. 乡村教育（初级师范教本）[M]. 上海：世界书局，1935；古楳. 乡村教育（乡村师范学校教科书）[M]. 上海：商务印书馆，1935；金嵘轩. 乡村教育及民众教育（简易师范学校及简易乡村师范学校）[M]. 南京：正中书局，1935；金嵘轩. 乡村教育（简易乡村师范学校）[M]. 南京：正中书局，1936；郭人全. 乡村教育（黎明师范教本）[M]. 上海：黎明书局，1937；干藻. 乡村教育 [M]. 长沙：商务印书馆，1938；张宗麟. 乡村教育及民众教育（简易师范学校教科书）[M]. 长沙：商务印书馆，1940；赵冕，翁祖善. 乡村教育及民众教育（新课程标准简易师范适用）[M]. 上海：中华书局，1948.

倡导之成人教育运动之感召……使我大发宏愿，愿以有生之日，为穷而失教之劳苦大众教育事业而奋斗。"（韦善美，马清和，1989）[6] 他对英国成人教育比较推崇，专门写成了《英国成人教育》。

（三）公立教育发展，加强国家对教育的控制

中世纪时期，欧洲教育主要是以教会学校、私立学校、家庭教育为主，国家基本不能管理教育。随着资本主义的发展，资产阶级清楚地认识到教育的重要性，提出国家要掌握教育权。这体现了教育事业对社会发展的巨大作用，也是世俗政权与教会势力的权力之争。比如，德意志各邦国从 16 世纪中期起就先后颁布法令，强调国家办学；启蒙运动时期，法国的爱尔维修、狄德罗、卢梭等思想家提出国家创办世俗教育、管理教育的思想，并在法国大革命中得以实现；同时各国开始强化世俗政权对教育的掌控，学校逐渐摆脱了教会、贵族的控制，成为国家进行民众教育的机构。英国通过《巴尔福教育法》（1902 年）和《费舍教育法》（1918 年），加强了政府对幼儿教育、初等教育和中等教育的直接领导权；1944 年，英国设立教育部，加强政府对各级教育的管理。

（四）课程思想从古典主义转向现代主义，课程设置转向实用化和世俗化

随着资本主义发展对人们科学技术素质要求的提高和启蒙运动对理性、科学的强调，加之科学技术本身的进步，欧洲各国对科学教育日益重视。在课程改革中，学校课程从古典的文科知识转向了现代实用的科学知识，加强教育与社会的联系，中世纪以来一直处于核心地位的宗教课程已经边缘化，甚至被取消了。

英国教育家斯宾塞（Herbert Spencer）反对古典教育，明确提倡科学教育。他认为："学校科目中几乎完全忽视的东西，却是同人生事业最有密切关系的……一些钦定的教育机构一直念念叨叨的却几乎全是一些陈腐的公式。"（胡毅，等，1997）[70-71]这使"那些增进个人福利的知识"（胡毅，等，1997）[54]，即科学知识不被人所重视，因此应该重视天文学、化学、地质学、物理学、植物学等科学知识的教育。赫胥黎（Thomas Henry Huxley）也主张科学教育。

而民众教育不必在学校中多教给民众书籍知识，这一点"不应抄袭传统的教育"，丹麦的格龙维"感觉着每一民族自有一种精神，足以使它不与他民族相同。这种精神时常附着于人民的生活和理想"（韦善美，马清和，

1989)[288]，这种精神要通过教育来训练民众，以促进民族精神的形成与发展。

二、文化教育"西学东渐"的途径

（一）出国留学、考察

从 1872 年第一批留美学生开始，中国陆续有大批学生留学欧洲、美国和日本，他们不仅亲身经历了西方教育，感受到西方社会风俗和文化氛围，而且学习了大量西方的教育理论、科学知识和教学方法。他们回国后，提出了改造中国教育的方案，并积极投身于教育事业，为中国教育从传统儒学教育向现代教育转变做出了巨大贡献。雷沛鸿先后留学日本、英国、美国等地，历时 9 年（1913—1921 年），获得了美国欧柏林大学学士学位、哈佛大学硕士学位，曾攻读化学、政治学、法律、教育学、心理学、社会学等学科，在担任广西省教育厅厅长期间，"三次作菲律宾及南洋群岛教育游历考察，两次作欧美成人教育高等教育游历考察，具以教育大众化为学问思想与行动中心。"（韦善美，马清和，1989)[7]

（二）翻译介绍西方教育理论与实践

从 19 世纪末 20 世纪初开始，中国开始翻译介绍日本和西方的教育理论，如王国维 1901 年创办的《教育世界》就曾连载日本学者立花铣三郎、牧濑五一郎等人的教育学。此后，不仅直接译介欧美教育家如赫尔巴特的著作，而且开始根据西方教育理论编著中国的教育学著作和教材①。对于乡村教育及其教学方法也进行了介绍与研究，如翻译了美国毕德蔓（M. S. Pittman）博士的《乡村教学经验谭》（毕德蔓，1926）。于是，西方的班级授课、分科教学、学制体系逐渐成为中国教育的主体。雷沛鸿翻译、撰写了大量文章介绍西方教育，尤其是北欧、英国的国民教育，仅《雷沛鸿文集》（上册）就收录 20篇，其他文章也多有引用、介绍西方教育。卢作孚不仅大量阅读了西方教育论著，而且积极介绍西方教育理论，如在任四川省泸县永宁道尹公署教育科长时，就组织编辑出版《教育月刊》，其目的之一就是"介绍各国教育家之主张，及其实施之状况"（凌耀伦，熊甫，1999)[6]。

---

① 参见：周谷平. 近代西方教育理论在中国的传播 [M]. 广州：广东教育出版社，1996；郑金洲，瞿葆奎. 中国教育学百年 [M]. 北京：教育科学出版社，2002.

(三) 外国教育家来华进行宣传

杜威 (John Dewey) 1919—1921 年来华讲学，历时两年多，在中国十几个省市进行演讲，引起了巨大的轰动。国内学者不仅将杜威的演讲汇编成多种文集出版，而且翻译了他的其他著作，如《学校与社会》、《明日之学校》、《民主主义与教育》等，同时国内还发表了大量研究其教育理论的文章，杜威实用主义教育风靡一时。其后又陆续有教育家来华，1921 年，孟禄 (P. Monroe) 来华作了"平民主义在教育上的应用"的演讲；1922 年，麦柯尔 (W. A. McCall)、推士 (George Ransom Twiss) 来华，指导学校编制心理与教育测验；1925 年，柏克赫司特 (Helen Parkhurst) 来华，宣传"道尔顿制"；1927 年，克伯屈 (W. H. Kilpatrick) 来华演讲"设计教学法"。这些活动不仅宣传了西方教育家的教育思想，而且掀起了学习、研究和应用西方教育思想的热潮。

另外，政府通过教育法规与政策将西方教育的影响确立下来，使其由少数精英的理念变成各级学校的实践，迅速而深入地影响到中国教育的各个层面。典型的是清末民初三大学制的颁布："壬寅-癸卯学制" (1902—1904 年) 主要学习日本，"壬子-癸丑学制" (1912—1913 年) 主要学习欧洲，"壬戌学制" (1922 年) 主要学习美国。而 1927 年实行的大学区制是学习的法国制度。雷沛鸿在推广普及国民教育期间，卢作孚在北碚办学期间，都颁布了一系列的法律法规，保障了办学的合法性、有序性，其中吸收了欧美国民教育的许多经验。

三、"西学东渐"对中国教育的影响

(一) 西方教育成为中国教育效仿的榜样和赶超的目标

从 1862 年京师同文馆的建立开始，中国教育开始了向西方学习的现代化进程①。清末民初，先后颁布了三大学制，用法律制度的形式在中国推广西方的教育体制。而且，新文化运动的"西化"色彩浓厚，中国的"孔家店"不分青红皂白被打倒了。于是，教育目的、教育体制、教学方法、课

---

① 对于中国教育近代发展进程的表述，有"现代化"、"近代化"、"早期近代化"等不同的说法。西方一般使用"modernize"一词。本书使用"现代化"一词。

程内容等都以西方为准绳，中国传统教育失去了存在价值，丧失了主流教育地位，退出了历史舞台。

当然，一些有识之士也意识到"全盘西化"的危害性，强调根据中国实践来进行教育变革，倡导不但要学习西方教育，而且要为国际教育做出自己的贡献，提出了中国教育面向国际培养人才的目标，如陈鹤琴将"做人，做中国人，做现代中国人"作为教育目标；雷沛鸿提出："我们目前的主要工作，是在：建立民族生活，保障民族生存，促进世界和平。"（韦善美，马清和，1990）[124]

（二）西方教育和中国本土教育出现矛盾

中国教育现代化抛弃了传统文化教育，而西方教育也出现了水土不服的问题。正如梁漱溟 1930 年曾总结："我们至此方才恍然，我们几十年愈弄愈不对的民族自救运动，都是为西洋把戏所骗（自是出于自家的迷惑颠倒，怪不得人）；殊不知西洋戏法，中国人是耍不上来的。"（梁漱溟，1992）[14]蒋维乔回忆民国初年制定"壬子-癸丑学制"时的情形：

> 当余之计画（划）学制草案时，理想殊高，部中所招致之留学生，英、美、德、法、俄、日皆备，原拟将各国之学制译出，舍短取长，以造成适合于我国之学制，结果所译出之条文，与我国多枘凿不相容……而起草委员会屡经讨论，仍趋重于采取日本制……故除增损日制，易以本国课程外，殆无经验之可言……是盖时代为之，一般人之经验学识，只有此限度也（蒋维乔，1991）[629-630]。

由此可知，当时教育救国思想盛行，知识分子在民国甫立时热情高涨，但是制定者多为留学生，主要抄袭西方学制，导致学制与中国国情不合。

（三）教育变革走向本土化

随着西方教育的引入，一些教育家开始认识到照搬照抄西方教育模式的误区，开始寻求教育本土化之路。雷沛鸿在 20 世纪三四十年代任广西教育厅厅长期间，提出教育"土化"思想，推行国民基础教育，具有明确的本土化意识。他指出："我们自愿把我们的教育制度'土化'，使它富有当时当地色彩，而且使它能根据当时当地的需要，复把握当代的问题核心，而谋有所以应付外来的要求，解决骤起的事变。"（雷沛鸿，1990）[186]这就需要我们"站在中国历史立场、中国社会立场、根据社会的布景（social scenery）与社会的背景（social background）、环境的要求与社会的需要而来谈这个问题"（韦善美，马清和，1993）[294]。卢作孚也意识到本土化办学的重要性，认为："若以欧美列邦比较而观，则其教育可谓良矣，至少亦良于吾人之所施；然而彼教育家求发现更良之法，乃皇皇如不及，研究施行，相辅并进，改革速度，日有加增。吾国，则安于不良，大多教育界或教育界以外之人，犹不知此不良之法外，世尚发现有甚多之良法，足供吾人之则效，至少亦足供吾人之参考。"（凌耀伦，熊甫，1999）[8-9]，可见他们在理论思考的同时也注重办学实践，通过实践又不断丰富与完善本土化办学的理论。

第三节　西部区域发展概况

广西、四川、重庆①是传统的西部地区，2000 年确立的"西部大开发"战略也将它们列为西部地区。

一、社会发展滞后

在古代的农业社会，广西、四川等地依靠当地的土地、气候等优势发展农业经济，加之南宋完成了经济重心南移，给南方带来了先进的农业生产技术，它们的经济社会发展虽不能说位居全国前列，但也能够满足基本的衣食温饱，四川甚至有"天府之国"的美誉。而到了近代，广西作为边陲省份被列强觊觎，四川、重庆地处长江沿岸也成为列强侵略的重点地区，再加上军阀混乱、盗匪横行、自然灾害，这两个地区的社会发展受到严重阻碍。

先秦时期广西为百越之地，元朝至正末年开始设立广西行中书省，明朝设置广西承宣布政使司，清朝设广西省，辖 11 府 1 直隶州。民国时期，广

---

① 近代以来，重庆曾三次被确定为直辖市：第一次是 1937—1949 年，成为国民政府的战时"陪都"；第二次是 1949—1954 年，重庆成为西南军政委员会（后改为西南大区）的驻地，1954 年 7 月作为省辖市重新划归四川省；第三次是 1997 年 3 月 14 日，第八届全国人大第五次会议审议通过了恢复重庆直辖市的议案。同年 6 月 18 日，重庆直辖市政府机构正式挂牌。鉴于卢作孚办学地域的多变性与特殊性，本书多使用"四川省"（包括重庆市）、"嘉陵江三峡地区"、"北碚地区"等来称呼卢作孚的办学活动区域。

西辖区与现在广西壮族自治区略有出入，今天广西北海、钦州、防城港等市及合浦、钦县、灵山、防城等四县在民国时期属于广东省管辖。1912—1924年，陆荣廷为首的旧桂系主政，秉承省、道、县的"虚三级制"；1925—1949年，李宗仁为首的新桂系独创民团区、行政监督区等军政合一的行政区划，自行设置于省、县两级达10年，后来才奉行"省、行政督察区、县"的3级制。至1949年9月，广西省共划分15个督察区、1个市、99个县，总面积218923平方千米，总人口1845.2万（当时，雷沛鸿等一般称人口为1200万以上）（广西壮族自治区地方志编纂委员会，2001）[123-124]。境内生活着壮、汉、瑶、苗、侗、仫佬、毛南、回、京、彝、水、仡佬等民族，其中壮族约占总人口的三分之一。

广西属于亚热带季风气候，高温多雨，河流众多，热量充足，四季宜耕。遍布山地、丘陵，有"八山一水一分田"之称，物产、资源丰富。"广西古代的封建社会经济，与国内先进地区相比还是落后的。"（广西壮族自治区地方志编纂委员会，1998）[1]清末以来，由于列强入侵、战乱不断、天灾人祸等原因，广西的经济遭到严重破坏，人民生活困苦。这样，如何教育人民学会现代科学技术，利用当地的自然资源，形成独具特色的经济发展模式，是留给教育家的一项重大课题。

隋文帝开皇元年（581年），重庆称为渝州。南宋光宗时，正式称为重庆府。此后元、明、清、民国时期，重庆一直归属四川省管辖。重庆位于中国内陆西南部、长江上游，四川盆地东南部，地处青藏高原与长江中下游平原的过渡地带。地界东临湖北省和湖南省，南接贵州省，西依北靠四川省，东北部与陕西省相连。气候温和，属亚热带季风性湿润气候，冬暖夏热，雨量充沛，有"巴山夜雨"之说。重庆多雾，素有"雾重庆"之称。四周有大巴山、巫山、武陵山、大娄山环绕，地貌以丘陵、山地为主，坡地面积较大，有"山城"之称。流经重庆的主要河流有长江、嘉陵江、乌江、涪江、綦江、大宁河等。四川既有长江干流著名的瞿塘峡、巫峡、西陵峡（该峡位于湖北省境内），即长江三峡，又有位于合川与重庆之间的沥鼻峡、温塘峡、观音峡，称为嘉陵江三峡或小三峡。嘉陵江于重庆渝中区与江北区交界处汇入长江，乌江于重庆涪陵区汇入长江。1927年，卢作孚出任江（北）、巴（县）、璧（山）、合（川）四县特组峡防团务局（简称为北碚峡防局或峡防局）局长，就在嘉陵江三峡地区，这是他进行乡村建设和乡村教育的主要地区。四川省是一个多民族的大省，有55个少数民族，约占总人口的

6%，其中人口较多的少数民族主要有彝族、藏族、羌族、苗族、回族、蒙古族、土家族、傈僳族、纳西族、白族、壮族、傣族等。

二、军阀割据，政局混乱

近代以来，中国战乱不断，有西方列强的入侵，有农民战争如太平天国起义，有军阀割据混战，有革命战争。清末以来，各种势力为了统治权展开了激烈地争夺，你方唱罢我登场，政局动荡不安。这些严重阻碍了中国社会的发展进步，极大影响了文化教育的变革。北伐之后，国民政府虽然名义上统一了中国，但依然存在着一些"新军阀"，如广西的李宗仁、四川的杨森和刘湘、山西的阎锡山、山东的韩复榘等。他们表面上承认中央政府，但他们势力庞大、盘踞一方，成为半独立状态的地方势力。他们为了自己的利益，"部分军阀在观念上是相当'进步'的，他们在辖区内大力推动现代化。"（徐中约，2002）[543] 对培养人才、教化百姓的文教事业采取支持态度，一定程度上促进了地方文教事业的发展。可以说，军阀割据为教育变革提供了一定的空间。

民国时期，广西军阀分为旧桂系和新桂系。1912—1925 年，以陆荣廷、谭浩明、陈炳焜、沈鸿英为首的旧桂系占据广西，与龙觐光、孙中山、李宗仁等连年作战。1921 年，被孙中山的援桂军击溃，1925 年，李宗仁、黄绍竑率领定桂讨贼联军将旧桂系军队消灭，广西连年混战局面暂告结束（广西壮族自治区地方志编纂委员会，1994）[4]。1925—1949 年 10 月，以李宗仁、黄绍竑（1930 年后黄绍竑由黄旭初代替）、白崇禧为首的新桂系统治，在政治、经济、军事、文教等方面进行了一系列改革，推动了广西的社会进步和教育发展。他们提出了在广西进行政治、经济、军事、文化四大建设，以"建设广西，复兴中国"为目标，尤其在文化教育方面提出："我们对于中国旧有的文化应有确立科学批判的精神，如系衰老无用的，要把它洗去，那些精华的部分，则要把它光大发扬。其次，欧美文化也要加以科学的批判，对那些资本主义或个人主义的文化，是要尽量的把它扫除，因为这是不合于我们所需要的，我们所需要的是创造的科学文化，是前进的民族文化，是反封建、反个人主义、反帝国主义的民族文化。要创造这种文化，然后才可以促成社会的进步和保持民族精神的独立。"（亢真化，1938）[21] 虽然其中不乏实用主义、专制主义的成分，但主旨是要发展民族文化，以"科学批判的精神"对待中外文化，创办本土化的新文化教育。雷沛鸿结合这一目标，提出了普及国民基础教育的计划，得到了广西军阀的大力支持。

辛亥革命爆发后，四川的军阀乘机起兵，各据地盘，争雄混战。他们结成不同军事派系，或相互利用，或排斥异己，或相互声援。辛亥革命后以四川武备学堂师生结合形成的武备系，以尹昌衡、胡景伊、刘存厚等为首，1918 年到刘存厚退到汉中其势力逐渐衰弱。1919 年，以四川陆军速成学堂出身的军官结成了速成系，以刘湘、杨森、唐式遵、潘文华等为首，后来杨森与刘湘分裂，形成了新二军系和旧二军系。1922 年，邓锡侯、田颂尧、刘斌等毕业于陆军小学、陆军中学和保定军官学校的军阀结成了保定系，退守四川保宁（今阆中），后来刘文辉取代了刘斌。保定系内部又形成了以"学友互助社"为核心的 24 军系，以"尚智社"为基干的 29 军系，以"眉（山）、保（宁）、浮（图关）同学会"结成的 28 军系。1926 年，李家钰、罗泽洲等在成都成立了"群益社"，结成以四川军官学堂、蜀军将弁学堂速成队的同学为中心的军官系。此外，还有杨森的"杨家将"、"广安帮"，刘湘的"传帮"，范绍增的哥老会兄弟伙，刘文辉和刘湘的叔侄关系等。从1917 年熊克武划分防区，四川军阀割据局面正式形成，直到 1935 年初蒋介石政府的军事力量控制四川，这 18 年间四川军阀进行大的混战 20 余次，小的战斗不计其数。这种长期的军阀割据混战局面严重影响了四川的社会进步和文化教育事业的发展。

当然，一些军阀在战争之余也对教育表示关切。1921 年，杨森任永宁道尹时约请卢作孚任永宁道尹公署教育科长。1923 年，杨森任四川军务督理时，拟委任卢作孚为四川省教育厅厅长，卢作孚坚辞不就，后改任四川通俗教育馆馆长。1927 年，刘湘任命卢作孚为江（北）、巴（县）、璧（山）、合（川）四县特组峡防团务局局长，开始乡村建设和乡村教育运动。

三、文化教育落后

自古广西、四川与江南等地的文化有一定差距，明清时期一直作为中卷省份来确定科举取士人数，与南卷、北卷相比人数较少，一般而言，南卷占录取名额的 55%，北卷占 35%，中卷占 10%。"广西全省除却桂林及少数郡城外，读书人以科甲及第，甚属寥寥，至于以学问名家者更居少数。"（韦善美，马清和，1993）[402]我们选取东部的江苏、中部的安徽、西部的广西和四川，通过比较清朝科举鼎甲和名人数量（见表1-1），说明文教地区的差异。

表1-1　清朝文化发展的地域比较①

清朝文化比较项目		江苏	安徽	广西	四川
清朝科举鼎甲 （全国342人）	状元	49	9	4	1
	榜眼	27	7	1	1
	探花	21	5	／	1
	合计	117	21	5	3
	占总鼎甲比例	34.20%	6.14%	1.46%	0.88%
清代名人 （全国714人）	人数	144	51	15	18
	所占全国比例	15.97%	7.14%	2.10%	2.52%

可见，清朝东、中、西部地区文化差异是相当明显的，广西、四川的文教与号称"财赋之地、人文渊薮"的江浙地区相比，可以说有天壤之别，即使较之中部的安徽也相距甚远。

我们再比较古代广西桂林府、四川重庆府、江苏昆山县的历代科举录取人数（见表1-2）。

表1-2　古代东西部地区文化发展比较

地区	户数	人丁	进士录取人数	
			唐至明末	明朝
桂林府	64012	241252	180	104
重庆府	3734	8088	535	318
昆山县	80752	132828	264	150

注：（1）桂林资料来源：〔清〕郝浴：《广西通志》卷十五户口、卷十二选举志一，日本近卫本，康熙二十二年（1683年）刊印。进士数截至明末，人口数截至明神宗万历二十二年（1594年）。

（2）重庆人口资料来源：〔清〕蔡毓荣：《四川总志》卷十贡赋，日本近卫本，康熙十二年（1673年）刊印。重庆进士资料来源：重庆教育志编纂委员会：《重庆教育志》，重庆：重庆出版社，2002年版，第13－22页。人口数截至康熙十年（1671年），

① 本表根据宋元强著《清朝的状元》（吉林文史出版社1992年版）第109—110页绘制而成。表中省份按照清朝建制，与民国省级建制略有出入。

进士数截至明末。

（3）昆山资料来源：[明]周世昌：《重修昆山县志》卷二户口、卷四科第表，台北：成文出版社有限公司，明万历四年（1576年）刊印，中华民国七十二年（1983年）影印，第138、247-263页。人口数截至明穆宗隆庆六年（1572年），进士数截至明万历四年（1576年）。另，明弘治十年（1497年），"巡抚朱瑄等奏割县东北境湖川、新安及惠安乡之半，并常熟、嘉定地置太仓州。"（上书"卷一建制沿革"，第41页。）余下的昆山县仍属苏州府管辖（其范围已与今昆山市基本吻合），但辖区面积与人口数有所减少，"弘治五年，户八万五千六百三十六，口二十六万四千四百二十九；弘治十五年，户七万五千一百四，口一十六万五千一百六十五。"这一记载与《嘉靖昆山县志》（方鹏主编，明嘉靖十七年即1538年刊印）和《光绪昆新两县续修合志》[金吴澜监修，光绪七年即1881年刊印。卷六称："（弘治）十年新设太仓州，分去户二万六千三百五十四，口七万五千六百七十。"]一致。但此处似乎有矛盾，此前每户有人丁三至四人，而此后仅有二人以下。

明末，广西"旧治所及辖域均在今广西境内的12个府、9个直隶州及1个直隶长官司，下辖50个县、12个散州、23个土州、5个土县、10个土司及3个长官司。"（广西壮族自治区地方志编纂委员会，2001）[96]因此，广西管辖着正式县50个，县级辖区共93个，但由于地处边陲，在经济、人口、文教等方面与江南的县（如昆山）有较大差距，因此我们选择人口差距不大的两个地区，即当时广西承宣布政使司驻地桂林府和江南名镇昆山县进行比较。

可见，广西经济发展最好、人口数量最多的桂林府与江南县级城镇昆山相比，在文化教育方面存在着巨大差距。四川重庆府虽然进士数量比桂林府多很多，比昆山也多一倍，但昆山毕竟是县级城镇，这样重庆（明朝时下辖17个县）（蒲孝荣，1986）[394]也没有什么优势。明清时期，广西、四川作为西部地区的文教事业相对落后，而到了近代，由于列强的侵略等原因，两地的文教事业更加衰败。但同时，有识之士认识到这一问题，开始积极办学，给落后地区的教育带来了新的发展契机。

四、近代教育发展

中国古代形成了以儒家思想为核心的文化体系，每个中国人都生活于其中，或者说浸润在中国文化之中，受到潜移默化地影响。因此，广西、四川体现出了中国文化的特质。但由于中国地域广阔，民族众多，在各地又形成了各具特色的地域文化。雷沛鸿和卢作孚都是当地人，对广西、四川等地非常了解，不仅熟悉当地情况，而且对当地文化、风俗等都有着深刻认识，这是他们进行本土化办学的重要基础。

雷沛鸿认为广西地方文化有三个渊源，"其一是中原文化，其二是高原文化，其三是低地文化或海洋文化。"（韦善美，马清和，1990）[534]魏晋南北朝、唐末五代、南宋三次经济重心南移，加上秦至清的历次平叛和征发戍边，大量中原人口来到广西，带来了中原文化。广西地处云贵高原的东南边缘，古时生活于横断山脉的西南夷不断进入广西，还有来自于湖广（湖南、湖北、广东）和山陕（山西、陕西）地区的移民，在这里孕育了高原文化。百越中的骆越生活于东南沿海一带，由苏浙海边南移至福建、广东，然后进入广西；另一方面，南洋一带的苏门答腊、马来半岛、缅甸、暹罗（泰国）、安南（越南）等地文化传入广西，逐渐形成了低地文化或海洋文化。而这三种文化又不断融合、改造，才形成了近代广西文化。因此，广西文化具有四个特点①，即一是同化力，二是大同精神，三是质朴性和未成熟性，四是女性主义（韦善美，马清和，1990）[540-558]。

而中国文化与欧美文化具有不同的特质，即中国文化是"人"的文化，而欧美的文化是"物"的文化。但是，自清末以来中国教育主要学习西方，建立了全国性的现代学校体系（学制）。这种学制不是建立在中国传统社会文化基础上的，而是欧美工业社会的产物。近代中国依然是一个农业社会、乡村社会、宗法社会，并未进入工业社会。

> 因此，我们认为全国学校制度，只在形式上抄袭外国，不是建立在国民生活上而有其基础。如果要在农业社会、乡村社会、宗法社会上创立新的教育制度的话，在构成的方面来说，它的内容应该是综合的，非如现代产业社会的分工依旧，而且它是有本体的，有整个性的；在推行的方面来说，它的手续应该很简单，非如现代欧美社会的繁复；在施教的方面来说，它的方法应该是有切效的，不能徐观其后效（韦善美，

---

① 原文中提到"在讨论文化渊源之后，我们要继续讨论这个地方文化的特质。试举其荦荦大端，这种特质可约成十项"，但在文集中只有四项，恐有遗漏。在《西江学院是什么》[见《雷沛鸿文集》（下册）第456页]一文中又增加了一项：复杂性的农业。但所论文化特质都未能达到十项。

马清和，1990)[233]。

可见，教育变革势在必行，但如何变革则可以选择，走教育本土化之路是唯一可行的。

广西近代教育更加落后，出现了"偏枯、空虚、点缀门面"等严重现象。以1933年初开始兴办的三届中学毕业会考为例（见表1-3、表1-4），初中、高中毕业生的及格率非常之低，可以清楚地了解其落后严峻形势。

表1-3　广西省初中毕业会考成绩比较①

初中届别	会考人数	及格人数	及格比率	一、二科不及格比率	三科以上不及格比率
第一届	1584	22	1.40	6.60	92.00
第二届	1547	140	9.00	17.00	74.00
第三届	204	6	3.00	9.00	88.00

注：一、二科指党义、国文；三科以上指数学、史地、理化、博物、外国语等五科。

表1-4　广西省高中毕业会考成绩比较

高中届别	会考人数	及格人数	及格比率	一、二科不及格比率	三科以上不及格比率
第一届	55	6	11.00	20.00	69.00
第二届	49	7	14.00	27.00	59.00
第三届	67	5	7.50	9.00	38.00

注：一、二科指党义、国文；三科以上指数学、历史、化学、物理、生理、军训、外国语等八科②。

四川军阀混战，各自为政，民不聊生，因此"在现今的中国——尤其在四川——提倡一种什么事业，起初更是艰难的"（凌耀伦，熊甫，1999)[16]。近代以来，四川地方当局也着眼于地方的经营，市政、交通、教育、实业都在逐渐提倡，并取得了一定的进步。"但究竟是个人为中心的事业，而没有以事业为中心。以个人为中心的事业，只能奖励人皆各为其个

---

① 表1-3、表1-4根据雷沛鸿《广西普及国民基础教育法案导论》[韦善美、马清和编《雷沛鸿文集》（下册），广西教育出版社1990年版第35-36页]绘制而成。

② 这里不够八科，但原文如此。

人，绝不能促成一群人的团结。"（卢作孚，1999）[69]要真正为了四川人民着想，就必须以事业为中心，全力进行建设。但当时的四川战乱频仍、政出多门、经济衰退，要进行建设殊非易事。然而，更为重要的是"四川的问题不是没有办法，是没有人，我们所希望的亦不是天生圣人贤人，是要一切人有训练，是要有力量的人都为四川训练人，都为四川未来的办法训练人，不要训练人各为其自己，或更相互间准备战争"（凌耀伦，熊甫，1999）[79]。

四川的教育事业发展不容乐观，远远不能满足建设的需要。第一，教育行政机关敷衍塞责，应付公事，"或谓就事实观之，教育行政不过法令草拟，册报钩稽已耳……若夫我国教育徒颁法令，不责效之实现与否，但凭簿书，不问事之真际，此腐败之习，正国家之病，当从根本上图救治。"（凌耀伦，熊甫，1999）[2]第二，忽视乡村教育，农民文化水平低下，严重影响四川建设事业。"乡村教育的经营远在城市以下，乡村教育的需要却远在城市以上……乡村是不断的供给城市人口的地方，如因教育缺乏，供给的都是无知识的人口，那不惟于城市文明没有帮助，反面妨碍不小。"（凌耀伦，熊甫，1999）[88]第三，教育为政治所左右，缺少独立精神，虽然"教育救国之呼声甚嚣尘上，爱国之士奋起直追者亦大有其人"（凌耀伦，熊甫，1999）[169]，许多人"始终认为教育为救国不二之法门"（凌耀伦，熊甫，1999）[1]，但是行政当局"独不思教育为国家根本大计，法治赖以立，实业赖以兴，军备赖以裕，即为国家所赖以存"，因此"今日不可不谋教育独立，以促教育整理"（凌耀伦，熊甫，1999）[2]。第四，教育事业盲目学习西方，"教育事业，经世界甚多教育家之研究，迄于今兹，仍不能谓已发明有可以共循之途径，共采之方法，而不可移易，仍方在研究与改进中，其称最良者，即研究之事日精，其改进也亦日增，其可靠之效率而未有已也。吾道教育，则大多循于旧有途径，而局于旧有方法，由其所加之力，与其所获之果，可以证其为病甚深。"（凌耀伦，熊甫，1999）[6]这种不加选择、不加消化地学习西方，导致教育不适应中国农村生活，农村人才大量涌向城市，不利于广大农村的发展。

因此，教育在促进中国发展的各项事业中是最根本的，"国中万事，希望若绝，寻求希望，必于教育事业"（凌耀伦，熊甫，1999）[5]，尤其在广大乡村，"乡村第一重要的建设事业是教育。因为一切事业都需要人去建设，人是需要教育培成的，所以努力建设事业的第一步是应努力教育事业"（凌耀伦，熊甫，1999)[89]，而教育要真正地发挥作用、取得成效，必须实现教育的本土化。

第四节　坎坷的经历　执着的追求

　　一个人的成长经历对他的一生影响深远，不仅给他提供了适应社会、改造社会的文化知识、生存技能和社会经验，而且塑造了他的心理品质、道德观念，成为他一生用之不竭的精神源泉。雷沛鸿和卢作孚的办学历程充满坎坷，并非一帆风顺，经历了挫折与失败之后，才摸索出相对合理的本土化的办学取向。

一、雷沛鸿："为劳苦大众教育事业而奋斗"

　　雷沛鸿（1888—1967年），字宾南，1888年（丁亥年）除夕生于广西南宁府宣化县东门乡津头村（今南宁市青秀区津头乡津头村）。祖父曾是秀才，但后来家道中落，其父雷超瀛（字季元）幼年生活困苦无依，后经勤苦劳作积累了一些资本，在南宁木行街开设"同盛号"经纪行，成为民族工商业者。雷超瀛由于屡受没有文化的困扰，所以积极支持子女求学深造。雷沛鸿自幼聪颖好学，4岁时开始随着已经考中秀才的大哥沛浩读书识字；5岁进入私塾，随侄儿象谦学习，开始接触《铁网珊瑚》等八股文范本；12岁进入南宁大馆学习，拜南宁著名学者莫炳奎（字星五）为师。1902年，14岁的雷沛鸿参与了童试，终场策论题目是"天下有道，则庶民不议"，他反其道而行，作文指出"天下有道，则庶民必议"，主张政府应该广开言路，厉行改革。这一激进思想正符合当时的清末新政改革，主考官提督学政汪贻书批道："三场一副笔墨，廉悍无匹，再多读书以培其本，未可量也。"（韦善美，马清和，1990)[596]遂以府学第一考中秀才，即补廪生。但他已经厌恶科举考试，决心学习"新学"以经世致用。

　　1904年春，雷沛鸿来到广州求学，考入两广高等实业学堂（后改名为两广高等工业学堂）学习化学。他与同学兼广西同乡朱锡昂、李乃俊、周锡桓、吕炳先五人在朝观街合伙租住一所民房，给居室取名为"华胥"，朱执信等好友也常来此谈论时政、倡谈革命。他阅读了邹容的《革命军》、陈天华的《警世钟》、马君武译卢梭的《民约论》、严复译亚当·斯密的《原富》和孟德斯鸠的《法意》等书籍，特别关注革命派的《中国日报》和保皇派的《商报》之间的论战。后在钟荣光影响下，1907 年到香港由谢英伯、潘达微介绍加入了孙中山创立的同盟会。回到南宁，他介绍堂兄沛洋（字鲲池）加入同盟会，后来鲲池成为同盟会南宁支部长。此后，他便走上了革命道路。1910 年，他参加了广州新军庚戌起义，主要负责联络和宣传。1911 年，他参与广州黄花岗起义，负责守卫军械弹药，失败后逃到桂林，担任当地同盟会机关报《南风报》的编辑，然后又到浔州中学、桂平中学任教。武昌起义后，他赶往南宁策动提督陆荣廷独立。他先后担任左江师范监督、南宁中学校长。1912 年，他与马驹誉、蒙云程等创办了南宁第一份革命报纸《西江报》，并担任主笔。

辛亥革命以后中华民国建立，但政局的混乱、革命成果的丧失、革命党人的堕落，使雷沛鸿"不满于革命党人的官僚化及卤莽灭裂的革命论调，决意出国求知"（韦善美，马清和，1990）[478]。1913 年春，他考取了留学日本公费生，后经考试又改派为留英公费生。此年冬，他来到英国乡间的克里福学校学习。1914 年初，广西省停发留学经费，此时中华革命党纽约分部正在筹办《民气周报》，缺少主笔，经吴稚晖介绍和资助，年底他前往应聘，开始了在美国半工半读的留学生活。在美国，他加入了中华革命党，任纽约分部书记。于是，他一面担任《民气周报》主笔，致力革命工作，一面进入哥伦比亚大学夜班学习。一年后，他先入密歇根大学后入欧柏林大学，以政治为主科、教育为副科。他以三年半时间完成了四年的学业，以优异成绩获得欧柏林大学文学士学位。1919 年，他进入哈佛大学教育学院，师从拉斯基教授研究教育，两年后获得哈佛大学文科硕士学位。在此期间，他深入研究了西方的政治、法律和教育。他翻译戴雪的《英宪精义》、庞德的《法律肄言》和《社会科学大纲》等名著。而且，他认真研究了欧美教育发展史和世界成人教育运动，对英国、丹麦、苏联等国的成人教育尤其关注。他认识到，今后要革命建国，"教育为建国大业之根本要图"，于是他"大发宏愿，愿以有生之日，为穷而失教之劳苦大众教育事业而奋斗"，致力于国民的基础教育，因为"此种基础教育，不分贫富贵贱、男女老幼，人人均有享受之权利；中国人民向无此项权利，殊不足以置身于现代国家之列"（韦善美，马清和，1989）[6]。1921 年初夏，雷沛鸿辞别了结婚一年的妻子路易丝、儿子奎尔顿（路易丝与"一战"中阵亡的前夫的儿子）和刚出生的女儿雷华琇（英文名：Elizabeth）回到广西。

1921年8月，马君武出任广西省长，任命雷沛鸿为省长公署教育科长。上任不久，雷沛鸿就拟定了关于广西中等教育的意见书，获得省长批准执行，责令男子中学招收女生，开始了广西男女同学的历史，推动广西中等教育改革。他还起草了加强县教育行政的意见书，决定各县设立督学局，并附《暂行规程》。10月，他代表广西到广州出席全国教育联合会第七次年会，讨论了学制等问题，对"六三三学制"提出了质疑。1922年年初，陈炯明叛变革命，广西省长公署解散，雷沛鸿来到广东担任广东省教育委员会委员兼广东甲种工业学校校长。5月，广东省教育委员会派遣他去菲律宾考察教育。回国后，他任上海国立暨南学校（暨南大学前身）师范科和中学科主任。

1925年7月，新桂系统一广西，广西政局趋于稳定。1927年3月，雷沛鸿被国民政府任命为广西省政府委员和广西教育厅厅长。5月上任后，他全面调查了广西省教育状况，制定了一系列教育方针政策。第一类是教育行政，如《广西教育厅会议规则》、《广西省教育厅组织条例》；第二类是各级各类学校教育方案，如《筹设广西中山大学草案》、《整顿广西全省县、市、乡立小学方案》、《整理广西全省中等学校相互关系草案》、《改良及推广师范教育草案》、《请推广女子师范教育草案》；第三类是党化教育，如7月拟定《请确定党化教育为广西全省教育方针草案》，提请省政府委员会会议审议。而且，他身体力行，在艰难的环境中积极推进各项教育事业发展。然而，随着蒋介石在上海发动"四一二"政变，广西也有一批共产党员被捕，包括他的胞弟沛涛、侄子天壮及好友周锡桓等。雷沛鸿经过多方努力营救无效，9月1日雷沛涛、天壮、周锡桓等13人在南宁被杀害，他愤然辞职以示抗议。10月，他以广西大学筹委会特派员的身份出国考察教育，在近一年时间里先后考察了英国、法国、德国、意大利、瑞典、挪威、芬兰、丹麦等国，特别关注高等教育、成人教育、平民教育。

1928年冬，雷沛鸿应高阳邀请到中央大学区民众教育院和劳农学院①任教，主讲教育哲学、成人教育概论等课程，介绍西方的民众教育、成人教育情况，尤其推崇丹麦教育家格龙维（N. F. S. Grundtvig）、轲勒（Kristen

① 这是江苏省立教育学院的前身。1928年3月，江苏民众教育学校在江苏苏州成立，全名最初为"江苏大学区民众教育学校"，同年6月改名为"中央大学区民众教育学院"，之后迁至无锡。1929年2月，增设劳农学院。1930年大学区制废除，民众教育学院与劳农学院合并，定名为"江苏省立教育学院"。俞庆棠、高阳等先后担任校（院）长。

Kold)、英国教育家和勒殿（Richand Burdon Haldane）等。此时，他就已经明确地提出要将西方民众教育与中国实际相结合，实现教育本土化，才能取得成效，指出"格龙维教育理想是集中于丹麦民族之振兴"，中国要进行民众教育，"必须对症发药，始能有效于我国人民"（韦善美，马清和，1989)[331]。他讲课逻辑严密、有条不紊，"待人温文尔雅，彬彬有礼，对学生和颜悦色，平易近人"（刘光，1988)[72]，对民众教育和教育救国又充满激情，因此"同学们尊敬地称他是中国的格龙维"（杨汝熊，1988)[87]。1929年，蒋桂战争中新桂系失败，7月俞作柏被任命为广西省政府主席，邀请雷沛鸿任教育厅厅长，但9月底俞作柏反蒋失败，政权易主。10月，雷沛鸿回到上海，担任江苏民众教育院、劳农学院教授，并兼任国立中央大学教授。1930年夏，他任合并后的江苏省立教育学院的教务主任兼研究部主任，不仅与高阳、俞庆棠等成为学院的领导核心，而且积累了民众教育的实践经验，奠定了民众教育的理论基础。

20世纪30年代，国共内战日趋炽烈，日本帝国主义发动的"九一八"事变使国内局势更加复杂。新桂系为增强实力、稳固统治，向全国发出"焦土抗战，保家卫国"的号召，以孙中山的"三民主义"为旗帜，提出"三自"（自卫、自治、自给）、"三寓"（寓兵于团、寓将于学、寓征于募）政策，以"建设广西，复兴中国"为目标，在广西大力进行政治、经济、军事、文化建设。1933年夏，李宗仁亲自到上海金神父路（今瑞金路）雷沛鸿寓所，诚请他回广西担任省政府委员兼教育厅厅长，并承诺按照他的设想来办教育。9月1日，雷沛鸿正式宣誓就职，开始谋划广西教育发展大局。9月13日，在广西省政府委员会会议上，他提交的三项根据国情、省情制定的法案（《广西普及国民基础教育五年计划大纲》、《广西普及国民基础教育研究院开办计划》、《广西普及国民基础教育试办区规程》）都修正通过，成为改造广西教育的根本法。12月11日，广西普及国民基础教育研究院在南宁津头村成立。经过研究、实验，他对国民基础教育的计划进行了修改，1934年10月，省政府委员会又修正通过了《广西普及国民基础教育六年计划大纲》、《广西普及国民基础教育指导区规程》、《广西省立国民基础师范学校办理通则》等。1933—1940年，广西省基本按照这些计划兴办教育，推广普及国民基础教育，取得了显著效果。在此基础上，1936年2月，他主持制订的《广西国民中学办法大纲》、《广西国民中学组织规程》颁布，开始兴办国民中学；1944年筹备、1945年2月正式成立了西江学院

（即国民大学），以期创办完整的民族教育体系。1933 年，他决定在省教育厅成立特种教育委员会，加强对少数民族的教育。11 月，雷沛鸿组织制订并由省政府批准了《广西特种教育委员会组织大纲草案》，他兼任主任委员。1935 年 8 月，他主持修正了《广西省特种教育实施方案》，经省政府通过并实施。他主持的国民教育和特种教育循序渐进地推进，不断研究修正，将西方教育理念本土化，极大地提高了广西人民的文化素质，推动了广西教育的发展，也为中国教育的普及与推进提供了一个榜样。1936 年夏，南方发生了"两广事变"（又称"六一运动"）（刘斐，2000）[1-34]，局势复杂难测，雷沛鸿遂辞去了教育厅厅长职务，前往海外考察教育，并参加了美国哈佛大学成立三百周年校庆。

1937 年"七七事变"以后，雷沛鸿立即终止考察，在无锡、上海等地宣传抗日，后到徐州第五战区总动员委员会任青年训练班主任。1938 年 8 月，他回到广西，复任广西省政府委员、广西普通考试监试委员。10 月，任广西省会战时民众教育指导委员会委员。1939 年 7 月，再次出任广西教育厅厅长。11 月，省政府委员会将 1939 年定为成人教育年，他主持起草《广西成人教育年实施方案》。1940 年，全国国民教育会议召开，教育部决定将广西的国民基础教育制度推广至全国。5 月，他创办广西教育研究所，聘任李任仁为所长，陈鹤琴、陈剑修等为委员，董渭川等为教授，他自任委员及教授。8 月，他被任命为广西大学校长，主张"兼收并蓄"，提倡学术自由，促进了广西大学的发展。1941 年 3 月，教育部长陈立夫到广西大学视察，对图书馆有马列主义书籍和《新华日报》等报刊极为不满。8 月，国民政府以"另有任用"的名义免去了他广西大学校长的职务，让他到广西科学实验馆任驻馆常委。年底，他与童润之、陈剑修等发起组织中国教育学会广西分会，于次年元旦正式成立。1942 年 8 月，他主持重新制订《广西国民中学办法大纲》、《广西国民中学组织规程》、《广西国民中学校长导师任用及服务规程》、《国民中学最低限度设备标准》，经省政府颁布实施。1943 年 1 月，聘任为广西教育研究所所长。1944 年夏，他主持制订《广西国民中学课程标准》、《发展国民大学教育计划大纲草案》、《筹设广西文理学院暨专科学校计划草案》、《创建西江学院建议书》，在发展国民中学的同时，积极筹备建立国民大学即西江大学。1945 年 2 月，公立西江学院成立，他出任院长。1949 年 2 月，他为将西江学院建成西江大学，赴南洋募捐，并赴美国游学。1949 年后，先后任广西省监察委员会副主任，中国人民政治协商会议第一、二、三届广西壮族自治区委员会副主席，第二、三、四届全国政协委员会委员、中国致公党中央常委、广西壮族自治区委员会主任委员，全国侨联委员、广西壮族自治区侨联主席。1967 年 7 月 21 日，因病去世，享年 79 岁。

由雷沛鸿的一生经历可以看出他的教育本土化的基础。一是中国传统文化的坚实基础，不仅对"四书"、"五经"等中国传统文化的核心经典非常熟悉，岁考获得府学第一名中秀才，而且青少年时期生活在传统意蕴浓厚的农村大家族中，无形中受到了传统文化的熏陶。二是他对欧美政治、文化、教育等有着深刻地理解。他曾在英国、美国等地留学 9 年（1913—1921年），获得美国欧柏林大学学士学位、哈佛大学硕士学位，后来"三次作菲律宾及南洋群岛教育游历考察，两次作欧美成人教育高等教育游历考察"（韦善美，马清和，1989）[7]。他翻译了《英宪精义》等法学名著，撰写了大量文章或通过讲学、讲演等介绍西方教育状况，尤其是民众教育现状。三是综合的文化基础。他不仅攻读了政治学、法律、教育学、心理学、社会学等学科，而且他最早学习的现代学科是化学；他不仅熟谙中国经史，而且还深知西方的文化教育。他对中西文理知识的熟悉并没有博而不精，而是一生致力于教育事业，将博洽与专精很好地结合起来，使自己具备了广阔的视野和缜密的思维，成为推动本土化办学的重要基础。四是他具有强烈的爱国精神、献身精神、进取精神。作为知识分子，他具有中国士绅"先忧后乐"的情怀；生逢乱世，他肩负济世救民、教育救国的抱负；身处民国时期，在古今中外的交汇点上，教育面临重大变革，他又将西方的民众教育、成人教育与中国、广西的实际相结合，力推国民教育，创建民族教育体系，试图实现教育的本土化。

雷沛鸿这种文理兼备、中西皆通的文化底蕴，不论是在讲学、讲演、撰写文章，还是日常的工作中都充分地展现了出来。这使他本土化办学的政策设计更加严密、科学，符合广西实际，也增强了他的人格魅力，为吸引、团结一批教育专家，为更好地推进国民教育提供了良好的条件。

二、卢作孚："办实业实际上就是办教育"

卢作孚（1893—1952 年），谱名卢魁先，别名卢思，字作孚（张守广，2002）[1]，四川省合川县（今重庆市合川区）人。1893 年 4 月 14 日，他出生于合川北门外杨柳营曾家祠堂，父亲卢茂林是一个挑运麻布贩卖的小商贩。他兄弟六人，五男一女，他排行第二。与雷沛鸿的殷实家庭相比，他家境贫寒，生活清苦。父亲因不识字，做生意时常常吃亏上当，于是下决心让子女上学。卢作孚自幼天资聪颖，勤奋好学，成绩优异，尤其是数学、语文特别突出，1907 年 14 岁的他从瑞山书院（相当于小学）毕业后，因家庭生活困顿无法继续升学，这以后再没有接受过正规的学校教育。

1908 年，年仅 15 岁的卢作孚从合川步行到成都，在补习学校学习数学时认为课程过于浅显而离开，开始在免费的成都合川会馆中刻苦自学。半年内，他将能够找到的中文数学书籍全部学完，为了能够学习英文版数学书，他又开始自学英文。他招收数学补习生，一边教学一边自学。他还编写了《代数》、《三角》、《解析几何》等习题解答书，署名卢思，在成都提学使署立案，准备出版。在此期间，他认真阅读了卢梭的《民约论》、达尔文的《进化论》、胥黎的《天演论》，尤其是对孙中山的民主革命学说产生了浓厚的兴趣，开始了改造社会的思考。1910 年，不满 18 岁的卢作孚加入了孙中山领导的同盟会。1911 年，他积极参加了四川的保路运动。辛亥革命后，他被任命为川东奉节夔关监督，但他谢绝了高官厚禄，继续在成都教书。1913 年，他离开成都到川南江安中学教数学。1914 年，他来到上海结识了黄炎培，他所著《应用数题新解》由重庆中西书局出版，成为他第一部正式出版的著作。1915 年，他回到合川，在福音堂小学任教。1916 年 6 月，他到成都《群报》担任记者兼编辑。1917 年夏，他又到合川担任县立中学监学兼数学教员。1918 年，他参加张石亲（楷森）主编《民国新修合川县志》工作。1919 年春，他出任《川报》编辑、主笔和记者，8 月任社长和总编辑。

1921 年，川军第二军第九师师长兼永宁道尹杨森认为卢作孚"为人谙练有识，劲气内敛"（杨森，1990）[49]，邀请他到泸州任永宁道尹公署教育科长，他欣然接受，决心以实际行动实现教育救国。他的教育理想"第一为改革学校教育，第二为建设社会教育。学校教育打算从改革川南师范着手……第一打破教科书，即不用教本，最低限度亦只能选择教本当中一部分适当的教材，作为一部分的教材，其余自学生环境中选出来。第二打开校门，使学生日常能与自然和社会接触"（凌耀伦，熊甫，1999）[532]。除了川南师范学校的改革，他还致力于以民众教育为中心的通俗教育实验，提倡剪辫子、放脚、男女同校、讲究卫生等活动。1922 年，杨森被逐出川南，卢作孚被迫离开泸州。1924 年，杨森在成都掌权，欲请卢作孚担任四川教育厅厅长，他婉言拒绝，倡议建立成都通俗教育馆，并出任馆长。经过努力，成都通俗教育馆成为群众性文化娱乐、科学教育、宣传新文化的中心，推动了民众教育的发展，他也展现了出众的组织领导能力。1925 年，刘湘赶走杨森继掌川政，卢作孚辞去了通俗教育馆馆长职务。至此，他认识到在军阀混战时期，单纯地"教育救国"很难实现振兴中华的理想，"纷乱的政治不可凭依"（凌耀伦，熊甫，1999）[335]，于是开始走上"实业救国"的道路。

1925 年 10 月，卢作孚在合川通俗教育馆成立"民生实业股份有限公司筹备处"，决定创办轮船航运公司。1926 年 6 月，"民生实业股份有限公司"在重庆正式成立，宗旨是"服务社会，便利人群，开发产业，富强国家"，他被推为总经理。经过艰辛努力，7 月第一艘轮船"民生"号正式航行于合川与重庆的嘉陵江航线上。在他的管理下，民生公司开创了全新的管理与服务模式，尤其是对船员、服务员的培训教育富有特色。民生公司发展迅速，从 1929 年到 1937 年抗战前夕，轮船由 3 只增加到 46 只，吨位由 230 吨增至 1.8 万吨，职工由 133 人增加到 3991 人，股本由 5 万元增至 350 万元，资产由 3 万元增至 1215 万元，承担了长江上游 70% 的运输业务，开辟了近 3000 公里的内河航线，在上海、南京、宜昌、汉口、九江等地设立了分公司或办事处，成为中国最大的民族航运企业。

1927 年 2 月，他被刘湘任命为江（北）、巴（县）、璧（山）、合（川）四县特组峡防团务局局长，开始在以北碚为中心的嘉陵江三峡地区进行乡村建设运动。在肃清匪患的同时，他大力进行乡村改造与现代化建设，以经济建设为中心、以文化教育为重点，取得了显著成效。20 世纪二三十年代，中国正在掀起一场规模宏大的乡村建设运动。这场运动对中国社会产生了深远的影响，如晏阳初、梁漱溟、高阳、雷沛鸿等教育家以不同的方式、在不同的地区进行着乡村建设、乡村改造、民众教育。卢作孚也加入其中，以独特的方式建设嘉陵江三峡地区，将贫穷落后、盗匪横行的北碚建成了经济富庶、文教兴盛、安居乐业的宜居之地。峡防局积极开展民众教育运动，办起各种民众学校，如力夫学校、船夫学校、妇女学校等，而且正规的学校教育也按部就班地建立起来，如实用小学（1928 年春创办，后成为兼善中学的小学部，改名为兼善小学）、兼善中学（1930 年 7 月成立）等。1936 年，北碚已经有完全小学 4 所，初级小学 14 所，学生 1300 人，加上私塾学生，总计 2503 人，儿童入学率为 21%；1945 年，儿童入学率增至 80%；

1949 年，全区公立小学 61 所，学生 9227 人，私立小学 9 所，学生 2224 人，总计 11451 人，儿童入学率达到 89%（赵戒生，2001）[479]。1930 年年初，他在北碚建立了峡区博物馆和北温泉博物馆，同年秋天，中国西部科学院在北碚正式创立，成为中国西部第一个科学院，也是中国第一个民办的科学院。1933 年，他为了致力于民生公司发展，决定由峡防局督练长卢子英代行局长职权。"但他对北碚建设的领导并未放弃，抽空和假节日就要来北碚视察，听取汇报，进行指导。"（卢子英，2001）[36] 1936 年 4 月，峡防局改组为嘉陵江三峡乡村建设实验区署，唐瑞五任区长，卢子英任副区长，卢作孚不再担任峡防局局长。5 月，实验区署乡村设计委员会聘何北衡为主席、卢作孚为副主席。1938 年，卢子英任区长。1942 年 3 月，实验区又改组为北碚管理局，升级为县级单位，卢子英任局长。在此期间，卢作孚虽然工作繁忙，但"并未放弃对北碚建设的关心和指导，一遇有空就要来北碚看看"，卢子英也经常"将北碚的一些重大问题和事件向他汇报。有的问题，经他出面帮助才得到了解决"（卢子英，2001）[37]。1947 年 8 月，在四川省政府主席张群的支持下，晏阳初领导的中华平民教育促进会建成了华西实验区（初名巴璧实验区），将北碚管理局包括在内进行乡村建设实验（重庆教育志编纂委员会，2002）[1017]。

　　1929 年夏，四川善后督办刘湘任命卢作孚为川江航务管理处处长，收回了外国人控制的川江航务管理权，加强对航运的管理。1935 年，卢作孚被国民政府任命为四川省建设厅厅长。1937 年 7 月初，他辞去了四川省建设厅厅长职务，但随即抗日战争全面爆发，8 月他被任命为军事委员会第二部副部长，1938 年年初，又被任命为交通部次长。他组织、抢运了大量的人员、军队、物资等，尤其是 10 月组织的宜昌物资、人员大抢运，采用"三段运输"的方法，在日寇入侵宜昌前将滞留的人员、物资运往四川等地，创造了运输史上的奇迹，被晏阳初誉为"中国实业上的敦克尔刻"。1940 年 7 月，他又被任命为全国粮食管理局局长，以解决粮食困难。1946 年 6 月，他被聘为南京国民政府经济部经济计划委员会委员。7 月，北碚私立相辉学院在重庆召开首届董事会，他被推举为董事长。1949 年 10 月，中华人民共和国成立时，他身在香港，决心返回大陆。1950 年 6 月，在多方努力下，卢作孚将滞留在香港的民生公司船只陆续开回大陆，被任命为西南军政委员会委员，并准备到交通部任职。1952 年 2 月 8 日，卢作孚突然逝世。

纵观卢作孚的一生，虽然他以实业家著称，但在乡村建设和民众教育方面贡献卓著。1948年，他曾说："自己现在是办实业的，但实际上是一个办教育的，几乎前半生的时间，都花在办教育上，而现在所办的实业，也等于是在办教育。"（凌耀伦，熊甫，1999）[640]1949年10月后，吴晋航回忆："如果说，卢作孚与一般普通商人有所不同，那就是他能着眼到科学、文化、教育各个方面，这一点是值得称道的。"（吴晋航，2000）[105]因此，可以说卢作孚"既是爱国的实业家，又是爱国的教育家，他把办实业和办教育紧密结合起来，成为了现代化企事业的新型典范"（明星颖，1984）[59]。

他的教育本土化基础包括四个方面。一是好学上进，积极进取。他虽然只接受过小学教育，自嘲为"小学博士"，但一生勤学不倦，涉猎教育、政治、经济、管理、机器、英语等多个学科，并取得了相当的成绩。二是通过学习、考察，对中外教育有了深入的了解，与雷沛鸿相比，他更具有本国文化底蕴，而他又没有过多的正规教育的束缚，这为他的教育创新和本土化提供了良好的条件。三是干练诚恳的性格、优秀的管理才能和执着的献身精神，使他兴办教育卓有成效，为嘉陵江地区的乡村建设做出巨大贡献。四是他一生致力于教育事业，虽然从教育救国转向了实业救国，但依然痴心于教育，甚至将民生公司创办为一所大学校，从经济视角来观察、建设教育，有着与教育厅厅长出身的雷沛鸿不同的思路和方式。

第二章

融入式办学：雷沛鸿在广西创立 "民族教育体系"

雷沛鸿在西部贫穷落后的广西省办学，筚路蓝缕，创榛辟莽，创立了包括国民基础教育、国民中学和国民大学在内的、完整的"民族教育体系"。正如他自己所说："在基于事实需要、又逼于社会要求之下，民国22年，吾人乃率先倡导国民基础教育普及运动于广西，继之，24年有国民中学的创制，33年复有国民大学的试验①。继自今，当以社会改造运动或民主建国运动的推进为凭藉，赖政府、群众与夫热心教育改造人士的通力合作，徐图构成一个富有生长性和普遍性的民族教育体系。"（雷沛鸿，1990）[434]他以教育行政权力为基础，遵循教育发展的基本规律，通过办学来带动和推动社会其他建设事业，实现整个社会的现代化，从教育规划、理论研究、社会调查到师资培训、学校管理、教材编写等，许多事他都亲力亲为。他以教育内在规律和实践精神来统领办学，将西方教育融入广西，将多种教育形式融合成国民教育，这种办学取向可以称为"融入式办学"。他是近代教育变革的杰出代表，其办学理念、实践智慧对当前教育改革颇具启发意义。后人写诗赞曰："砥柱南天敷教化，弦歌万垫应岭表。春风化雨西江畔，万紫千红远岭开。一代宗师崇岭右，满园桃李献中华。"（龚家玮，1988）[247]

---

① 实际上，国民中学是民国24年（1935年）雷沛鸿倡议并聘请专家讨论，民国25年（1936年）正式创立的。国民大学是民国33年（1944年）筹备，民国34年（1945年）正式创办的。

第一节　民族教育体系的本土化构想

雷沛鸿对中国文化教育的发展与创新有着深刻地认识："教育是传递文化的工作，文化是教育的来源，教育政策的理想与内容，乃是根据民族文化之遗留，其作用乃创造具有时代性及空间性的新文化。新中国教育应具有时间性与空间性的条件，英国、美国的教育固然不合于中国国情的需要，而中国古代的教育也不尽宜于现代中国的教育。文化演进是教育变动的主导，文化变动，教育就随之而变。同时教育亦为推进文化、改进文化、创造文化之工具。"（韦善美，马清和，1989）[126]文化演进、社会变迁了，教育必须要进行变革，但又不能盲目抄袭西方的教育体制，我们所实行的教育制度必须"要它能吻合中国的社会基础"（韦善美，马清和，1990）[156]，因此，中国和广西必须创制适合本土"社会基础"的新教育制度，积极推进办学，提高国民素质。他自1921年起曾五次执掌广西教育行政，尤其是后两次（1933年和1938年）在广西创办和推广国民基础教育、国民中学、国民大学（即西江学院），初步形成了以国民教育为核心的民族教育体系，形成了独具特色的办学模式，为教育的本土化变革开辟了一条新路。其实，北洋政府就曾推行国民教育，1915年7月31日颁布法令规定："国民学校施行国家根本教育，以注意儿童身心之发育、施以适当之陶冶、并授以国民道德之基础及国民生活所必需之普通知识技能为本旨"；"从前设立之初等小学校，一律改称国民学校"，修业期限为四年，进行强迫义务教育，主要针对六周岁至十三周岁的儿童进行学校教育（袁世凯，1991）[777-784]。1922年，国民政府颁布"壬戌学制"，将国民学校改称为初等小学，国民教育废止。北洋政府的国民教育指儿童的义务教育，而雷沛鸿倡导的国民教育包括儿童教育和成人教育，含义不同。如无特殊说明，本书中"国民教育"指雷沛鸿在广西推行的教育变革。

雷沛鸿主张办教育与其他社会事业一样，都要经过认真、详细、科学地计划。他欣赏苏联的五年计划，后来他创办的国民基础教育也是按五年来计划的（后改为六年），认为这种"社会策划"不仅是"最科学的方法"，而且是"最好的改造社会的方法"：

因此社会设计的好处，在先有计划，开始工作后更计日程功，绝不因人的关系而加以轻重。每种事业的发动都是以社会的需要为前提，然后分先后缓急加以进行。所以又叫做设计方法（project method）。这种方法尤其是在产业社会的促进方面，更显得重要。譬如，我们现在要建设新广西，便应该先知道广西的天时、地理、地质、地势、面积……我们还要明白本省民众的需要，而后可运用科学与技术统筹全局，而定为整个计划。计划既定，然后动员全省人力财力，按顺序进行……唯其如是，"教育策划"，从整个教育之进行上言之，必须统筹全局，首尾贯彻。因为教育原来具有整体性的，不能勉强加以分裂，而且本省现在正企图将政治、军事、经济、文化打成一片，所以为着实现这种理想起见，我们不能不对本省的教育全体加以统筹，普遍加以视察，然后分门别类加以设计，然后造成方案，以为教育改造的标准（韦善美，马清和，1990）[62-64]。

他明确指出，教育事业要有计划，而且要与广西实际相结合，既有鲜明的时代精神，又体现出强烈的本土意识。教育是一项复杂而艰难的事业，这要求教育计划要具有整体性、科学性、本土性、前瞻性。

一、教育目的

雷沛鸿认为，教育应该承担起救亡国家、复兴民族、社会改造的重任。"教育为建国大业之根本要图"（韦善美，马清和，1989）[6]。国民教育是"大众化的教育"，不仅普及于广西全省，"我们且认为其为全国应有的教育改造运动，为中兴中华民族的唯一出路，特此运动先于广西发动耳。"（韦善美，马清和，1990）[33]这是一个长期的过程，需要齐心协力地共同推进。而目前国民基础教育的最低限度要求是："（1）减除民众苦难；（2）保育民族生存；（3）促进世界和平。"（韦善美，马清和，1990）[19]可见，他认为具体的教育目的分为三个层次：从个人来讲，教育能使人认识自己，人人各有其用处，各能发挥其个人的能力；从广西省来讲，教育要推动政治、经济、文化、军事四大建设，促进广西地方的繁荣发展，实现区域现代化；从国家民族来讲，教育要救亡图存，促进中华民族的独立与富强，并为实现世界和平做出贡献。

二、计划依据

首先，清末以来中华民族出现前所未有的危机，民族复兴、强国御侮成为急迫的任务。人们纷纷提出各种救国方略，如儒学救国、实业救国、科学救国、民主救国、革命救国等，而人才成为决定救国方略成功与否的关键因素。因此，教育救国是众多救国方略中的核心思想，是强国御侮的根本途径，体现了近代知识分子对民族复兴的深层思考。"我们将凭借这种教育的力量，造成一个庞大的怪物。这怪物，它有四万万只头，四万万只鼻，八万万只眼，八万万只耳，八万万只手，八万万只脚。它只有一颗心。这个怪物的名，英语称之为 Mass Man。我们译它为'群众的人'。"（韦善美，马清和，1989）[162]

其次，广西民众文化知识的落后严重制约了广西社会的发展，亟须普及民众基础教育。教育变革的主旨是服务民众和改造社会，不要专为教育本身办教育，"要为服事民众而从事于民众教育"（韦善美，马清和，1989）[31]。这不仅能提高民众的政治觉悟、文化素养，也能提高民众适应工业社会，发展现代生产的能力，从而促进广西经济、社会的发展与进步，为广西现代化做出贡献。"民国二十二年（1933年），全省有25494个行政村街，其中只有12640个村街办有初级小学（不含乡镇办的高级小学），占行政村街总数49.6%"（广西壮族自治区地方志编纂委员会，1995）[196]，全省有一半以上的村街没有设立小学。

雷沛鸿认为，要迅速改变广西的落后状况必须从提高民众素质入手，尽快实现普及基础教育，故而教育不允许按部就班地进行，必须根据当地实际灵活办学。"由清代末年以入民国，新学校次第兴办，教育制度为之大变；然而教育上所有机会仍是不平等已极。按实言之，现行学校制度在中国尚未免缺乏社会的立场。"（韦善美，马清和，1989）[9]我国是农业社会、宗法社会，不同于西方的工业社会，因此"我们更应该创造一种新的教育制度，使教育能够普及。我们有我们的社会基础，不能采用六三三制"（韦善美，马清和，1990）[158]。同时，自清朝末期以来，就有人提倡普及义务教育，但均无大成效，究其原因，"从表面观察起来，大家都以为原因是在实施普及教育的经费缺乏和人才的稀少"，但是"根本上是在当局对于义务教育无施行的决心。所谓教育只求粉饰门面，或者一时对付政治问题的权宜对策，所以没有教育上一贯的政策可言，也没有原动力可言。加以历来教育者又误认教育可与政治分家，教育可与经济分家，也是根本错误的地方。同时教育家对于社会基础也缺乏清醒的认识，以致不能不失败"（韦善美，马清和，1990)[26]。教育家只有改变办学思路，才能革除这些流弊，普及教育才能取得良好效果。

再次，契合广西军政当局的施政纲领和政治诉求。雷沛鸿前三次执掌广西教育行政，均由于政局未稳而旋即离职。1933年，他再次出任广西教育厅厅长时，时局趋于稳定，新桂系也诚心邀请他来进行教育改革，他才迎来了真正施展抱负的机会。此时，新桂系提出了"建设广西，复兴中国"的口号，在"三自"（自卫、自治、自给）、"三寓"（寓兵于团、寓将于学、寓征于募）政策的推动下大力开展军事、政治、经济、文化"四大建设"。他教育改革的目标、推进方式、教学内容等紧密结合广西建设纲领，得到新桂系的鼎力支持。

最后，广西的经济落后，普及国民教育的经费严重不足。据1933年国立中央研究院社会科学研究所调查："桂省农业之自然环境既如此优越，农林等产又若是丰富，惜因农民生产技术之落后与社会条件之限制，致未能尽量开发，地弃其利。"（千家驹，等，1935)[2] "广西工业落后，人所共知……梧州为桂省工商业荟萃之中心，工业之幼稚尚且如此，自桧以下，更不足论，广西工业落后之程度，于此盖不难见其一般矣。"（千家驹，等，1935)[4-5]这给普及国民教育带来了巨大的挑战，学校建立、设施运转、师资培训、教职员薪金、教具教材、社会工作等无一不需要资金作为后盾，否则普及国民教育就是一句空话。

三、整体策划

（一）国民基础教育

1933年，雷沛鸿就职广西省教育厅厅长后，即着手制定普及国民教育的文件、法规。9月13日，他向省政府提交了《广西普及国民基础教育五年计划大纲》、《广西普及国民基础教育研究院开办计划》、《广西普及国民基础教育试办区规程》，由省府委员会决议通过，成为广西教育变革的基本法规。后来，雷沛鸿认为五年计划时间太短，而"试办区"规定过于死板，第二年将"五年计划"改为"六年计划"，"试办区规程"改为"指导区规程"。1934 年，省政府通过或修订了《广西省立国民基础师范学校办理通则》、《广西普及国民基础教育研究院组织大纲》；1935 年颁布《广西特种教育实施方案》、《广西各县实施强迫教育办法》；1936 年通过《广西国民基础学校办理通则》；1939 年颁布《广西成人教育年实施方案》。

国民基础教育含义深刻而丰富，与当时的民众教育、社会教育、义务教育、职业教育等均不相同。从教育对象来看，包括儿童教育和成人教育（壮丁和妇女教育），即义务教育和民众教育的结合；从教育内容来看，主要是传递现代民族生活的经验，"不是单单使民众识字，还要使他们受生产的教育，技术的教育，以推进他们的生产的技术和力量"（韦善美，马清和，1989）[143]；从教育程度来看，它属于初等教育，是民众必须接受的最基本的教育。所以，国民基础教育融合各种类型教育，形成一种新的办学样式，"以生活言，它是民族生活的历程；以社会言，它是民族社会的历程"（韦善美，马清和，1990）[119-120]。

他将普及国民基础教育与新桂系的"三自"、"三寓"紧密结合，计划"以政治的力量为主，经济的力量及社会的力量为辅"，六年内在广西普及国民基础教育，并"助成"广西的"四大建设"，得到军政当局的大力支持。要求"每一乡（镇）设一所中心国民基础学校，每一村（街）设一所国民基础学校"（韦善美，马清和，1993）[93]。这样，广西全省约有 1200 万人，如果每村按 500 人计算，"广西大概可编为二万四千个村，以每村设立一个学校计，我们希望依照计划在五年之内，设立二万四千个国民基础学校"（韦善美，马清和，1989）[150]。接受基础教育的时限：8—12 岁儿童为两学年，13—16 岁失学儿童为一学年，18—45 岁成人为六个月。为避免过于分化和玄奥，课程分为国语、算术、唱游、工作四种，且"所用的材料，应多有几分地方化"（韦善美，马清和，1993）[379]。设立广西普及国民基础教育研究院，全省划分为八个国民基础教育指导区加强督导，每区设置师范学校以培养师资，并详细规划了师资、经费和每年完成的任务。整个普及工作到 1939 年基本完成（韦善美，马清和，1990）[7-9]。同时，在此基础上创办国民中学、大学教育，建立民族教育体系。

（二）国民中学

1922 年，"壬戌学制"规定中学实行"三三"分制，有利于各地根据不同情况兴办不同等级学校，也便于学生选择学习程度。但由于抄袭美国学制，中学制度与中国社会多相抵牾，弊窦丛生，必须加以改革创新，以适应本土实际。

1934 年 7 月，雷沛鸿向省政府提交了《广西全省中等教育改造方案并说明书》，提出了改造中等教育的范围、原则、方法等。1935 年初，他邀请省内外教育专家就国民中学的创立问题进行讨论。1936 年 2 月，他将《广西国民中学办法大纲》、《广西国民中学组织规程》提交省政府委员会，获得通过并颁布施行（1942 年 8 月进行了修订）。实施期间，国民中学遭遇了诸多挫折和争论。1946 年 2 月，省政府颁布了《广西国民中学调整办法》，只保留邕宁、宾阳、靖西三县国民中学继续进行试验，其余学校都改为县立初中、简易师范学校或者初级职业学校。

国民中学的培养目标为：一是培养承继及创造民族文化之健全新国民，二是准备基层组织之基干人员，三是准备其他公务人员。修业年限暂定为四年，分为两个时期，前期修业二年为结业，后期修业二年可毕业。毕业生可以被委任为公务人员，也可以投考高级中学或民团干部学校、技术学校等。

（三）国民大学（西江学院）

为配合与衔接国民基础教育、国民中学教育，1944 年 6 月雷沛鸿与马名海、卢显能拟定了《发展国民大学教育计划大纲草案》，后经多次讨论、筹备逐渐成形。11 月，教育部批准成立西江学院董事会，苏希洵为董事长，聘请雷沛鸿任西江学院院长。1945 年 2 月，公立西江学院创设于广西百色。1945 年 9 月，西江学院与广西教育研究所一起迁回南宁，与南宁农业专科学校合并，在南宁津头村的原广西普及国民基础教育研究院旧址建校，开始招生。大学本科设立中国文学、数学两系，大学专科设立农业、土木工程两个专修科，大学预科将原乙种先修班改为附属高中。西江学院主要培养高级建设人才。

四、普及方式

（一）实施原则

第一，以政治力量为主，经济力量及社会力量为辅。

第二，以教育力量促进政治、经济、文化、军事建设。

第三，成人教育与儿童教育合流，教育改造与社会改造并进。

(二) 实施步骤

1. 由调查而假设

我们研究西方教育，但不能简单搬用，而要用历史方法研究其出现的背景、原因及发展状况，明晰其产生的原理，中国要学习的是创新机制而非其形式。"中国教育者之新觉悟，不在极力追步外国，却在'返而求诸己'。"（韦善美，马清和，1990）[69]因此教育工作者要"到田间去，到市井中去，到工肆中去"认真调查"自己的民情和社会"，我们的教育假设才有实际价值。这是"我们在教育改造运动上之'内向'（对外向言）工夫和'土化'（对洋化言）工夫"（韦善美，马清和，1990）[74]。

2. 由试验而推广

教育试验不能为试验而试验，要为推广而试验。1933 年，广西"规定推广的程序为三期：其一，先办中心区；其次再办试办区；其三，然后兴办推广区"（韦善美，马清和，1990）[74]。1934 年，广西全省被划分为八大普及国民基础教育指导区，代替试办区，每区设立一指导处和省立国民基础教育师范学校，以指导普及事宜、解决实际问题。同时，国民基础教育研究院在南宁成立，下设实验推广委员会、训练辅导委员会等，以研究国民基础教育相关问题，并加以推广应用。

3. 由乡村而城市

欧美是工业社会，人口主要集中在城市，教育也注重城市，而中国照搬欧美教育体制，忽视农村教育，造成农村经济文化愈发凋敝，城乡差距越来越大。中国依然是农业社会，人口主要集中在乡村，我们的"教育不但不要轻乡村而重城市，而且不要重乡村而轻城市"，这样，"城市乡村行将消灭此疆彼界而归于和谐一致"（韦善美，马清和，1990）[77]。

4. 由成人而儿童

当时，基础教育指儿童学校教育，对成人教育则"未暇计及"、"浑然若忘"。后来一些教育家为弥补其不足，掀起了民众教育或社会教育运动，但与儿童教育分离。雷沛鸿考查中外教育史，认为："成人在古代社会——不论中外——实足以支配一切；随之，成人社会，在当时为一般少者、壮者、老者而实施的教育，概是成人教育。"（韦善美，马清和，1990）[80]儿童作为现代学校教育的主体，不过是最近 150 多年的事。而广西社会改革亟须提高全省民众的素质，并且父母文化的提高也促使其更加重视儿童的教育。因此，成人教育和儿童教育应该并重。

（三）组织方式

雷沛鸿认为，普及国民基础教育要向中国古代教育学习，做到组织简单、方法直接、实施有效，利用有限的经济和人才办好教育，使学校成为最有效的文化建设机构。因此，广西主要采用"三位一体"形式普及国民基础教育，这是"广西在穷苦环境奋斗中所得来的一个打破穷苦环境的办法"（黄旭初，1939）[482]。具体来说，"三位一体"办法包括："一所三用"，即乡（镇）村（街）公所、民团后备队和国民基础学校合并办公；"一人三长"，即乡（镇）村（街）长兼任民团后备队长和国民基础学校校长。"实际上广西的三位一体成立不久就变成了四位一体：乡村长除了主持基层政治、文化、军事的建设外，同时又要注意经济建设。"（韦善美，马清和，1990）[159]

第二节　普及国民基础教育

1933—1939 年，雷沛鸿主持广西省普及国民基础教育运动，取得显著成果。在推进过程中，他因地制宜地制定了计划、法规，吸收借鉴国内外教育成果，实行本土化办学，形成了独具特色的办学模式。他认为，清末以来的普及教育运动或义务教育存在五项弊端，即"（一）没有原动力；（二）教育与政治分家；（三）教育与经济分家；（四）教育缺乏社会基础；（五）教育设施缺乏整个性和一贯性"，广西普及国民基础教育应该具有"远大的计划"，避免这些弊端，使"教育要根据整个民族的生活来建立，并且随时随刻要与世界各项社会运动相适应"（韦善美，马清和，1990）[32]。这就明确指出了办学的本土化取向和基本原则。而且，他着重指出："固然，对于固有的文化不能和盘地保存，也不能和盘地加以推翻，更不能将外来的思想制度无条件地加以移植。不然，骛新好异，先存'无洋不好'的心理，希望能造福人群社会，自然万万做不到。但是过去的事实告诉我们，中国的教育者常常忽视固有文化的抉择，对于外来的又常常生吞活剥，结果不但无益，反而有害。"（韦善美，马清和，1990）[29]对中西教育文化进行改造、融合，而其原则就是要适应中国实际和广西省情。

一、教育改造与融合

（一）改造中国教育文化

近代中华民族和中国文化出现了严重的危机，“因为中华民族的整个文明，不适合于现代所有物质文明……因此，我们不得不把中华民族的整个文明来彻底改造，以求适应现代环境”（韦善美，马清和，1989）[158]。但不是全盘否定或抛弃，而是改造。中国教育文化是在中华民族历史发展中自然生长演变的，是符合中国人文精神、民族心理、行为方式的本土文化。它的存在与发展是合理的，对中国历史是有益的，只是到了近代未能及时完成现代转型以适应工业时代和应对列强侵略。我们应该研究传统文化的精华，剖析社会现状，努力促进中国传统文化的转型，而不是简单地将中国文化丢弃，全盘采用西方文化。

实际上，20世纪二三十年代中国兴起了一系列教育思潮，如民众教育、平民教育、职业教育等，为广西普及国民基础教育提供了丰富的经验。比如，高阳、俞庆棠等在江苏省立教育学院进行的民众教育，雷沛鸿也曾在此任教，并曾任该院教务主任兼研究部主任，参与研究、实践民众教育，培养民众教育人才。他对教育家蔡元培也很是钦佩，尤其是蔡元培对待文化的“思想自由，兼容并包”态度，认为“我们做教育工作的人，自应负责发扬中国固有之文化。蔡先生是最能发扬中国文化的人。故我们更非学习他不可”（韦善美，马清和，1989）[212-213]。

（二）学习西方教育成果

雷沛鸿留学欧美多年，又多次出国考察教育，对西方教育非常熟悉。他关注的不仅有经济发达的英美教育，也有经济相对落后的丹麦等地，更有贫困落后、与中国情况相仿的墨西哥、菲律宾等地。西方的教育普及运动激励着他为中国国民教育而努力奋斗，也为国民教育提供了直接的经验。他崇拜西方的民众教育家，如英国的和勒殿、丹麦的柯勒等，尤其是丹麦的格龙维，认为“他的工作不但希望和庶民来分享一切文化的结果，而且希望从所谓贫民贱民所能达到的文化的源泉得到养育人己的资料”（韦善美，马清和，1989）[284]。

英国教育权利平等观念也是他推崇的，即每个人生来就应该具有受教育的权利，而不是某些人的特权。英国的成人教育也卓有成效：

> 当在研究英国成人教育时，我要推究此项运动所有成功及失败，能否供给我们从事于中国教育的大众化运动之工作者以一种借鉴……惟其如是，我们以为今日中国所急需，不但是在于努力以强迫一般儿童，使之来受适当教育，而且是在于设法以引进全国成年民众，使之能自求学问，复能自用心思。关于这一层考虑，我们觉得英吉利人民，在成人教育运动的领导之下所有成就，譬如尊尚学问自由，崇重义勇经营，提倡共学与自治，诸如此类之美德，亟应值得我们切实注意（韦善美，马清和，1989）[255]。

墨西哥的教育工作者对落后地区人民的教育普及深深感染着雷沛鸿，对他提倡国民基础教育运动富有启发。墨西哥成立了"文化使者团"（Cultural Missions）教育当地文化落后的土人：

> 文化使者分掌卫生、农业、木匠、针凿、家事、体操、各科教育；他们的使命是在于把有用的道德、知识、技能带往民间。团员所带之物，除书籍外，有种子，有农具。每逢到了一村，使者团可以驻足六周，宣传文化。所有私人与公共卫生、农事、农学以至合作生产，均用"以做为学"（learning by doing）的方法实行教化人民。离去之时，他们必然设法剩下一学校、一果园、一菜园、一图书馆与一套农具，以作去思。所有这些工具逐一具交与农村学校的教师经管及运用，以相与合作（韦善美，马清和，1989）[221]。

（三）教育文化的借鉴与融合

我们改造中华民族的文化以实现本土化：

> 所以不论是自创的新学说，或搬取旁人的旧学说，必须取人之长，补己之短。然后我们才可以顾全民族的黏合力（national coherence）。

如果不顾一切的来开单送药，必更为（危）害国家，害民族。就是提高教育问题的解决，并不是没有好的理论；只因为不认识我们环境的需要，人们各处为政，是故甲倡一种学说，乙又发表一种方法，丙又弄出一套制度。这样弄得中国的局势，是纷乱、扰攘和不断的互相冲突。这些不但表示中华文明堕后不进的整个问题，而且表示吾国教育不能随环境变动而改进，而予以控制，倘若长此不能悛改，我们将有沦胥之惧（韦善美，马清和，1989）[160]。

这种改造并非易事，需要众多民族精英齐心协力地进行长期地艰苦努力，然后由教育推广至全体民众，成为中国新的文化。因此，教育改造成功，"一国必须具备两要件：其一，社会全体须能努力在哲学上、宗教上、经济上、政治上、文学上、美术上创造一国的新文化；其二，教师人人对于这种新文化的背景须有热烈的同情、真切的了解及切实奉行的能力与事实。"（韦善美，马清和，1989）[222]在此基础上创立的"国民基础教育是中华民族对于现代，对于现在环境，不断地努力而做出的调整行为"（韦善美，马清和，1989）[157]。换句话说，国民基础教育本身是教育变革的成果，也是融合古今中外文化的一项事业。

这项办学事业被称为"国民基础教育"而非其他，"因为它是以本省为出发点，以整个民族为对象，而来唤起、推动、扩大整个中华民族的基础教育，以建立广大深厚的教育基础的；因为它是含有整个民族的实施计划的；因为它不单是以广西的儿童及成人为对象，同时还要以整个的中国民族作间接的对象的！所以不能简单地称为儿童教育、成人教育或民众教育，而必须称为国民基础教育。"（韦善美，马清和，1993）[215]它的意义已经远远超出了教育事业本身，而承担着中国文化的改造、创新、普及，乃至中华民族复兴的重任。

二、适应区域发展需要

教育变革必须适应当时当地的情况，否则就会事倍功半，甚至误入歧途。"现在国民基础教育既在广西来先行，则其一切措施便要处处顾到广西的实际情况"（韦善美，马清和，1993）[227-228]，这种适应既要体现出对国际教育发展的积极回应，也要反映当时国家发展的时代需要，又要与本土实际相结合，才能真正实现本土化变革。

（一）适应文化教育现状

雷沛鸿主张普及国民基础教育要从调查研究本国、本地的实际情况开始，不能自以为是地颁布教育政策，这是本土化办学的基础：

> 我自我，人自人，知识和科学固然没有国界，然而一国教育制度却不可不由自己从实际做出而建立起来。因此，我要以"到民间去"来替代"到外国去"而求出整个教育的政策；又要以"在本国调查"替代"往外国考察"，而搜求思考材料；更要以"到田间去，到市井中去，到工肆中去"替代"到欧洲去，到美洲去，或到日本去"，而作设计研究（韦善美，马清和，1990）[81]。

因此，他主张创立教育研究机构，加强理论调研，以理论推动实践。1933年，广西省教育厅成立了普及国民基础教育研究院，为节省经费将它设在自己家乡邕宁县津头村的雷氏六冬祠。因为"实施前之假设与理论，赖有学术；实施期间之实际行动，仍赖有学术。而学术之策源地，必赖有一所特设的学术制度——自然这就是本院"（韦善美，马清和，1990）[140]。研究院设立总务、实验推广、训练辅导三个部，聘请全国优秀教育学者来院工作，如黄齐生、徐敬五、方与严、梁金生、杭苇、潘一尘、陈希文、程今吾、彭学文、孙铭勋、沈望之、陈灿智、马勤如、唐现之、满谦子、雷荣甲、谢启文等。他们中许多人曾在陶行知的生活教育社、俞庆棠的江苏教育学院、梁漱溟的山东邹平乡村建设研究院、晏阳初的河北定县平民教育社、黄炎培的中华职业教育社等知名的教育机构学习、工作。研究院汇集全国各地的教育理论、研究方法和实践经验，为普及国民基础教育提供了强有力的智力支持。它是"一种学术制度，既不是机关，更不是行政机关"，也是"一种教育制度，既不是学校，更不是寻常的学校"（韦善美，马清和，1990）[141]，为国民基础教育培养了大批人才，提供了理论依据和现实指导。

在此基础上，国民基础教育含义丰富而富有现实意义。从教育程度来看，主要是基础的科学文化知识，属于初等教育水平，体现了"基础"性；从受教育者来看，包括儿童教育、成人教育，承担了义务教育和民众教育的双重任务，体现了"国民"性；从课程内容来看，既包括基本的识字教学，又包括初级的科学技术知识，以满足民众基本的生产生活需要，体现了"普及"性。

由于文化教育的落后，普及国民基础教育的师资成了严重障碍。如果每个学校配备一位校长和一位教师，那么全省就需要约五万名教师，但 1935 年全省只有 13000 名小学教师，还缺少 37000 个师资（韦善美，马清和，1993）[216]。这种严重师资缺乏的现状成为制约国民基础教育的重要因素，"令人觉得非常的失望"（韦善美，马清和，1989）[142]，若不尽快解决教育变革只能是纸上谈兵、无功而返。为此，他采取各种措施来缓解师资不足。一是分期抽调训练原有师资，使他们了解国民基础教育的理论与实施原则，提高教师的办学能力。二是训练新师资，各省立中学附设简易师范班，各县立乡村师范、简易师范及师范讲习所等；将全省分为七个师范区，每区设立一所省立师范学校；同时国民基础教育研究院也负责培养师资；1938 年开始由国民中学办理师资训练班及简易师范班。三是各区民团干部学校[①]培训师资。同时，为了尽快推广普及国民基础教育，采用"小先生制"（广西省政府，1936）[88]和"互教互学"方式，如学生教学生、教父母等，在住户比较分散的山区采取"巡回教学"的办法（广西省政府，1937）[7]，收到一定效果。

（二）适应时代需要

清末以来，"我们固有的中华文明，已经受着西洋文明撼动而转变，而亟须整理，甚至亟须彻底改造。此为国民基础教育产生的客观条件。"（韦善美，马清和，1989）[156]然而，许多民众并没有觉悟，更缺少为救国救民而奋斗的精神，"他们现在还要在'不识不知顺帝之则'状态下面生存"，如果不能彻底改变现状，引导民众觉悟，那"我们这一代人，恐怕是专为中华民族掘坟墓而来，且将为中华民族送终！"（韦善美，马清和，1993）[232]这一点在落后的农村表现更加明显，"所以我们的社会改造运动之应以农村为重心，而非可以都市为重心，更属明甚"（韦善美，马清和，1990）[41]。教育事业是社会的一个重要的、不可分割的组成部分，脱离社会条件的所谓"教育独立"无法实现。教育变革要与政治、经济变革相结合，实现教育本

---

① 1935 年，各区师范学校合并于各区民团干部学校。1936 年，各区民团干部学校合并为广西民团干部学校。1939 年 1 月，将民团干部学校改为地方建设干部学校。

土化更是要符合中国社会的需要，"单只实施教育改造运动，并不足负起中兴民族的使命，以其缺乏社会的意义故也……所以社会改造运动实为建立整个新教育于中华民国的根本条件。"（韦善美，马清和，1990）[40]

（三）适应广西军政需要

普及国民基础教育与广西施政纲领紧密结合，"可以说教育是实现广西整个新社会秩序的工具，就是以政治、经济为体，以教育为用"（韦善美，马清和，1990）[40]，适应了新桂系的军政战略。教育目标与广西"四大建设"相一致，运用教育力量推进政治、经济、军事、文化建设。"国民基础学校就是乡村社会的中心，以之办儿童教育，以之办民众教育；也以之为中心，来办民团和村治。推而广之，实欲以国民基础学校来办理社会一切事业。因此，国民基础学校成为军事、政治和教育在乡村中的灵魂"（韦善美，马清和，1989）[150]。在机构组织上，他利用现有的民团组织实行"三位一体"，即"一所三用"、"一人三长"。"现在我们要使本省的民众有民族的意识，内则能除匪患，外则能抗强敌……且为以后民族自救运动的出发点。"（韦善美，马清和，1989）[143]这样，国民教育可以提高政治觉悟，增强民族意识，便于军政当局施政。

（四）适应广西百姓经济生活

国民基础教育要帮助村民进行经济文化建设，改变广西经济落后的面貌，实现区域现代化。"农村经济如此破产，民众智识如此闭塞，我们应鼓励成人教育机关的设立，随时随地，因地方的需要，使民众有求学问的机会。"（韦善美，马清和，1989）[147]如最低要求：每村开一口井满足村民饮水卫生；重视水利工程，开渠筑堤；组织建立农业仓库；办理信用、生产、运输等各项合作事业（韦善美，马清和，1989）[152]。此前的初等教育只强调识字，"对于生产教育、技术教育的科学都不能深加注意，以致农村的子弟读书的结果，反而不能为农村所用，以致多一个读书人，即是农村少一个做事的人"，因此，国民基础教育"不是单单使民众识字，还要使他们受生产的教育、技术的教育，以推进他们的生产的技术和力量"（韦善美，马清和，1989）[143]。

同时，广西省民众穷困，负担繁重，再不能加重他们的负担，所以国民基础教育并未强调"宽筹经费"（韦善美，马清和，1989）[153]。"因为中国是一个穷国，本省是穷国里最穷的省份。我们为要使教育容易普及起见，所以不得不把受学年限较为缩短些"（韦善美，马清和，1993）[215]。普及国民教育要因地制宜，善于开发和利用当地的教育资源。比如，各地开办幼稚园要遵循三个原则："第一训练本乡的师资，以教育本乡的儿童，使幼稚园更和本乡的父兄接近而费用也可以节省许多；第二应用本国、本省或本县、本乡的材料，譬如音乐、诗歌、故事、玩具，以从小引起儿童对于自己民族的爱好之念；第三注意培养适合于农村社会的重要生活习惯、倾向和态度。"（韦善美，马清和，1989）[142]又如，教育厅明确规定了国民基础学校的最低限度设备标准（见表2-1），包括普通用品30件套、指导用品40件套、表册23种，品种多样但并不贵重，比较容易制备，使各地国民基础学校有一个客观标准，又可以根据实际情况自制一些教具物品，以节省开支。

表2-1　广西国民基础学校最低限度设备标准①

类别	物品名称	数　量	估计价值（毫洋）	备　注
普通用品	校牌	1		
	校铃	1		由政府免费发给
	党旗国旗（宽三尺长五尺）	各1	各1.50元	
	校旗（宽三尺长五尺）	1	1.50元	
	总理遗像（须附有党旗及国旗总理遗嘱者）	1	0.30元	
	时辰钟	1	3.00元	
	大蓬灯	2	6.00元	夜学班用
	油灯	2	0.80元	
	本省领袖肖像	3	0.90元	
	办公桌椅	若干	每套约3.00元	以教职员每人一套为准
	书架	1		可利用旧木箱或木板自制
	痰盂	4		可利用旧木盘或用洋油桶自制内贮石灰

① 本表根据广西省政府《电发广西国民基础学校最低设备标准仰各遵照》（《广西省政府公报》1937第157期第54-60页）编制。

续表

类别	物品名称	数 量	估计价值（毫洋）	备 注
普通用品	裁纸刀及剪刀	各1	0.80元	
	茶缸水桶	各1	1.00元	
	茶壶	1	0.50元	
	茶杯	10	0.50元	
	炊具	全套	约7.10元	
	寝室用具		约7.00元	
	哨子	1	0.20元	
	大小镜子	各1	约3.00元	
	洗手盆	1	0.80元	
	面盆架	1	0.50元	
	洒扫用具	1套		
	寒暑表	1	1.00元	
	日历	1	0.30元	
	字纸篓	1		自制
	学生名牌	1		用竹片或马粪纸自制
	旗杆	1		高约二丈以上，也可用大竹条自制
	揭示牌	1		可利用旧木板自制
	公文柜	1		可利用旧木箱或木板自制
指导用品	课桌课椅			
	大黑板	2		可利用庙宇中之匾额改制
	小黑板	1		同上
	教鞭			可用竹枝或树枝为之
	黑板拭（擦）			用旧布自制
	毛算盘	1	2.00元	
	日字台	1	1.00元	
	日字凳			

续表

类别	物品名称	数量	估计价值（毫洋）	备注
指导用品	各色粉笔			
	小皮球			
	木枪木矛			村街基础学校可以缓备
	木刀木剑			同上
	铁杠（桢）			同上
	跳高架			同上
	轩轾板			
	秋千			
	小乐器			
	象棋军棋			
	沙坑			
	滑滑梯　滑滑板			
	劳作用具			各种农具以在村内各家备用为原则
	古今名人肖像（包括革命先烈肖像）			
	动植物挂图	各1套		
	自然现象挂图	1套		
	卫生挂图	1套		
	世界地图	1	1.00元	
	中国地图	1	1.50元	
	广西地图	1	1.00元	
	本县明细地图	1		由县政府制发
	国耻地图	1		
	国耻挂图	1套		村街基础学校可缓购置
	历史挂图	1套		同上
	小地球仪	1	约2.00元	同上

续表

类别	物品名称	数 量	估计价值（毫洋）	备 注
指导用品	各科课本	全		
	各科教学法	全		
	字典（或辞典）	一部	约 5.00 元	
	老师参考图书	数种	10.00 元	
	儿童读物	数种	5.00 元	
	成人读物	数种	5.00 元	
	本省日报	1 份	每月 1.00 元	
表册	学校大事记簿			
	学生点名簿	每教室 1 本		
	学生操行考查簿	每教员 1 本		
	学生问题簿	每教室 1 本		
	教育问题簿	每教员 1 本		
	校产校具登记簿			
	职教员考勤簿			
	教员请假补课登记簿			
	学生请假登记簿			
	学生各科成绩登记册			
	上课时间总表			
	各班每周生活表			
	教职员一览表			
	乡村或镇街应就学儿童及成人一览表			
	乡村或镇街失学儿童及成人一览表			
	学生年龄及家族职业统计表			
	学校行事历			

续表

类别	物品名称	数　量	估计价值 （毫洋）	备　　注
表 册	校务会议纪录簿			
	各部部务会议纪录簿			
	收发文件登记簿			
	各班学生名册			
	训导日记簿			

三、普及国民基础教育运动的成就

（一）在广西境内基本实现普及基础教育

1940 年，在广西基本普及国民基础教育后，雷沛鸿曾自我评价："在这六年中间，全省民众在政府领导之下，各方面力量的集中，知识分子的一致倡导，广大群众的翕然响风，使这种艰巨而伟大的运动，已臻于初期完成的阶段。虽然质的改善，未能达到吾人的理想；但量的普及，则已获得相当的成果。"（韦善美，马清和，1990）[249]这一评价还是比较客观的，真实地反映了这一运动的现状。1933 年，全省有 25494 个行政村街，其中只有 12640 个村街办有初级小学（不含乡镇办的高级小学），占行政村街总数的 49.6%。在普及国民基础教育运动中，学校有了长足的发展，基本上实现了乡镇设有中心国民基础学校，村街设有国民基础学校。据统计，1940 年全省共有 2339 个乡镇，其中 2273 个设有中心国民基础学校，占 97%；全省共有 23958 个行政村街，其中 19298 个设有国民学校（乡镇中心国民基础学校所在地的村街不另设校），未设校的村街仅有 2387 个，占 9.94%。这期间，全省小学校由 14839 所上升到 21571 所，小学在校生由 658182 人上升到 1587097 人（广西壮族自治区地方志编纂委员会，1995）[196]。

当时国民政府教育部对广西普及民基础教育也有较详细统计（见表 2-2）。

表 2-2　广西普及国民基础教育情况简表①

时间	国民 基础学校	中心国民 基础学校	初等教育 各类学校	入学 儿童数	教职 员数	教育经费 （元）
1933 年	3736	1101	/	/	/	/
1934 年	17295	2018	/	/	/	/
1935 年	19810	2256	20868	1026113	39483	5388158
1936 年	19512	2268	23932	1488281	59256	7061778
1937 年	19594	2291	24276	1665092	65416	6813273
1938 年	/	/	23450	1698534	73305	8992543
1939 年	/	/	21283	1508950	69242	3847697

可见，广西国民基础教育取得了显著的成效，在全国各省中居于先进行列。

（二）推向全国，成为各地效仿的榜样

1940 年，全国国民教育会议召开，教育部讨论并颁布《国民教育实施纲领》，将广西的国民基础教育制度推广至全国。雷沛鸿对国民教育充满信心：

> 要推行国民教育于全国，困难很多，问题也很多；但我可以说，所谓困难与问题，都不在学校的设立，也不在经费的筹措。设校与筹款两事，只要政府善于鼓舞广大群众，使民众当真了解这种教育为自己而办，这个学校为自己而设，那么羊毛出在羊身上，民众既乐于集资兴学，学校经费纵然不能达到所定标准，也还可以继续支持，而不至于办不通；真正的困难所在，实为人才问题及政治问题（韦善美，马清和，1990）[243]。

现将全国国民教育与广西省作一比较（见表 2-3）。

---

① 本表根据国民政府教育部《第二次中华民国教育年鉴·初等教育》（上海商务印书馆 1948 年版第 58-59 页）编制。

表 2-3　全国与广西推广国民教育方案比较表①

项目	广　西	全　国
学校名称	国民基础学校	国民小学：短期小学、普通小学
开始实施时间	1933 年	1940 年
政治基础	政治、经济、文化、社会四大建设	新县制
计划阶段	第一阶段：1933—1939 年，推广普及；第二阶段：1940—1945 年，根据教育部要求，提高阶段	第一期：1940.8—1942.7，初设；第二期：1942.8—1944.8，提高；1944.8—1945.7，普及（沦陷区暂缓实施）
义务教育年限	6—12 岁儿童为四年，每二年为一期；12—18 岁少年为一年，可延长一年；18—45 岁成人为六个月，后改为四个月	先一、二年，后增至四年
教育范围	儿童、成人教育	儿童教育与民众补习教育合流
小学设置密度	约五百民众一所学校，乡镇设立国民中心小学，村街设国民小学	约一千民众一所学校，乡镇设立国民中心小学，各保设国民小学
师资	设立师范学校培养，民团训练大队	设立义务教育师资培训班
督导制度	全省分八个指导区，并设指导专员、助理员	全国、省、市、县设督学，区设指导员
领导机构	省教育厅、市县教育局	全国、省、市、县义务教育委员会
学校管理	三位一体：国民基础学校校长、民团后备队长、乡镇村公所村长由一人担任	政教联系：乡镇长、中心学校校长及壮丁队长，保长、保国民学校校长及保壮丁队长均暂以一人兼任。在经济发达之区，乡镇中心学校校长及保国民学校校长以专任为原则，乡镇中心学校教员兼任乡镇公所文化股主任及干事，保国民学校兼任保办公处文化干事

---

① 本表根据雷沛鸿《广西普及国民基础教育六年计划大纲》[《雷沛鸿文集（下册）》，广西教育出版社 1990 年版第 7-10 页]、《广西国民基础学校办理通则》[《雷沛鸿文集（续编）》，广西教育出版社 1993 年版第 557-566 页]、教育部《第二次中华民国教育年鉴·初等教育》（上海商务印书馆 1948 年版第 1-14 页）编制。

由表2-3可知，全国推行国民教育基本是依据广西省的办学模式，但也有一些不同。不过在实际推行中遇到了诸多问题，比如，地方教育行政当局对国民教育不能真正理解，不能根据本地实际制定实施细则等，导致全国推广效果未能达到广西的标准。

第三节　创办国民中学与大学教育

随着国民基础教育的普及，民众的文化水平逐步提高，升入更高层次学校深造的愿望更加强烈，雷沛鸿清楚地认识到这一点，教育普及之后水平的提高将成为重点。1947年，他指出：

> 因为国民基础教育的发达，社会的要求很迫切，还要再进一步努力，所以有国民中学教育制度的创制，因此想将国民教育来延长到中等教育的阶段。到最近数年，我们又有西江学院的创设——基于社会新情境而产生……这种企图是要把国民教育由中等教育引进到公民大学的高等教育阶段去（韦善美，马清和，1989）[167]。

这样，他逐步创立了包含基础教育、中等教育、高等教育的民族教育体系，虽然不甚完备，但这些本土化办学不仅对当时广西社会的发展进步做出了贡献，而且对当前的教育变革也有着重大的借鉴意义。国民中学、大学教育体系创办的条件与国民基础教育相近，但是教育目标、教育对象、教育程度等有所不同。

一、国民中学

（一）创制

中国古代一般有"小学"与"大学"的分野，并没有中等教育。中学是清末从西方引进了学制才出现的，但不管是清末的"壬寅-癸卯学制"，还是民国时期的"壬子-癸丑学制"、"壬戌学制"，在中学教育中都存在着不能适应中国国情的问题。"其一是在于盲目地模仿外人，而失却生活动力；其二是在于抽象地玄想，而脱离现实社会。"（韦善美，马清和，1990）[417] 这一点在当时实行的"六三三"学制中表现更加明显。

但是，实际上"吾省中等教育不但忽略了地方文化之背景，有如上述，而且未能将此项制度建立于现实社会之上，以致陷于忽略社会背景之大病"（韦善美，马清和，1990）[292]。可见，中学教育的弊端是盲目模仿外国、脱离社会实际、忽略地方文化，即没有能够实现本土化办学。其实，1933 年，雷沛鸿在普及国民基础教育之初就计划进行中等教育的改革，认为中等教育"也要和国民基础教育采取同一的步骤"，因为"一则中等教育在整个学制体系中，是居于承上启下的地位，小学义务教育的改革，将必然的会影响到中等教育；一则目前的中等教育设施，无可讳饰的，已经是和中国的一般的教育，陷于同一的谬误，根本改革，也有必要"（韦善美，马清和，1989）[92]。

具体而言，国民中学的创立原因主要包括：一是国民基础教育的普及运动，使儿童和成人大都得到教育，他们就有了继续升学深造的愿望。"此则征诸七八年来之中等学校招考情形，当可概见。在十年以往，虽在通都大邑，学生来投考者仍属无多。到如今，虽在偏僻郡邑，每遇中等学校招生一班，考生辄有五六百人以上，其更多者，为数且达于二三千人。"（韦善美，马清和，1990）[335]许多中学毕业生都选择从事教育工作，这可缓解国民基础教育急需的师资问题。但是，"当时现行中学教育，不但在数量上成问题，而且在质地上更成问题。因此之故，一种新型中学制度，遂不能不创立。又因此之故，紧随着国民基础教育运动之后，儿童青年以及成人学生所要求的进一步教育，就自然而然地组织成所谓国民中学。"（韦善美，马清和，1993）[438]二是复兴中国、建设广西的需要。虽然国民基础教育也负有这样的责任，但毕竟教育层次有限，广西建设需要大量更高层次的人才。而国民中学可培养基层建设干部、经济建设人才、技术人员、教师等。而且"由于大学教育居高临下地控制中学教育，中学教育就纯粹受大学入学考试的支配，惶惶然疲于奔命，而终感左支右绌。于是，中学教育与社会需要，就为一条深广的鸿沟所隔断"（韦善美，马清和，1990）[430]，创建新式中等教育势在必行。三是创新中国文化的需要。因为中国文化受到西方文化的挑战出现了危机，必须改造、创新中国文化，才能适应现代社会发展的需要。"对于中华民族文化，在纵的方面，不但要知古，而且要知今；在横的方面，不但知己而且要知彼。"对于中西方文化都要采取"择其善者而从之，择其不善者而改之"的态度，更重要的是创新文化，即"融合新旧文化，复创造现代文化"（韦善美，马清和，1990）[336]。传统儒学的传承已经被打断，新的文化创新尚未完成，中学毕业生作为城乡文化的中坚力量，取代原来士绅的作用，以创新、传承中国文化。

因此，"基于历史所指示，地理之要求，地方文化之要求，民众生活之要求，社会上之要求，政治上之要求，经济上之要求，教育技术上之要求，本省中等教育由之即以得到彻底改造之途径。"（韦善美，马清和，1990）[299] 于是，从 1936 年开始国民中学陆续创办。国民中学最初五年发展较好，基本上是良性发展的，学校数量、师生数量、学校经费都呈上升趋势。但随着国民中学的增多，与普通中学教育程度存在差异，其升学与就业方面的弊端逐渐凸显，引起了较大争议，其发展也是一波三折。国民中学发展成效显著（见表 2-4）。

表 2-4　广西国民中学发展情况①

时间	学校数	班级数	教员数	学生数	经费（元）	校均经费	生均经费
1936 年初	3	14	34	674	39496	13165.33	58.60
1936 年底	4	18	／	764	42277	10569.25	55.34
1937 年	32	87	321	4254	228625	7144.53	53.74
1938 年	38	130	732	5821	600000	15789.47	103.08
1941 年	48	204	／	10028	1046085	21793.44	104.32

（二）本土化特征

作为民族教育体系中承上启下的重要部分，国民中学十分重视本土化创新，体现出中国化、大众化、民主化三个进步特点（伯华，1943）[2]，形成了与当时国家学制完全不同的中等教育模式。

1. 创办原则

第一，要符合普遍性的原则，包括：社会即学校，将学校与社会打成一片；生活即教育，将教育与生活打成一片；教育与政治应相互合作；认定劳动、学问、政治应相互合作；教学做合一为最有效之生活法，亦即最有效之教育法，学与教都以做为中心（韦善美，马清和，1990）[300]。这与国民基础

---

① 本表根据李森《国民中学创立之回顾与前瞻》（《广西教育研究》1942 年第 2 期第 43 页）编制。

学校的设置原则是一致的。

第二，国民中学的设置要适合广西的省情，即"依据本省人口、地理、文化程度、社会需要等条件决定之"（韦善美，马清和，1990）[300]。国民中学的教育使命"其一为公民训练，其二为人才教育"（韦善美，马清和，1990）[384]。每县至少设立一所国民中学，使其成为本地区文化教育中心。

第三，国民中学定位要准确，明确自身的文化责任、教育层次。"国民中学要向后顾，联系到国民基础教育制度，又要向前瞻，联系到国民大学。各层次的国民教育原来只是一个整体。由地方推到全国，又全国推广到世界，文化在世界中原来也是一个体系。"（韦善美，马清和，1989）[168]故而，我们一定要办好国民中学。"国民中学比之其他学校，在性质上殊有特异。试以别种学校——譬如六三三制之初高级中学纯从外国引入，而为舶来品，至于国民中学则创制于本国，栽培于本国，殆纯为土货。它既为本国社会所设立，它即应为着社会需要而存在。"（韦善美，马清和，1990）[378]这是国民中学的本土化意蕴。

第四，建立研究机构，加强理论探索与指导。"国民中学是一个新型中等学校，在制度上是一个新教育制度。随之，这个新型学校和新型制度的建立与充实，必有待于研究工作为之先导。以此之故，国民中学研究室，特地在广西教育研究所设立。"（韦善美，马清和，1990）[341]1940年8月，广西教育研究所成立，重点研究国民中学问题。1941年10月，研究所内又专门设立了国民中学研究室，加强国民中学研究。

2. 教育目的

按照雷沛鸿的理想，中学时期是人生发展的重要阶段，国民中学在学生的成长过程中起到至关重要的作用。

> 如果我们真能在国民中学教育理想上实践，而当真做到教育的机会均等，而先求教育平等，则法律的平等，当可以徐图实现。其次，关于自由的理想，国民中学要教她的学生，能够努力：要他审问，要他深思，要使每一个人对于当前的是非能够辨别，当前的问题能够解决；而对于未来的生活能够有远见，能够计划，能够按照计划去做他们的工作，并且能够力行。这才是真自由。申言之，他在思想上，不是木头；在言论上，不是应声虫；在行动上，不肯盲从。末了，对于博爱的理想……我们在国民中学的教育，以至在整个国民教育，决不贱视劳

动；相反地，我们要尊重劳动，而且更进一步，要实践劳动与学问合一的理论。继自今，这生息于民主社会的国民且将孜孜矻矻于科学与生产技术，继继承承于劳动文化（韦善美，马清和，1989）[170]。

因此，国民中学融合了多种职责，应该完成的任务非常繁重。国民中学是国民基础教育之"继续教育"，是青年之"生活教育"，是技术教育，是"集团活动之训练"，要衔接高等教育而为"研究高深学术之准备"（韦善美，马清和，1990）[299]。

3. 教育对象与教育内容

国民中学的教育对象承继了国民基础教育，"除却青年学生之外，尚有成年学生，又有一般广大群众。这是何等复杂！它的施教范围，除却学校本身之外，尚有学校外之一县社会，甚至扩而大之，可达于一县以外之社会。这是何等广泛。"（韦善美，马清和，1990）[373]最初，入学年龄为前期13—30岁，后期15—30岁；一年后改为前期13—25岁，后期15—30岁；1942年统一改为13—25岁。国民中学的课程内容属于普通教育，到大学以后发展为自由教育（博通教育），但与专业教育并不是"彼此冰炭不能相容"。国民中学应该"时常注意于教学生怎样做人，怎样做国民，怎样做世界公民"（韦善美，马清和，1989）[169]。因此，国民中学的教育内容"其一为人文学问；其二为自然科学；其三为劳动生产；其四为地方建设"（韦善美，马清和，1990）[391]。

4. 国民中学的定位与设置

国民中学是一种新型的学校，与普通初高级中学的定位不同，其设立也就有所区别。

国民中学固须以县立为原则，而且每县须集中力量至少设立一所；各县县立初级中学，一律改办或合并为国民中学。大之，务有以达到树立一县文化中心的要求；小之，可以避免人力物力及教育经费在一县内之无谓重复与耗费。更进一步，省教育行政将以合力发展高中，以准备学生升入大学。再让一步，现有省立初级中学与省立高级中学，至多可许其并为一校，而成为省立某区中学。如是，在中等教育体系中，县立国民中学与省立高级中学，这两类型教育制度将分工合作，各负起它们的特殊使命与责任（韦善美，马清和，1990）[422-423]。

国民中学学制为四年，计划分为前后两期，即"二二"分段，前期两年接受基础教育，读完后为结业，后期两年进行农、工、商、师范等专业教育，读书后才算毕业。而在实施过程中前后期分开设置，均可毕业，类似于"三三"分段的初高中，但程度偏低，致使升学与就业遇到困难，成为国民中学饱受争议的重要原因。1942年废止了前后分期，仍为四年毕业，但学生读完三年后即可升入高中或其他中等学校，最后一年进行地方自治、国民师范、农业推广、合作事业等专业教育，形成了升学与就业并重的"三一制"。虽然这些做法缓解了国民中学的矛盾，但却已经改变了雷沛鸿创办的初衷。

他将国民中学的实施程序分为三个步骤："其一是，制定全套的法案及实施办法，以为行政措施的依据，与夫事业设施的规范。其二是，组织国民中学课程委员会，根据过去辛勤工作的成果，致力于研究、实验、编辑等事功，将全部课程、各科教材，以至导师参考书、学生课外读物等问题，作全盘的处置。其三是，集中行政与学术的力量，解决国民中学之师资培养、在职导师训练及进修辅导等问题。"（韦善美，马清和，1990）[419]但创办中屡遭非议与挫折，继任教育厅厅长者又未鼎力坚持，故其实施计划多所更改，未能达到预期成效。

（三）争议与挫折

与国民基础学校相比，国民中学的创办一路坎坷，充满争议，最终走向衰微。这既有国民中学自身的缺陷，也有政治、经济的压力；既有理论上的争鸣，也有实践中的困惑。其中的经验教训，留给我们许多思考与启迪。

1. 创办中的坎坷

1936年2月，雷沛鸿厅长起草了《广西国民中学办法大纲》、《广西国民中学组织规程》，提交省政府委员会，获得通过。6月，邱昌渭接替辞职的雷沛鸿任广西省教育厅厅长，遂颁布《修正广西国民中学组织规程》取代了《广西国民中学组织规程》。新的"组织规程"改变了雷沛鸿的设想：一是将原来四年的、富有弹性的学制，截然分成前、后两期，将原来修完两年才能结业改为前、后两期都可以毕业；二是将原规程国民中学由简易师范或职业学校改办，变成由各县立初级中学改办；三是将国民中学列为三种普通中学之一。这些变更改变了建立国民中学的初衷，加剧了毕业生升学与就业的矛盾。

国民中学"本身所遭逢的困难与日俱增，恰如一波未平一波又起。于是问题丛生，议论蜂起，读之令人迷目，更不易辨别谁是谁非。问题有如许繁多，复有如许复杂"（韦善美，马清和，1990）[364]。1941 年 7 月，广西省主席黄绍竑明确宣布"今后中学教育应以国民中学为主"，"物议乃渐息"。同年 12 月，广西教育厅厅长苏希洵指出："改进国民中学，使成为县的文化中心，已成为本省现阶段国民中学教育本身及各部门建设一致的要求。"（苏希洵，1941）[43]当然，依靠行政力量压制不同意见只能起到一时的缓解作用，却不能消除人们对国民中学的误解与敷衍，也不能解决国民中学本身的缺陷。

1942 年 5 月，重新修改的《广西国民中学组织规程》、《广西国民中学办法大纲》、《广西国民中学最低限度设备标准》等的颁行，将原来"二二"分期改为四年一贯制，加强了升学教育。1946 年 2 月，广西省政府颁布《广西国民中学调整办法》，除了靖西、宾阳和邕宁 3 所国民中学继续保留以外，将 77 个县设立的国民中学（全省 99 个县）均改为县立初中、简易师范学校或初级职业学校。雷沛鸿不再担任广西省教育厅厅长一职，开始致力于西江学院创办，国民中学逐渐式微。

2. 争议

实际上，国民中学从创办开始就一直争议不断，曹天忠认为可以分为代替派（国民中学代替普通中学）、改进派和取消派三种（曹天忠，2004）[284-309]。在推进国民中学过程中，雷沛鸿就已经清楚地知晓了这一新型中等教育制度的问题与弊病。1941 年年底，他曾提及国民中学的条件不够成熟，外部条件包括经费、设备、师资、社会意识等方面，内部条件包括教学方法、教育内容、教育目标、教材教具等方面，都有待加强（韦善美，马清和，1990）[337-339]。1942 年，他承认国民中学创办中许多问题未能解决好。第一，"实施完好教育于中等教育"未能满意地解决；第二，学生升学问题尚多；第三，学生就业问题，由于省政府"行新政、用新人"的政策增加了国民中学的就业机会，"各地学校一概现出朝气"；第四，"关于国内中等学校须出而奠定现代化的文化的基石一节，虽在教育专家，尚少有积极的倡导"（韦善美，马清和，1990）[382-383]。1943 年，他又认识到"最近，政府虽然竭力维护，教育家虽然竭力提倡，可是，关心国民中学前途者，尤其是关心教育改造运动者，莫不鳃鳃然忧虑，甚至异口同声地长叹息。他们殆以为这一新型制度,似乎没有前途,至少没有光明的前途"(韦善美,马清和,1990)[396]。

雷沛鸿认为争议原因主要有三个方面:一是"由于年来强烈的教育活动",使国民中学受到省内外人士的关注;二是"由于国民中学同类型的中等教育太迅速地发展",国民中学受其影响甚大;三是"由于国民中学制度本身太急剧地生长",未能循序渐进(韦善美,马清和,1990)[364-367]。他的分析是就国民中学本身发展问题来讲的。如果就当时国民中学创办的真实情况而言,除了以上原因还有以下这些重要因素。

第一,国民中学创办思想与借鉴西方中等教育的普通中学不同,更加注重解决时代给广西省带来的难题,因此极富本土特色。但国际视野却略显不足,使本土化的三要素发展不平衡,国民中学推广不顺利也就在所难免。

第二,广西社会的落后,使国民中学的基础不稳固。虽然在实施过程中,他已经注意到了这一点,尽量减少开支、精减学校机构,但也限制了国民中学的发展。"吾国在经济上必有生产社会化相当的成就,然后国民中学才可能做成社会化的教育机关。"(韦善美,马清和,1990)[382]

第三,在当时学制中,中等教育变成大学预备科,预备升学成为中学教育的主要功能,而忽略了职业教育。如果有人在中等教育时期便欲谋求职业,必然遭到轻视,至少不为社会理解,更不被父母鼓励。"中等教育的身份,一旦竟变易(异)为大学的附庸,尔后复未能自求解放。这不但中学教育如是,即其他中等教育一层次中的职业教育、师范教育,亦复如是。重以'学而优则仕',久已成为事实而流行于全国。于是,读书与做官遂结为姻缘,难拆难分……利禄遂深中于人心:入了中学便要入大学,唯有入大学然后可以成名,然后可以图利。于是,大学教育遂为有志于求富贵者之终南捷径:大学毕业文凭,便为求富贵者的敲门砖。"(韦善美,马清和,1990)[398-399]而国民中学却反其道而行之,强化职业训练,弱化升学功能,与流俗相悖,这种超前的办学方式必然不被常人接受。

第四,国民中学融入了过多的任务,既要升学又要就业,还要成为一县的文化中心,承担政治、经济、文化、军事等功能,导致自身发展出现问题。国民基础教育也强调"三位一体",帮助社会建设,但毕竟这种教育层次低,属于初等教育,对学业水平、升学、就业等问题影响不大。国民中学则教育层次较高,再如此定位的话,就会失去教育立场,出现泛化现象,不能充分地发挥中学教育培养人才的优势。

雷沛鸿也曾试图解决国民中学的升学与就业困境：

> 我们就横的一方面着意，须求取国民中学能与六三三制中之初高级中学，以至在中等教育层次中之职业教育、师范教育，及其他特殊教育，彼此均密切联系，彼此复分工合作。更在纵的方面着意，国民中学对于前一层次的教育——国民基础教育——必须极力设法衔接；对于后一层次的教育——大学教育——在一方面，固然不可仰大学教育的鼻息，然而在别方面，仍须发挥国民中学所固有的实用教育精神，务须设法使其毕业生得以升入农、工、商、师范专科学校，使其在社会上更富（赋）有服务精神，在民众生活上更有效劳的能力。诚能如是，不但就业不成问题，升学亦不成问题（韦善美，马清和，1990）[401-402]。

但是这更加重了国民中学的负担，实际效果并不理想。

第五，政治因素。新桂系内部省临时参议会参议长李宗仁与省政府主席黄旭初存在分歧。1940 年，省临时参议会为主倡议驱逐民政厅长邱昌渭，实际上是反对黄旭初，双方矛盾表面化，而黄旭初支持国民中学，李宗仁则反对，虽然省政府暂时取得优势，但双方的斗争直接影响到国民中学建设。又如，雷沛鸿利用教育厅厅长职务实现了自己的教育理想，进行本土化教育变革，本无可厚非。但 20 世纪 40 年代初苏希洵任广西省教育厅厅长使问题复杂化，有学者认为苏希洵对国民中学"给予大力支持"（雷坚，1997）[168]，也有学者认为苏希洵对国民中学态度并不积极，甚至暗中阻挠（曹天忠，2004）[303]，可以说是阳奉阴违。这种对行政体制过分依赖造成了"成也萧何败也萧何"的局面。

二、国民大学

（一）筹备与创办

1944 年，雷沛鸿倡导建立国民大学，并与马名海、卢显能拟定了《发展国民大学教育计划大纲草案》。此后多次召开筹备会议，在 11 月第五次筹备会上，决定苏希洵为西江学院董事长，雷沛鸿为院长。1945 年 2 月 22 日，西江学院在广西百色正式成立，招收大学进修生甲、乙、丙班共 20 人。

9月迁回南宁，与私立南宁农业专科学校合并，以南宁津头村的原来广西普及国民基础教育研究院旧址为校址，秋季招生中，大学本科、专科、预科共招收7个班346人。它以"教育为公、学术为公、天下为公"作为立校精神，以"实事求是"为学风，努力创办新型国民大学教育。1947年年底，西江学院设立中国文学、英文、数学、生物、农业经济学、教育学、法律、土木工程等专业系科，学生数达1118人，图书资料有11713册，筹款近1500万元，达到辉煌时期。但1948—1949年逐渐走下坡路，甚至基建经费停发，学院发展举步维艰。1949年后，西江学院的困境有所缓解。1951年1月，广西人民政府将西江学院改名为广西省西江文理学院；1952年3月，教育部批准西江学院并入广西革命大学（现广西大学前身），雷沛鸿调任他职。

西江学院的创办，是教育的变革与创新，是国民基础教育和国民中学教育在高等教育阶段的继续发展，最终期望建立规模宏大、文理兼备的西江大学。按照雷沛鸿的设想：

> 由西江学院发展到西江大学，当为吾人在大学教育上之努力方向。推进学术之博大与精深，普及科学知识之广泛用途，促进团体道德之实践，提高艺术教育的审美人生观，当为吾人在大学教育上之主要企图。训练实用技术人材，造就公忠体国的政治家，养成意志坚强而又智勇双全的民族战士，培植有专门知识，有思想力、审美力、同情心的学者，当为吾人在大学教育上之中心活动。继承文化遗产，创造新文明以适应环境、控制世变，当为吾人在大学教育上之终极鹄的（韦善美，马清和，1990）[443-444]。

西江学院的争议比国民中学要小得多。一是广西的高等教育学校数量极少，毕业生前景可观，人们对其持崇敬与宽容的态度。二是西江学院与现行全国学制相合，并未特立独行。三是西江学院创办时间不长，方兴未艾之际，广西即告解放，其缺陷并未充分显露。

（二）本土化特征

雷沛鸿在自己的办学理想中，一直期望形成基础教育、中等教育、高等教育完整的民族教育体系，在推进国民基础教育、国民中学教育的同时，他开始筹划创办文理兼备的国民大学。而西江学院只是他高等教育理想中的初级实践，最终是建立完备的大学。大学的特性包括：与民众结合、自由思考和科学方法（韦善美，马清和，1990）[463]。大学教育的主要功能有三个："其一，为研究高深学术、扩大复推进知识领域；其二，为培养专门学者及技术专材；其三，为传播智慧（科学技术尤其是生产技术），改善民生。此就中国文化传统言之，可称为'学而不厌，诲人不倦'与'继往开来'及'化民成俗'。"（韦善美，马清和，1990）[472]这是西江学院创办的主要理论基础。作为国民教育体系的最高等级，它又有鲜明的本土化特色。

当时世界文化的趋势，一是民主趋势，指政治权力的大众化；二是经济革命趋势，指生产与分配的合理化；三是文化革命趋势，指文化教育科学的大众化。因此，他认为教育应该在三个方面努力：其一是思想自由，其二是科学方法，其三是学问与权力结合、学问与权力又与民众结合（韦善美，马清和，1990）[481]。英国著名民众教育家和勒殿认为，"大凡一个民族的文野程度常与民众的开化程度相系属，而民众的开化又必以大学为渊源"，社会发展应该先从教育机会平等做起，因此高等教育要"促进思虑的兴趣"、"养成判断的能力"、"推行大学的风化及其感应力于大多数民众"（韦善美，马清和，1989）[302-303]。西江学院吸收了西方优秀高等教育思想的实践，为自身奠定了坚实的基础。它在理论上以柏拉图（Plato）所说的"智慧之为德，于国家则为立法者，于个人则为合理的能力"作为教育本质，秉承陶行知"生活即教育"、"社会即学校"（从杜威的思想演化而来）的理想，进行定式教育和非定式教育（韦善美，马清和，1990）[443]。它设立的目的就是"面对现实，向广西文化以至西江流域文化的缺点挑战，以地方文化的特性做为教育的对象，加工矫正，努力创造新文化"（韦善美，马清和，1990）[514]。同时，也要为世界文明和世界教育做出贡献，不仅为地方建设、国家建设培养人才，而且也为世界建设培养人才；不仅要"创造新中华文明"，而且"有以贡献于世界文明"（韦善美，马清和，1990）[441]。

在实践上，国民大学提倡艰苦创业、白手起家，他以西方许多著名的民众高等教育机构为例来说明这一问题，如丹麦"民众教育之父"格龙维的信徒柯尔特（Kristen Kold①）创办的民众高等学校（韦善美，马清和，1990）[462]，英国的佘田人民大学（The People's College at Sheffield）、工人大

---

① 雷沛鸿有时也把他译为"轲勒"。

学（The Working Men's College）（韦善美，马清和，1990）[479]，美国第三任总统哲佛逊（Thomas Jefferson，1745—1826年）创办的维金尼亚大学①（韦善美，马清和，1993）[502]。而且，他设想西江学院"将以文理科大学教育为中心与基础，有如哈佛学院为哈佛大学的中心与基础，而扩大构成包罗万象的西江大学"（韦善美，马清和，1990）[499]。

西江学院要解决的时代难题和具备的时代精神与国民基础教育、国民中学相似，都试图以教育来实现救国救民的目标。而作为高等教育，它又有自己独特的精神。首先，从大处着想，从小处着眼，由下而上着手，即实事求是地从较高层次的教育开始解决问题。其次，一般青年"不肯好学深思，躬行实践，追求真理，达成高度的学问造诣，只图猎取文凭，名利是务，对于学问事功，一味浅尝辄止，深闭固拒"（韦善美，马清和，1990）[455]，不能适应改造社会的重任，高等教育要给青年人以正确的引导，使他们能够成长为推动社会进步的重要力量。再次，广西推进国民基础教育与中学教育的发展甚速，但也存在着学生尤其中学生程度低下的问题，八年抗战使问题更加严重。"于是，中等教育问题又惹起高等教育问题，这就是如何桥接中等教育，引进青年学子于大学或专科学校。这是现阶段高等教育问题的核心所在，也是西江学院当前教育设施的用力处所在。"（韦善美，马清和，1990）[455]

西江学院的性质定位符合广西本土需要，但这一问题曾经引起一定的争论。按照当时中国教育行政传统，高校按照经费来源分为公立和私立两种，公立又分为国立、省立、市立三种。而西江学院既不是私立，也不是国立、省立、市立，而属于地方公立，即"以各县联立为原则"（韦善美，马清和，1993）[493]，于是冠以"公立"名称，但注册时教育部提出了质疑。雷沛鸿主张以"公立"命名，原因主要有："第一，在法律上，本院与其他国立、省立学校一样受国家法律管理，不能自外生成。第二，在经费上，本院经费来源是由联立各县分担，非出自私人或私人团体。第三，最重要一点，本院的教育设施是要由学术为公、教育为公，做到天下为公。名为公立，更具有天经地义的道理。"（韦善美，马清和，1990）[451]后来，他几经与教育部、广西政府交涉，最终在1946年7月1日西江学院改为"省立"，才得以注册备案（韦善美，马清和，1993）[507]。

---

① 即美国第三任总统托马斯·杰斐逊1819年创办的佛基尼亚大学（University of Virginia）。

西江学院着力解决广西社会发展的现实困难。当时广西尤其是左右江地区依然处于农业社会，工业经济落后，亟须改变现状。西江学院"必须努力参与全国产业革命运动及左右二江的水利事业、造林事业、畜牧事业。盖惟有从实际生活的改善及社会上、经济上地位之提高，以扶植生产者——农业工人——智能之长进，才能于社会彻底改造中，完成公共教育体系的改造"（韦善美，马清和，1990）[443]。学院创立的学科种类如农学、经济学、土木工程、数学、教育等学科就是为了满足这一需要。

西江学院创办时侧重专科教育，主要原因有两个："其一，现代中国教育太过形式化，专工表面敷衍，对于社会实际需要无大帮助，对于广大民众生活尤其漠视。因之，学校教育越高贵，离开现实更远。"因此，学院以专科教育来解决广大民众生活及新中华文明问题。"其二，我国四十年来，教育上一味盲目抄袭外国，高等教育也是依样画葫芦，模仿外国成法，未能面对现实，把握现实，作适应国情的变革，而发挥教育的创造功能。由专科学校以至研究院，制度上没有适当的安排，政策上没有贤明的措施，使获得分工合作的实效。"（韦善美，马清和，1990）[453]西江学院就是要实事求是地探索具有中国特色的高等教育创新之路，不仅为广西社会做出贡献，也为中国教育本土化创新做出贡献。

第四节　融入式办学的"本土生长"

雷沛鸿在广西创立民族教育体系，形成了融入式办学取向。第一，从办学与兴办其他社会事业的关系来看，他注重教育的社会基础作用，将教育事业融入社会事业，以教育改造促进社会改造。他强调教育引领政治、经济、文化、军事等事业的发展，以教育现代化推动区域现代化，展现出教育事业的恒久魅力和基础作用。第二，从所创办各类教育来看，他依靠教育行政权力，将民众教育和学校教育、成人教育和儿童教育、普通教育和职业教育等融合为一体，统称为国民教育，成为一种新型学校体系。教育行政、教育科研、教育出版等机构都为国民教育服务。第三，从本土化角度来看，他以"土化"思想为指导，将西方教育融入广西本土，形成了国民教育体系，注重西方教育在中国的"本土生长"。这种融入式办学体现出教育家本土化办学的创新智慧，清楚地认识到国际视野、时代精神、本土意识的深刻含义，及其均衡、融合运用的时代意蕴。

一、均衡本土化三要素

1946年，雷沛鸿提出："近20年来，热心教育改革运动的人士，不断发出教育'土化'或'中国化'的呼声，避免生吞活剥地移种外国教育制度，而不能在中国的土壤——民众生活——萌芽、生枝、发叶、开花、结果。"（韦善美，马清和，1990）[494]他本人不仅是积极的倡导者，也是卓有成就的实践者。教育本土化应该包括国际视野、时代精神和本土特征三个要素，而且这三个要素尽量保持平衡，否则只注重某一个或两个要素，本土化就会出现偏差，甚至走向歧途。

个人经历使他对三种因素的平衡可以较好地掌握。他认为不能就教育而研究教育，要注意到教育的历史背景和社会背景（韦善美，马清和，1993）[199]。他多年留学西方、多次出国考察教育，对西方教育有着深刻地理解，对西方教育的利弊得失有着清晰地认识，具有宽广的国际视野。近代中国和广西社会衰落、民生凋敝，激发了他强烈的热爱祖国、热爱家乡的情感，决心投身教育以改变中国、广西落后的面貌，具有强烈的时代使命感。自幼生长于南宁，留学归来又在广西、江苏、广东等地从事教育工作，他对中国文化、广西风土人情、社会状况了如指掌，这不仅有利于他掌握教育的本土特征，而且也有利于他更好地开始国民教育推广普及工作。

三种要素密切结合，相对平衡，促进了民族教育体系的创办与发展。国际教育开阔了他的视野，为他的办学提供了理论和实践支撑点。时代精神对他的办学提出了要求，是创办民族教育体系的出发点。中国和广西的本土文化特征则是他办学的立足点。国际视野保证了办学的立意高远，时代精神保证了办学的实事求是，本土意识保证了办学的脚踏实地。只有三要素紧密结合、相对平衡，才能使民族教育体系合理、健康地发展。

基础教育、中等教育、高等教育三个层次都贯穿了三种要素，但具体表现、平衡程度并不相同。国民基础教育平衡程度最高，西江学院次之，中等教育最差。这也直接导致了国民基础教育成绩斐然，高等教育方兴未艾，国民中学一度发展，但争议不断、推进艰难，最终衰落。

二、行政推进教育变革

（一）结合广西政局办学

在办学中努力争取广西新桂系当局的支持，获得了李宗仁等人的信任。所办学校与行政当局提出的"三自"（自卫、自治、自给）、"三寓"（寓兵于团、寓将于学、寓征于募）政策相契合，以教育推进"四大建设"（军事、政治、经济、文化建设）。实施过程中，办学经费、人才、政策等得到当局的大力支持。办学方式采用"三位一体"制，即"一人三长"、"一所三用"，充分运用已经初具规模的地方行政体系，减少了办学的阻力，加快了办学的速度。当然，这也难免出现一些偏离教育立场的问题，他逐渐意识到并力图改进。如"三位一体"制"运用失宜"，"校长不能顾及学校，教师忙于其他工作，教育无专人负责，学校也失去重心。一般国民基础学校，往往有学校无学生，有学生无教师，即（既）有学生教师，教育也若继若续，有名无实；甚至将学校经费挪作别用，遇有视导人员来临，则强拉学生作点辍（缀）。"（韦善美，马清和，1989）[195] 1940 年，他提出可行的三项改进方案：其一，教育须有专任人员，校长之下设立校务主任或专任教师，代替校长处理政务。其二，提高教师待遇，以安定教师生活。其三，发扬民主精神，由地方热心人士组成国民基础教育协进会，决定校长和老师的聘任、去留（韦善美，马清和，1989）[196-197]。

雷沛鸿将国民基础教育与广西施政纲领相结合，得到广西当局的认可。在 1941 年 8 月 1 日公布的《广西建设计划大纲》指出广西要进行政治、经济、军事、文化建设，其中文化建设的纲领：

> 文化建设之最高指导原则，为三民主义。改进社会教育，发展学校教育，适应各部门建设之需要，培养人材，运用学校力量，协助建设之进行，使全体国民皆有接受完全教育，参与文化创造之均等机会，以达成在三民主义原则指导之下，发展学术研究，革新社会意识，造就能适应三民主义国家生活之健全国民之目的（广西省政府，1941）[4]。

国民教育不仅得到了广西当局的鼎力支持，也使广大民众"翕然景从”。据统计，1932—1938 年 7 年间广西教育文化费用总支出仅次于公安费和行政费，居第三位，而 1938 年教育文化经费支出占全省收入的 17.20%，仅次于公安费（占 23.07%），居第二位（广西省政府财政厅秘书室，1938）[57]。抗日战争开始最初几年，教育经费不仅没有减少，反而呈上升趋势，“本省省县教育文化费之支出，历年均递有增加，此为一贯之政策。就廿八年度与廿九年度（会计年度）比较言，廿八年度省经费总数为 34,872,487 元，教育文化费共 4,041,533 元，占总经费 11.58%，而廿九年度省经费总数仅 29,320,927 元，教育文化经费则共为 6,122,527 元，占总经费 20.88%；廿八年县经费总数共 18,349,616 元，县教育文化费 5,381,387 元，占县总经费 29.26%，廿九年度县经费总数共 19,607,665 元，县教育文化费 5,877,230 元，占总经费 29.97%。此其所为，要皆表示政府热心教育之所致也。”（雷沛鸿，1993）[156]我们可以将广西与其他地方做一对比，1935 年同为西部省份的四川省教育经费为 180 万元，“占岁出的 2.65%，估计在此以前，历年教育经费均不会超过此数（据《四川教育新潮》1920 年 5 月王叔钧文记载，1919 年为 146 万余元）”；从全国来看，“自一九一一年至一九三四年之间，中央政府教育经费从未超过总预算的 3.27%。其中民二十三年（1934 年）度仅占 2.7%。”（陈维谨，1988）[151]可见，当时广西政府对教育投入还是相当高的，对教育迅速发展普及具有重要意义。在基层村镇实行政教合一的“三位一体”制，虽然施教能力、教育独立等受到质疑，但在人力短缺、财政匮乏、贫困落后的广西，这不失为一种快速推进国民基础教育的良方。

（二）运用行政权力办学

雷沛鸿作为广西省教育厅厅长，具备了与其他民间教育家不同的办学优势，这就是他的行政权力。他创办的民族教育体系及教育研究院等都是官方性质，不论是教育规划、教育立法，还是教育经费、教育人才，都是通过行政权力获得。中国文化中，民众对政治权威认同感、归属感、屈从感较强，这种办学方式的推广力度、办学效果、普及速度、影响力要比民间推广好得多。比如，在解决教育经费困难时，他鼓励地方乡绅捐资助学，且经常让省政府出面公开表彰，如 1940 年 12 月表彰思恩县韦茂林捐资兴学，授予其一等奖章（广西省政府，1940）[8]。但也带来一定的负面影响，如强行推行造成一定的问题，国民中学的就业与升学即是典型例子；行政规划可能出现不符合社会实际和教育现状的问题；施政过程中，未能制定好纠偏机制，对一些质疑和争议采取了行政压服的方式解决。

（三）加强教育立法

雷沛鸿希望将办学成果延续下去，避免"人去政息"。这种思路正确，但现实效果不佳。他专门研究过西方政治、法律制度，在办学中注重教育立法。如《广西普及国民基础教育研究院组织大纲》、《广西国民基础学校办理通则》、《广西国民中学办法大纲及组织规程》等，前已详述，此处就不一一列举。他的用意是用法制来规范办学、指导办学，将自己的教育理想变成广西省的教育行政制度，在他离职后这些办学活动也可以继续推行下去。但是，实施中只有国民基础教育比较顺利，国民中学曲折最多，西江学院虽有所发展但未实现自己的大学办学理想，这与纷乱政局、对政治依赖有关。

三、整体构想，体系推进

（一）理论先行，及时调整政策

为了使所办教育能够真正符合广西本土实际，雷沛鸿非常注重调查研究。为推广国民基础教育，设立了广西普及国民基础教育研究院；为促进国民中学、西江学院发展，设立了广西教育研究院。在研究院中，他聘请了许多教育专家研究广西教育实际和各种教育问题，提出切实可行的解决方案，为他办学提供了理论基础和智力支持。在推广普及国民教育中遇到许多困难，最急迫的是经费和师资的缺乏，他不仅有针对性地制定了计划，而且在实施过程中还根据情况变化及时调整方案，如为解决师资困难而实行"互教互学"，调整"三位一体"方式中忽视教学问题的措施等。

（二）重视整体计划，逐步系统推进

雷沛鸿主张教育与社会其他系统和谐共进，这符合当时崇尚政治权力和军事实力之风。他认为以前的教育事业是"支离破碎"的，教育变革要注重相关性（co-ordination）和整个性（integration），因为"生活具有整个性，所以教育亦必须具有整个性"（韦善美，马清和，1990）[188]。教育事业属于

社会事业的一个有机组成部分，它不能脱离整个社会组织系统而独立存在。因此，他主张"现代的教育要从广义来看，这不仅是从内涵上去扩大，而是从外延上来伸张。内涵是指本身之组织、教材及方法等；外延则指本身跟其他各方面之关系。教育的内容主要是各种的教材，外延则是对政治、文化、经济、军事等之关系。从前以为教育是自成一个天地，与外界无涉，此种态度我们现在已不复保留"（韦善美，马清和，1993）[200]。这种观点与此前的教育独立不同，主张教育与政治、经济、军事、文化等事业合作，共同推进区域现代化，这与卢作孚的思路是一致的。

国民基础教育本身体现了整体性。从内部来看，它将儿童教育与成人教育相结合，使学校教育与社会教育成为一个整体；课程上将知识教育与技能教育相结合；教学方法上采用"教学做"合一的原则。他打破了正规教育与非正规教育的界线，统一为国民教育。"在某些场合，教育无论在非正规教育或正规教育层次上，是被传播或安排的。"（佩尔·索拉，2001）[62]因此，融合两类教育是当时中国落后的文化教育现状决定的。

他在国民基础教育的基础上又兴办了国民中学和大学教育，使其成为一个完整的民族教育体系。中国地域广大，即使在广西一省，"教育设施决不能全省雷同，千声一律；反之，教育设施必须因地适应，并因时制宜。"（韦善美，马清和，1990）[291]故教育制度不宜做到全国一致，要具有一定的灵活性，但又要有整体性的规划和标准。"国民中学制度本身应构成一个单位体系，中等教育制度应构成一个较大单位体系；学制应构成一个更大单位体系，民族教育体系应构成一个最大单位体系。然而无论哪一个体系，这体系属于哪一教育层，层层个个都饶有弹性。"（韦善美，马清和，1990）[359]这样，教育"为完成各种建设的工具，有整个的系统，有一贯的精神。故推行迅速，成效较大"（中国社会教育社广西考察团，1937）[43]。

四、人本主义教育理念

（一）推广普及中的民众观念

教育是普通民众的基本权利，也是社会进步的基本保证。但是"由清代末年以入民国，新学校次第兴办，教育制度为之大变；然而教育上所有机会仍是不平等已极。按实言之，现行学校制度在中国尚未免缺乏社会的立场"（韦善美，马清和，1989）[9]。因此，"社会之对于小己，国家之对于人民，普及教育，无可辞之义，亦无旁贷之责也"（韦善美，马清和，1989）[16]。于是，他"大发宏愿，愿以有生之日，为穷而失教之劳苦大众教育事业而奋斗"（韦善美，马清和，1989）[6]。国民基础教育主要体现了教育大众化的理想，要为大众谋取福祉。它"把义务教育与民众教育合冶一炉，其收效自较各省义教与民教隔绝不相联络者为大"（中国社会教育社广西考察团，1937）[44]，而且"教育内容要以民众生活为中心，使之充分发挥其改造社会的功能"（韦善美，马清和，1990）[160]。他照顾到广西少数民族众多的实情，除在汉族聚居地区实行国民教育外，在少数民族地区实行"特种部族教育"，简称"特种教育"，提高了少数民族民众的文化水平。国民基础教育研究院也主要"倾向于群的活动，倾向于大众化，倾向于平民化，倾向于实际化"（韦善美，马清和，1990）[151]。同时，三位一体的推广方式、互教互学的教学方式等都体现了大众化特征。

（二）人本主义

教育不但要为本省、本国民众谋求福祉，更要为世界文明做出贡献。

在人类历史进程中，教育实与各种灾祸互为消长，彼此赛跑。如果教育被重视，教育能率先长进，人类自可日趋于文明进步，而保世滋大；倘若教育落后，灾祸肆虐，则不特导致文明没落，人类且有沦胥之惧。本院实体察两次世界大战的痛苦经验而创设，在世界文化潮流激荡之下，吾人痛定思痛，愈觉社会的民主、人类的自由、世界的和平为难能可贵，愈坚信教育对于新中华文明乃至新世界文明的缔造，自属责无旁贷、义不容辞（韦善美，马清和，1990）[482]。

雷沛鸿重视办学中人的因素和人的训练，在谈及国民基础教育实验中心区时，他指出："我们实验的对象是人类，人类是有生命有独立人格的，我们应该尽量给他们以自动自发之机会，决不能因为他们不听我们的实验，而迁怒于他们。"（韦善美，马清和，1990）[145]

因此，我们办学中就要勇敢地面对困难与阻力，不要轻言放弃，不能随便妥协。"国民基础教育之成功与失败都在我们心力上来决定！好自为之而成，疏忽则败。在此时期，同工应各具一样宗教家的精神，以相与从事。"

（韦善美，马清和，1993）[222] "国民基础教育的师资，也要有墨西哥师范生的那样的宏愿、热忱和毅力，那样的努力为民众服务，国民基础教育才有成功的希望。"（韦善美，马清和，1993）[224]这本身就是人文精神的体现。

五、局限性与教训

（一）程度不高

国民基础教育是适应当时的社会发展状况的，随着社会发展、教育普及，这种教育体制还是要与时俱进的。因为国民基础教育虽然不仅有识字教学，还有实用技术教育，但毕竟是比较低层次的教育，人民物质条件、教育水平提高以后就不再满足于现状，会要求接受更高层次的教育。广西政府也意识到这一点，试图提高国民基础学校学生程度（广西省政府，1942）[6]。雷沛鸿创办国民中学、西江学院的初衷也是为满足这一要求，但终究层次不高，成就和影响不及国民基础教育，而且非议和挫折更大。

实际上，国民基础教育本身也应当在普及之后不断提高层次与教育水平。"国民教育不能浅尝辄止，更不容敷衍了事，浅尝辄止、敷衍了事，诚不足以创造现代中国的国民。"（韦善美，马清和，1990）[371]国民中学试图做这种努力，"因为在现实社会的现阶段，我们的国民基础教育，无论处境如何困难，都要求其普及；但在事实上按实言之，在目前实在还不能普及；至于国民中学教育当然更不能普及了。所以说国民中学教育不是普遍的教育就是为此……它时常注意于教学生怎样做人，怎样做国民，怎样做世界公民。"（韦善美，马清和，1989）[169]但是，中学教育界于小学与大学之间，普及教育与升学教育之间的张力很难把握，导致了升学与就业等许多问题。同时，国民大学教育层次较高，但全省只有一所，且方兴未艾，与广西大学相比也有差距。

（二）任务过多、过重

国民教育承担了社会发展的重任，超出了教育力所能及的范围，反而冲淡了教书育人的任务。1937年，省政府明文规定，只有一名教师的国民基础学校，其教师兼任乡镇村长时仍以教学为主，尽量不要派遣教师执行外勤（广西省政府，1937）[51-52]。尤其是国民中学试图解决升学与就业的双重问题，使其定位不明确，毕业生升学时学业程度不够，就业时又不善于实际事务。因此，它处境尴尬，是其饱受质疑、推广受挫的原因之一。就如同当前的职业高中教育一样，职业技术与社会需求不相符合，而升学人数有限且只能升入高等职业学校，报名人数、学生素质、就业前景等均不容乐观。实际上，初等的基础教育功能多一些，问题还不太突出，因为毕竟教育内容浅显，专业性不强，也不会有太多的就业等要求。但中等、高等教育则不然，专业性强，而且毕业生对升学、就业的要求较高，如果不能很好地解决，则会引发一定的矛盾和问题。负担过重，参与过多，使教育失去了自由发展的基础。学校成为多元化的定位，不能专心于教育事业本身，而是更多地被社会事务所占用。这在文化教育不发达时期，迅速提高广大民众的文化素质，推进社会经济文化的变革，改善文人环境等方面具有积极作用。但它只是暂时的措施，不能作为长久之计。

（三）有成就也有争议

经过多年的建设，广西初步形成了民族教育体系。其中，国民基础教育推行比较顺利，效果好，成就大，争议少；国民中学则争议最大，效果一般；国民大学（西江学院）发展较为顺利，方兴未艾。究其原因：一是国民基础教育层次较低，属普及教育范围，人们对升学、就业等问题期望值不会太高，政府也会大力支持。而国民中学在升学与就业中徘徊，高不成低不就，处境尴尬，这也是当前中学教育的困惑，虽然升学已经成为中学教育的核心目标，但中学教育的定位依然是争议的焦点问题。国民大学的教育层次较高，且符合当时的全国学制，虽然办学理念有创新，但对大学自由办学还是比较宽容的，而一般人又不敢轻易地对大学教育发表意见。二是国民基础教育可以提高广大民众的文化素质，对政治、经济、文化、军事建设都有推动作用，能得到政府的大力支持。国民中学培养的人才水平较高，不少是政府建设中急需的，但也会形成较强的自由、民主等观念和批判意识，对当局统治不利，因此政府对国民中学态度时有变化。国民大学学生知识水平更高，但毕竟人数极少，政府对其适当加以控制则不会出现较大问题，政府对此基本持支持态度。三是推行理论。国民基础教育采用"三位一体"方式推进，基础教育学校承担了许多教育之外的任务，在初等教育中尚且可行。教育层次越高学校专业化程度也就越高，但国民中学、国民大学试图延用基础教育的推广模式，依然承担"定式教育"和"非定式教育"双重教育任务，还有非教育的责任，使学校教育走向泛化，教学中的功利性、实用性增强，偏离了教育的自身追求，致使推行过程中出现一定挫折与阻力。这其中有国民中学自身发展中理论与实践的弊端，也有来自外部条件的掣肘与阻力。尤其是雷沛鸿过于强调本土特色、教育与政治合作，反而使教育迷失了自我，失去了自主性，使国民中学的矛盾更加复杂。这样，在国际视野、时代精神、本土意识三个因素中，国民中学处理得不够平衡，过于强调本土意识。

第三章

互摄式办学：卢作孚在四川境内的办学创新

如果说雷沛鸿"融入式办学"是利用广西省教育厅厅长的行政职务，从教育事业内部推行自己的办学理念，推进广西全省教育变革；那么卢作孚则是由教师转变为实业家和政府官员，从教育事业外部通过经济、政治手段来办学，在四川部分地区（北碚、民生公司等）推动教育发展，使办学与其他事业形成互动。就本土化来说，卢作孚未能像雷沛鸿那样明确地提出"土化"或"中国化"，但在办学实践中处处从中国和四川地方实际出发，在"本土创生"的办学中注重教育与其他事业的互动，体现了本土化办学的三个要素，形成了富有本土特色的"互摄式办学"取向。

一般认为，卢作孚是近代著名的实业家，但实际上他一生致力于教育事业的发展。1948 年，他曾说："自己现在是办实业的，但实际是一个办教育的，几乎前半生的时间都化（花）在办教育上，而现在所办的实业也等于是在办教育。"（卢作孚，1999）[640]他将实业救国和教育救国合而为一，"集数学家、教育家、乡村改革家、实业家之大成于一团"（陈代六，1993）[83]。有学者将卢作孚的教育活动分为三个阶段：在川南泸州推行新教育（1921年初—1922 年夏）、在成都倡办社会通俗教育（1924 年春—1925 年春）和以北碚为中心开展乡村建设实验与职工教育运动（1926—1952 年）（吴洪成，等，2006）[255-256]。本书主旨是分析卢作孚本土化办学，其成就主要集中在最后一个时期，因此本章拟用三节分别叙述卢作孚早期（1925 年之前）办学成就、北碚乡村办学、民生公司职工教育，最后第四节总结概述。

第一节　办学思想和早期办学实践

一、本土化办学思想

在近代中国备受欺凌，整个社会受到西方强烈冲击的背景下，卢作孚认识到中国要崛起、四川要发展，必须普及教育。

> 教育为世界文化之根源，提高民族之热力。就纵而言之，其作用在求学理之精深。就横而言之，则在谋民众知识之普及。至学理之浅深，固视其学府程度之高下而不断，而知识之是否普及，视其国民识字之多寡为衡。教育之良窳，关系一国之兴衰，中外古今，理无二致，谋国者诚不可不注意及之也。近代号称强国，无一而非教育发达所致。文化衰落者，虽大国不免于灭亡，文化精进者，即最小民族犹得保其存在（凌耀伦，熊甫，1999）[169]。

这坚定了他毕生从事教育事业的信心和决心，以至他办民生公司也是在"办教育"。

（一）办学思想的背景

1. 当地社会发展状况

四川军阀混战，各自为政，民不聊生。据当时调查四川峨眉山 25 户农民，1926 年每户平均年收入 176.1 元，但支出 196.6 元，反而亏欠 20.5 元（庄泽宣，1939）[34]。而且"四川人太没有问题——太没有公共的问题了。虽然近几年来，颇有人着眼于地方的经营，市政、交通、教育、实业都在逐渐提倡，不能不算是四川进步的现象。但究竟是个人为中心的事业，而没有以事业为中心。以个人为中心的事业，只能奖励人皆各为其个人，绝不能促成一群人的团结"（凌耀伦，熊甫，1999）[69]。这就要求通过教育来改变现状，提高民众的公共意识，为四川建设做出贡献。只要大家都能为国家为家乡做出自己的努力，着眼于公共事业，中国和四川就有希望。"所以四川的问题不是没有办法，是没有人，我们所希望的亦不是天生圣人贤人，是要一切人有训练，是要有力量的人都为四川训练人，都为四川未来的办法训练人，不要训练人各为其自己，或更相互间准备战争。"（凌耀伦，熊甫，1999）[79] 因此，民众教育是值得注重的办学方向。而中国乡村具有重要地位，要改变中国落后面貌，就要先从乡村入手。然而，"乡村的朋友不但不懂得建设事业，而且不愿有，深（生）怕有建设的事业；不但是无知识的人们是这样，尤其是那在乡村的地位很高，名望很好，权力很大的人是这样。因为他们另有经营的事业，是他们向来把持着经营的。"（凌耀伦，熊甫，1999）[86]

2. 西方和国内乡村教育情况

卢作孚的学习经历与雷沛鸿迥异，未能出国学习、考察教育，对乡村教育只能通过阅读国内译著、介绍来了解，或者参考国内其他乡村教育。1930年夏，他率领北碚峡防局和民生公司考察团，历时一个月时间，从上海出发考察了东北等社会建设情况，回来后写成了《东北游记》一书，获得了许多中外社会建设和教育发展的经验。他善于通过向国际友人学习来吸收世界先进文明成果，与许多外国友人关系密切，如创办华西大学的美国人约瑟夫·毕启博士、加拿大驻中国大使欧德伦将军等。这反映了他重建中华文化的"实事求是的气度和开放的心态"，使他个人价值的实现与对国家民族的贡献达到相当的高度。因此，"卢作孚一生都没有正式成为西方或中国的现代大学的学生，而且到50多岁才有机会出国考察，正因为随时注意学习和吸取，他能够比较清醒地认识中国与世界，他的经济建设和管理思想总是能够跟上潮流，他的事业才能够走在时代前面。"（周永林，凌耀伦，2001）[144-145] 同时，他积极与国内乡村建设团体联络，参观学习先进经验，如1922—1923年，他曾参观黄炎培的中华职业教育社和中华职业学校，影响了他在民生公司进行的职业教育。而且，邀请他们来四川和北碚帮助建设工作，抗日战争期间许多文化教育机构迁到重庆和北碚，为他引进人才、学习经验提供了优良的条件。如晏阳初和平民教育促进会等。1935年，他曾去广西参观国民基础教育运动并作演讲，指出改变社会最可靠的方法便是教育运动，"广西的建设运动，也可以说是一种教育运动"，"广西的事业已经多了，似乎比任何地方都多"，已经出现"为了一个建设的公共理想的需要而成功、和谐和合作的局面"（凌耀伦，熊甫，1999）[402-403]。他邀请全国知名科学、教育等机构来四川，如1930年秋，中国西部科学院在北碚成立，1944年12月，中国西部科学博物馆在北碚成立，1933年，促成中国科学社在北碚召开第十八次年会，借此促进四川文教事业的繁荣。他聘请大批专家学者来四川帮助建设，如教育家周勖、郑献征，水稻专家赵联芳，留英船舶专家张文治，留德机械专家周茂柏，留德经济专家张梁等。这些具有国际视野、富于时代精神的团体与专家，不仅促进了四川文化教育的发展，而且给卢作孚提供了国内外乡村教育的丰富经验。

随着资本主义经济的发展，西方乡村教育取得了丰硕成果。丹麦以农业生产为主，美国以工业生产为主，它们的乡村教育为中国所熟悉，成为国内乡村教育的重要借鉴。丹麦倡导乡村教育的教育家主要有葛龙维和柯尔特（雷沛鸿译为格龙维和柯勒），1865 年，他们在阿斯科夫（Askov）建立了第一所民众高等学校，各地也有建立，不进行入学考试，不发毕业证书，一般从事农业工作四五年以上方可入学，利用农闲时间学习。1892 年，丹麦国会通过了《民众高等学校条例》。1880 年，丹麦开始推行合作运动，各地民众高等学校的学生成为乡村教育的主力，兴办了小农学校、家政学校、地方专门农业学校、实行乡校等教育机构，此后民众教育有了长足发展，影响波及瑞典、芬兰、挪威、美国等地。

美国在殖民地时期就开始兴办乡村学校，1830 年后，乡村学校逐渐演变成为公立的乡村小学，1862 年，实行免费乡村教育，并不断提升学校办学水平，以求平衡城乡初等教育，但许多农村儿童去城市求学。进入 20 世纪以后，美国开始扩展乡村学校，使其成为改造农村的策源地，主要在成立青年团体、建立乡村图书馆、设立农业推广机构、团结农民、改进乡村学校等方面努力。

综观丹麦、美国乡村教育的特点：一是着眼于整个乡村的改造，教育不限于学校以内；二是成人教育和儿童教育并重；三是注意农业合作化，以改造农村经济；四是注意农民团体组织，小则推动地方事业，大则参加国家政治（庄泽宣，1939）[70]。

20 世纪 20 年代，中国已经开始了自己的乡村建设运动。乡村教育是乡村建设最重要的部分，乡村建设又是中国建设的最重要的组成部分。一般认为，乡村建设的目的：一是保留成人及儿童长期在农村，二是培养儿童及成人从事农业，三是改造乡村社会，四是创造乡村文化。庄泽宣认为，除此之外还有第五个目的，即培养乡村人民具有与城市人民携手共同改造整个社会的能力（庄泽宣，1939）[72]。

20 世纪二三十年代，中国乡村建设已经取得了一定的成就，全国 600

余个乡村建设团体在十几个省中建立了上千个乡村建设实验基础。例如：1904 年，留日学生米迪刚在河北定县翟城村开始乡村建设运动；1926 年，晏阳初、傅葆琛创立的中华平民教育促进会选定此处为华北实验区；1936 年，平教会应四川省政府和建设厅（当时卢作孚任四川省建设厅厅长）之邀请为该省进行乡村建设设计，后来建成华西实验区。这些乡村建设实验为卢作孚提供了丰富的经验。因此，卢作孚与晏阳初、梁漱溟被并称为民国时期"乡村建设三杰"。

3. 当时办学的弊病

近代中国虽然颁布了一系列学制，初步建立了现代教育体系，但教育发展依然落后，尤其是农村办学水平极其低下，成为社会发展的障碍。卢作孚认为主要有四种弊病。

第一，教育行政敷衍了事，未能根据中国实际制定出合适的教育制度和教育政策。"我国教育徒颁法令，不责效之实现与否，但凭簿书，不问事之真际，此腐败之习，正国家之病，当从根本上图救治。"（凌耀伦，熊甫，1999）[2]

第二，教育改革抄袭欧美，不能根据中国特点办学，实现本土化。"若以欧美列邦比较而观，则其教育可谓良矣，至少亦良于吾人之所施；然而彼教育家求发现更良之法，乃皇皇如不及，研究施行，相辅并进，改革速度，日有加增。"（凌耀伦，熊甫，1999）[8-9]不过，中国以照搬照抄的方式学习了西方的教育模式，使农村、城市中的儿童受到教育，他们都不愿意当农民、工人，而是愿意到城市中的商店、银行、公司、政府机关等去工作，卢作孚对此非常担忧："目前我国每年中学毕业的学生以十万计，大学毕业的也以万计，读书人年年加多，政府机关的人也年年加多。如果一国人口，全读了书，岂不全是公务人员，会没有一个老百姓了？"（凌耀伦，熊甫，1999）[642]因此，教育亟须进行本土化变革。

第三，乡村教育极端落后，与城市差距越来越大。"乡村教育的经营远在城市以下，乡村教育的需要却远在城市以上……乡村是不断的供给城市人口的地方，如因教育缺乏，供给的都是无知识的人口，那不惟于城市文明没有帮助，反而妨碍不小。乡村教育如果不发达，不但是乡村问题，而且变为城市问题了，可见乡村地位十分重要。"（凌耀伦，熊甫，1999）[88]

第四，四川教育尤其落后，影响本省建设，应该加以改正，发展教育。"我国之从事新兴教育已数十年，而其结果乃日形退化，识者病焉。至于吾川则以连年内战之不息，交通之不便，文化衰落，更有江河日下之势。循是以往，恐文化亡而国亦随之耳！迩者，教育救国之呼声甚嚣尘上，爱国之士奋起直追者亦大有其人。"（凌耀伦，熊甫，1999）[169]

（二）本土化办学思想

卢作孚的办学思想比较复杂，而且有阶段性。1927 年以前，他怀着教育救国的理想，投身于教育教学和学校管理之中，试图以教育来改造社会。后来，在北碚和民生公司办学，则以经济、政治来引领教育，从教育外部来统摄教育，这与雷沛鸿以教育引导社会发展、推动社会建设的思路不同。

1. 教育平等

教育平等是欧美等地近代教育思想的一个重要基础，"人人皆有天赋之本能，即人人皆应有受教育之机会"（凌耀伦，熊甫，1999）[8]，已经成为各国的共识，这给落后的中国教育提出了基本要求。因为"人的成功不是要当经理、总经理，或变成拥有百万、千万的富翁，成功自己；而是盼望每一个人都有工作能力，都能成功所做的事业，使事业能切实帮助社会"（凌耀伦，熊甫，1999）[411]。这正是教育应该给予每个人的帮助，尤其是乡村等落后地区，每个人接受最基础的教育还是奢望，因此乡村教育的任务更加急迫。

2. 教育救国和教育独立

这是他早期办学时期的观点。从国家的角度来看，世界已经进入了工业社会，中国只能奋起直追，因为"世界既成了现代的世界，任何人都逃不出现代的集团生活，而且还需要忠实努力拼命以求胜利"（凌耀伦，熊甫，1999）[311]。中国古代就有"建国君民，教学为先"的说法，近代中国要救亡图存，必须发展教育，因为"一切病象，皆缘于人，须教育救治之；一切事业，皆待于人，须教育兴举之"（凌耀伦，熊甫，1999）[10]。对于近代中国而言，"教育尤其根本，国中万事，希望若绝，寻求希望，必于教育事业"（凌耀伦，熊甫，1999）[5]。然而，中国政府和各地军阀只知争权夺利、扩充地盘，"独不思教育为国家根本大计，法治赖以立，实业赖以兴，军备赖以裕，即为国家所赖以存"，因此"今日不可不谋教育独立，以促教育整理"（凌耀伦，熊甫，1999）[2]，这种教育独立主张是当时包括蔡元培在内的大部分教育家的共识。"盖一国之教育与其政治恒互为因果，一政治之施，必赖教育为之倡导；一政治之良，必得教育为之扶植，则是教育也，实立于政治对峙之地位，而未可忽视也。岂惟政治然哉，即社会上凡百事业，孰非以教育培之根底者。"（凌耀伦，熊甫，1999）[3]

雷沛鸿反对教育独立，主张教育与政治合作，这与当时广西省内统一、新桂系大力支持国民教育有直接关系。卢作孚则"始终认为教育为救国不二之法门……吾将更进一步论教育经费之宜谋扩张；教育之宜谋独立。要即欲教育有完全独立之精神，不受外界之逼拶，及为其他政潮所牵引，以尽教育之能事，得在亚洲大陆放一异彩，致国富强，毋落人后"（凌耀伦，熊甫，1999）[1]。不论是教育独立，还是教育与政治合作，其根本目的是一致的，都是发展教育事业、提高民众文化素质以救亡图存。当然，由于前期办学的失败，卢作孚放弃了教育独立思想，转向教育与社会事业的互动。

3. 切合四川和北碚实际

虽然西方教育比中国先进，各项制度措施被引入中国，但卢作孚认为不能照搬照抄。因为，一方面，中国、四川的情况与欧美不同，盲目抄袭会事倍功半，效果不佳；另一方面，"教育事业，经世界甚多教育家之研究，迄于今兹，仍不能谓已发明有可以共循之途径，共采之方法，而不可移易，仍方在研究与改进中，其称最良者，即研究之事日精，其改进也亦日增，其可靠之效率而未有已也。"（凌耀伦，熊甫，1999）[6] 中国应该加强教育研究，形成富于本土特色的办学模式，才能成为教育之中"最良者"。

卢作孚认为，综合考虑各种教育状况，制定切实可行的发展计划，才能使教育得到应有的发展。具有来说，"（1）社会教育从城内经营起，同时巡回到四乡去。（2）义务教育须有统筹的计划，而从急切需要的区域经营起。（3）各级学校，依于社会需要的缓急，次第设施。（4）教育经费，须尽先以最大部分增加于教育事业上的设备。"（凌耀伦，熊甫，1999）[22]这样，我们才能将教育问题、财政问题、军事问题等公共问题很好地解决，"把它作为四川人的公共理想，我们相信，可以消灭各方的纷争，可以慰安一切感觉无办法的人的灵魂，可以把天国移到人间，亦可以把凡人渡到天上。"（凌耀伦，熊甫，1999）[76]

4. 教育构想

（1）教育目的。强调办学要训练人，为社会服务。"人的训练有三个要点：第一要他们的头脑有现代整个世界那样大，能够在非常明了的整个世界的状态之下决定他们自己的办法；第二要他们的问题至少有中华民国那样大，在非常明了的国家紧急状态之下决定他们自己的任务；第三是要他们在可能的范围内创造一个现代的物质建设和社会组织起来，无论在交通方面、产业方面、文化方面或其他公共生活方面。"（凌耀伦，熊甫，1999）[353]

（2）学校教育。一是普及小学教育，主要致力于调查学龄儿童、筹措教育经费、培育师资、设置学校等；教学中"不仅仅教学生读几句死书，应如何训练他们认识自然，认识社会，并训练他们对人作事，各种生活的能力"（凌耀伦，熊甫，1999）[75]，主要通过实验及观察的教学方法，"训练在家庭中、在政治中、在职业上、在交际上、在游戏上……的种种优良行为。"（凌耀伦，熊甫，1999）[42]二是扩充中等教育，满足儿童升学就业需要，"一方面应小学毕业生升学的需要，他方面准备学生升入专门学校或大学，尤其准备到社会上去应用。"三是大学教育则应该以"四川所有的社会问题——政治、教育、经济、宗教、种族、人口等等问题，作为研究的对象，以其所得贡献于国家，并贡献于世界上"（凌耀伦，熊甫，1999）[75]。

（3）社会教育。应该兴办图书馆、博物馆、运动场等，定期举行集会演讲，以教化民众。这需要众多的专门人才，四川省不能满足需要则向全国延揽人才；也需要众多的办理经费，应该尽力想办法解决。通过社会教育以辅导改善家庭、职业、政治、游戏等实际生活为主；同时，辅导解决社会当前的政治、经济、教育问题。主要教育方法："（1）创造模范的事业引人参观；（2）表演，利用新旧戏剧与电影；（3）演说；（4）利用书籍、图画、传单等使人阅览。"（凌耀伦，熊甫，1999）[43]这样通过教育的力量，"可以使糊涂的四川人聪明，可以使无办法的四川有办法，可以领导人把四川经营好，而且使全中国受好的影响。"（凌耀伦，熊甫，1999）[76]

（4）职业教育。教育对一个人的成长与发展有着至关重要的作用。"它有直接的报酬，是你做什么就成功什么……它有间接的报酬，是你成功的事业上，帮助却在社会上……最好的报酬是求仁得仁。"（凌耀伦，熊甫，1999）[289]职业教育也是如此，而且它不仅要求在专科学校学习职业知识与技能，也要在工作岗位上加强学习与培训。民生公司职工要穿公司的制服，"是要表现事业精神。"（凌耀伦，熊甫，1999）[371]民生公司职工教育要："第一，由公司发起一职工教育联合会，凡任教师的都为会员……第二，以每一个机关为一个学校，依程度高下划分班次……第三，新世界应特辟职工教育运动专栏，专载各部分职工教育运动的消息，所提出的问题及方案……第四，每季应由会派人赴各部分考试……第五，举行成绩展览会……第六，提倡参观……以上各种办法，非偶然择其一二施行，要须全部施行，又互相有联络，才有效力。"（凌耀伦，熊甫，1999）[377-378]这样，民生公司对于职业进行了持续不断的教育，"我们就得供给他们以公共活动的地方和设备，让他们有参加运动、音乐、社交和旅行的机会，欣赏戏剧、电影和游览公园或名胜的机会。他们最感需要的是简单数字的计算，简单绘图或英文名词的使用；我们就得去替他们办补习学校，教他们必要的算术、几何画或英文。"（凌耀伦，熊甫，1999）[518]这为民生公司职工素质提高起到极大作用，也是民生公司成功的重要原因。

（5）教育行政。各级教育行政部门要管理省办教育事业、监察并辅导县乡教育事业、监察并辅导私人经营之教育事业。其主要职责包括："（1）筹措经费；（2）设置学校；（3）视察教育状况；（4）调查并统计教育事业上各种应有之数量；（5）研究教育设备、教材、教学及训育之方法；（6）奖励良好的教育事业并取缔不良的教育事业。"（凌耀伦，熊甫，1999）[43-44]

二、早期教育实践

卢作孚最初心怀教育救国的理想，致力于发展教育事业，却未能如愿，于是又开始创办实业，走上了实业救国的道路，但他一生都与教育有着密切联系。他早期的教育实践指1925年之前的教育教学活动，主要包括三种。一是从事中小学教学，16岁以后在成都一边自学一边任补习教师，此后他先后在江安县立中学任数学教员、合川县福音堂小学任算术教员、合川县立中学任监学和数学教员、重庆第二女子师范学校任副董事长和国文教员。二是1921年年初—1922年8月担任四川省永宁道尹公署教育科长，从事教育行政管理。三是1924年年初—1925年7月应杨森之邀，在成都办理通俗教育馆，从事社会教育工作。这期间，他对学校教育、社会教育、教育行政有了较为深入地了解，形成了独特的教学和管理风格，大胆创新和贴近本土的办学理念使其在教育事业中崭露头角，为他进一步办学积累了丰富了经验。

1. 对时代命题的呼应

在学校教育中，卢作孚努力增强学生的自学能力，培养学生适应社会、解决实际问题的能力，这正是当时教育所缺少的。社会教育中，他兴办图书馆、运动会、博物馆、戏剧表演等，以老百姓喜闻乐见的形式来推行教化，以丰富民众的生活、拓宽民众的视野、启迪民众的思想。这些都是他的教育救国思想的具体体现，但由于军阀混战、社会动荡，教育救国理想屡遭挫折，于他转向实业救国。

2. 吸收借鉴基础上的自主创建

卢作孚做教师时教过数学和国文，认为数学不仅是要让学生学会计算数字，更重要的是训练学生的思想，"使紊乱的思想，变为有条理、有次序、有系统的思想。所以惟一的施教方法，就是教学生如何去思想，并且如何把思想活用到数学上去。"（凌耀伦，熊甫，1999）[528]国文教学也锐意创新，不照本宣科，作文不命题，这与当时流行做法大为不同，引起了一些争论，但学生很感兴趣，教学效果很好。

在永宁道，卢作孚聘请王德熙、恽代英到川南师范学校分别担任校长、教导主任，又聘请少年中国学会成员穆济波、周晓、胡兰畦等到川南各校任教，带来了先进的教学和管理思想；他还带领所辖 25 所中学校长到上海等大城市参观考察，学习先进的办学经验。这样，他提高了永宁地区的教学、管理水平，使川南师范等学校面貌焕然一新。1922 年，由他主编的《教育月刊》在永宁道出版，用以研究中外教育和本地教育实际，促进教育变革。他主张打破教科书局限，让学生到自然界和社会中去进行学习。

卢作孚以高瞻远瞩的视野、不屈不挠的精神、自主创新的气魄，在学校教育、社会教育、教育行政上取得瞩目的成绩，可惜的是在各项工作中给他的机会和时间太少，这种自主创建是有限的。

3. 因地制宜的办学策略

卢作孚的办学思想是切合实际的，不是好高骛远或沽名钓誉的，因地制宜是其办学的主导思想。教学中讲解"温度"时，他让学生亲自观摩测试学校的寒暑表、附近医院的体温表、染织厂的温度表、理化研究所的温度表，学生学到了实用的知识，比抽象地背诵华氏、摄氏、列氏温度计算法教学效果要好得多（凌耀伦，熊甫，1999）[529]。

卢作孚在永宁道对川南师范学校等进行改革、创办通俗教育会等社会教育时，都注重利用当地教育资源。在成都办理通俗教育馆时，"聘请专门人才，如音乐、体育、艺术、工程、古董、医学、戏剧等等人才无不搜罗尽致，一切设置，管理与范围，均由简而繁，小而大，近而远，故当地人民无论男女老幼，均感兴趣。"（凌耀伦，熊甫，1999）[533]

第二节　北碚地区的乡村教育

1927 年，卢作孚被刘湘任命为江（北）、巴（县）、璧（山）、合（川）四县特组峡防团务局局长，开始在以北碚为中心的嘉陵江三峡地区（又称为小三峡或峡区）进行乡村建设运动，"处处从教育着眼，用教育的方法，从事各项活动"（罗中典，1985）[80]。1947 年，傅葆琛撰文提出，乡村建设运动在西方已经有 100 多年历史，"已成了明日黄花"，在中国则不过30 年左右：

> 始自前清末年之村治运动。山西、河南、直隶（即河北）等省，相继创立模范村，自治区，村治学院等组织，颇著成绩。其后平教会发起乡村平民教育运动，转变而为县单位之乡建运动。继之者有山东省之乡村建设研究院与实验县，中华职业教育社之乡村改进会，江苏省立教育学院之普及乡村民众教育实验区，金陵大学之乌江农业推广区，河南镇平之自卫团及联合办事处，四川北碚之团防局，华洋义赈救灾总会之河北省农村合作运动，以及各省之县政建设实验，一时风起云涌，争先恐后，全国乡建实验场所，大小百余处，蔚然壮观。提倡乡建运动，与从事乡村工作的人士，有晏阳初，梁漱溟，梁仲华，陶行知，黄炎培，江问渔，高践四，章元善，章之汶，陈筑山，胡次威，卢作孚，高显鑑等人（傅葆琛，1994）[402-403]。

对卢作孚及北碚的乡村建设非常认可。可见，北碚乡村建设在全国影响之大。

卢作孚以军事力量为保障，以经济建设为中心，以文化教育为重点，围绕着乡村建设和乡村教育展开运动，希望实现北碚地区的现代化。1936 年 4 月，峡防局改组为"嘉陵江三峡乡村建设实验区署"，唐瑞五、卢子英分任正、副区长，卢作孚不再担任峡防局局长，但他"并未放弃对北碚建设的关心和指导，一遇有空就要来北碚看看"，卢子英也经常"将北碚的一些重大问题和事件向他汇报。有的问题，经他出面帮助才得到了解决"（周永林，凌耀伦，2001）[37]。比如，1937 年 2 月，《北碚月刊》就曾报道了他到北碚的行踪："前峡防局长卢作孚于十三日到碚，巡视各事业机关一周后，当晚召集各机关主干人在民众图书馆开茶话会，对各部工作垂询甚详，并多所指示。十四日晨参观蚕桑改良场及家畜保育所江巴实验区后，始搭民生公司民宁轮赴渝。"（雪西，1937）[89]可见，在繁忙的工作之余，他依然关心、支持着北碚的乡村建设，并且给予实质性地指导，也说明他在北碚具有极高的威望。

一、乡村教育的办学成就

民国初期，北碚"民众文化水准很低，识字人数仅占百分之十五，对于教育平素漠不关心，而且根本也就不懂，他们的生活方式，绝大多数是出卖劳力的苦工，所以在他们的生产和工作需要上，不会有这样的要求"（林峰，1940)[28-29]。为改变这一现状，卢作孚非常重视教育工作，积极办学。庄泽宣曾介绍北碚的办学："民十六前，四川嘉陵江三峡亦以匪患设有峡防局。民十六，卢作孚任局长，以北碚为中心，开始乡村改进事业。经过五年的努力，他们的事业有医院、体育场、图书馆、俱乐部、公园、农村银行、报社、工厂、电厂、科学院、中学、小学、合作铁路等。"（庄泽宣，1939)[46]1944 年，孙恩山介绍卢作孚及北碚的教育情况："现在那里有了 1 所国立大学，6 所私立学院，七八个中学，还有一些短期训练学校。其他的专业化机构中，还有中央研究院、国家编译局、国立农业和工业研究所、国立地质调查队、国立地理研究所，这里仅仅指出这一些。"[①]（孙恩山，2001)[61]卢作孚在北碚的办学主要集中在三个方面。

（一）学校教育

1936 年，北碚设有完全小学 4 所，初级小学 14 所；1949 年，北碚有公立小学 61 所，私立小学 9 所，共计 70 所。1937 年 8 月颁布了《嘉陵江三峡乡村建设实验区学龄儿童强迫入学办法》，规定普及义务教育分三个时期："一、自二十六年八月起至廿九年七月止为第一期，在此期内，区内一切年长失学儿童及未入学之学龄儿童，至少应受一年之义务教育。二、自民国二十九年八月起至三十年七月止为第二期，在此期内区内一切学龄儿童，至少应受两年之义务教育。三、自民国卅三年起为第三期，以后义务教育之期间，定为四年。"（刘忠义，1939)[59]因为办学成绩卓著，1938 年下期，北碚被划为"普及教育厉行区"，1945 年 1 月"全区有中心国民学校 10 所、国民学校 78 所，共计 238 班，学生 9094 人。学龄儿童入学率达 80%。到1949 年下（后）期，全区 8 乡镇有中心国民学校 15 所，国民学校 46 所，私立小学 9 所。据管理局统计学龄儿童入学率达 87.9%"（重庆市北碚区地

---

① 此文原载美国 Asia and America's 杂志，1944 年 6 月号，第 44 卷第 245-249 页。

方志编纂委员会，1989）[392]。

（二）民众教育

峡区的民众教育主要进行文艺、公民、生产、休闲、电化等教育（民众教育委员会，1937）[5-18]，1938 年 2 月公布了《嘉陵江三峡乡村建设实验区战时失学民众强迫入学暂行办法》和《嘉陵江三峡乡村建设实验区战时民众补习教育实施办法》，要求 16—30 岁的男女失学民众接受一定期限的教育，加强成年民众教育。北碚采取多种民众教育方式，如民众学校、改良私塾、民众问事处、民众会场、布置识字环境、集团参观、巡回展览、季节开放、春节活动、夏节竞赛等（舒杰，等，1936）[20-30]。学校老师、学生作为民众教育重要的成员积极参与这项工作，峡防局的少年义勇队、学生队、特务队自身受到教育，也是民众教育的重要力量。他们还开办了众多民众夜校，如妇女职业学校、妇女读书会（民众教育委员会，1936）[90-93]、三峡染织厂工人学校、船夫学校、挨户学校、力夫学校、场期学校（农民赶场时的短期培训学校）等，北碚民众读书学习蔚然成风。据统计，1936 年 4 月到翌年 4 月，共办半日校和夜校 25 所，成年学生达 1031 人；至 1945 年春，北碚仅各国民小学办的民教班有 211 个，入学民众达 10475 人；自 1942 年以来的三年多时间中，民教班毕业生累计 30144 人，占失学民众总数的 60%。卢作孚主张“利用每一个地方有人进出的时候”，实施民众教育，例如：每周由各机关服务的青年演两次新剧或川剧；设置书报阅览处；“在各茶社、酒店里都张贴着一切国防的、产业的、交通的、文化的和生活常识的照片、图画，都悬着新闻简报的挂牌”；“在市集正繁盛的时候都有人去作简单的报告”（凌耀伦，熊甫，1999）[356]。由于出色的民众教育成就，联合国教科文组织经考察后，于 1948 年 2 月决定将北碚作为“基教实验区”；同年 4 月，国民政府教育部为适应教科文组织的计划，委托中华平民教育促进会在北碚筹设第一委托实验区（赵戎生，2001）[481]。

（三）相关教育机构的设立

卢作孚的理想是实现嘉陵江三峡地区的现代化，具体表现在文化教育方面是：“研究事业，注意应用的方面，有生物的研究，有地质的研究，有理化的研究，有农林的研究，有医药的研究，有社会科学的研究。教育事业，学校有试验的小学校，职业的中学校，完全的大学校，社会有伟大而且普及的图书馆，博物馆，运动场和民众教育的运动。人民皆有职业，皆受教育，皆能为公众服务，皆无（不良）嗜好，皆无不良的习惯。"（凌耀伦，熊甫，1999）[360]

峡防局专门成立了民众教育处（后来改称为"民众教育委员会"），设立了民众教育馆，建立民众教育机构，如体育场、博物馆、科学研究机构。如1930年秋，中国西部科学院在北碚成立，下辖理化研究所、地质研究所、生物研究所、农林研究所、博物馆、图书馆、兼善学校（有中学、小学两部）等。1933年，卢作孚促成中国科学社在北碚召开第十八次年会。据记载，1937年，北碚博物馆设立6个陈列室，展出历史、地质、动物、园艺、货币、峡区物产等十余类物品，供人参观。

> 博物馆负有协助社会教育与学校教育重要之使命，尤其供给社会以研究之环境而设。故本馆年来于辅导社会及学校教育方面，多所尽力，不但陈列实物，劝人浏览，循循诱导，籍（藉）以灌输科学知识，并于春秋二季按期举行峡区各场循（巡）回展览，每周星期三、六利用民众会场及茶坊、酒市向民众讲演博物知识，补充民众休闲教育，平时更注意对人口头之解释及文字图表之指导。又学校课程多偏于理论，本馆亦拟添设博物教材陈列室，并出借教材标本，使增加学习之效能。本期区署于所属各镇乡普设义务小学，本馆即拟于各校加博物实际之教学，但仍限于人力、财力，未能一时实现，深引为憾。至历年参观人数，计十九年至二十四年间，每月平均自二千余人至三千余人。本年每月平均约五千人。在每个季节（如端午、元旦、双十节等）开放，一日之观众曾有达二万余人者（萧蕴昆，1937）[58]。

卢作孚邀请许多专家学者来北碚工作、演讲或研究。例如：1939年7月，陶行知在重庆附近的合川县古圣寺创办了育才学校，以招收难童入学；1940年初，梁漱溟在北碚创立勉仁中学和勉仁文学院，并任董事长；1940年10月，晏阳初在北碚创办乡村建设育才院，自任院长，1945年将其更名为私立中国乡村建设学院；1944年12月，中国西部科学博物馆在北碚成立，1945年7月改名为北碚科学博物馆，1946年10月又改名为中国西部博物馆。

二、本土化办学思路

（一）整体构想的大教育观

卢作孚办学是要提高人民素质，培养建设人才，谋求本土发展，为中国和四川的发展提供智力支持，最终实现富强国家的目标。他对教育发展有整体的设想与计划，有推进的步骤与细则，同时他的办学思想不仅局限在创办学校的狭隘观念上，而是具有开放的大教育观，对学校教育、社会教育、职业教育等都非常关注，并办理得卓有成就。

他注重发展民众教育和学校教育，涵盖了从儿童到壮年的绝大多数人群。当时的教育，儿童入学率低下，成人的文盲率极高，因此从这两方面入手抓住了问题的关键，既能从源头避免新文盲的产生，又能通过民众教育提高作为生产建设主力的成年人的文化知识水平。

按照雷沛鸿的分类，卢作孚不仅重视"正式"的教育，即在学校教育儿童或办成人补习扫盲班，又重视"非正式"的教育，即利用博物馆、图书馆、体育运动、演讲、阅报等方式对民众进行社会教化。卢作孚指出："民众教育不仅仅是民众学校，是可以从多方面举行的。如像医院天天有病人，博物馆、动物园天天有游人，图书馆天天有读书、看报的人。再则，如像上下木船的船夫子、当场天的赶场人都是我们应施教育的民众，各街茶房、酒馆都是我们值得布置教育环境的地方，各机关的职员都是担任教育的朋友，平时的夜晚、有时的白天都是我们担任教育的时间。凡教育所需要的事项都有了，只等我们举行，我们应得马上举行。"（凌耀伦，熊甫，1999）[221]而且他本身也以身作则，注意言传身教。

（二）加强与社会的互动

学校里的师生利用课余时间进行社会教育，推动社会教育发展，"如试行小先生教学、民众校的办理、劳动服务的活动、民众会场的表演……这样不但可以使儿童得正当的发忬情趣，而且还能发展儿童的智慧，促进儿童的思考，养成儿童的创造力，增加儿童的生活技术和提高社会服务的精神并能体会到处事接物的许多实际的经验。"（北碚小学，1937）[66]相应的，学生也可以从社会中得到课堂教学无法获得的知识与能力，如参观博物馆、去图书馆读书、去工矿企业见习或实习等。当时的北碚小学就从中获益良多，"中华以'文盲国家'著名于世，国民知识程度，沦没在世界文化水准之下，挽（晚）近以'乡村小学，作改良乡村生活的中心'的声浪，随着带来邹平、定县……事实上的证明，尤以最值惹人尝试的是训练学生而扫除文盲一点，于国于民，补助实多。为要实行如何去训练学生这个问题，在教材的资源上，学校又是决不可以离开社会的，才能对症下药。"（北碚小学，1937）[78]民生公司给予北碚资金、技术等方面的大力支持，"民生公司盈余分配中有文化教育事业投资项目，即用来建设北碚，先后在那里办起兼善中学、北碚图书馆、中国西部科学院、博物馆、电影院、公园、动物园、运动场、游泳池等。"（童少生，2001）[198]北碚也利用其教育优势给予回报，据其弟卢子英回忆："从1927年夏开始至1936年，共招收了中学程度的青年五百余人，先后办了学生一、二队，少年义勇队3期，警察学生队1期；同时还代民生公司办了护航队、茶房、水手、理货生等专业短期培训班多期，人数近千人，这些人后来都成为峡区各事业和民生公司的骨干力量。"（周永林，凌光耀，2001）[36]这充分利用了各方面的资源优势，使它们能互惠互利、相得益彰地发展。

（三）注重细节，扎实推进

卢作孚认为："做事有两要着：大处着眼，小处着手。我们应一致反对的是空谈，应一致努力的是实践……无论做什么事，事前贵有精密的计划，事后尤贵有清晰的整理。今后整理出来的事项，不但是今天的成绩，又是明天计划的根据。"（凌耀伦，熊甫，1999）[57]他提出，乡村最重要的建设事业就是教育。1930年，他撰文详细论述了乡村教育建设问题，不仅分析了学校教育中"量"的要求，如办学数目、学生情况、师资、经费等，也强调了学校教育"质"的要求，如教育目的、教学方法、教学内容等；同时，分析了社会教育中的"量"与"质"的问题。

办学过程中，他善于借鉴经验与智慧。一是引进国内外人才和文化教育科研机构，为乡村建设出谋划策。二是调动工作人员的积极性。三是发挥每个人的聪明才智，比如侯铭等在北碚小学创新、推行新二部教学法（侯铭，1940）[25-24]。四是建立教育视导制度（见表3-1和表3-2），将实验区分为五个区由固定人员进行视导①。

---

① 参见：嘉陵江三峡乡村建设实验区署《教育视导暂行办法》（《北碚月刊》1937年第1卷第12期第21-22页）；嘉陵江三峡乡村建设实验区署《教育视导大纲》（《北碚月刊》1937年第1卷第12期第27-34页）；嘉陵江三峡乡村建设实验区署《教育视导计划大纲》（《北碚月刊》1937年第1卷第1-6期第81-84页）。

表 3-1 嘉陵江三峡乡村建设实验区教育视导（一）①

视导表（一）		民国　　年　月　日			视导者：	
校名		校址	镇		科目	
			保			
学生	本保学龄儿童数	男	人	共　人	教学方面	教法	1. 方式： 2. 动机引起之方法： 3. 进展 甲，讲解情形： 乙，问答情形： 丙，练习： 丁，研究问题：
		女	人			
	本校学生数	男	人	共　人		
		女	人			
	该日出席数	男	人	共　人		
		女	人			
	学级编制	高级			学习	1. 学生学习能力 2. 学生能完全接受否 3. 欢迎否
		初级				
		每级人数			训导标准	
设备	校舍	1. 方向： 2. 间数： 3. 何年建筑： 4. 所属何人：			训导方面	训导方法	1. 采取中心训练否： 2. 体罚否： 3. 责骂否： 4. 教导合一否： 5. 个别训导否：
	教室	1. 教室数： 2. 方向： 3. 光线： 4. 空气： 5. 清洁： 6. 布置： 7. 面积： 8. 桌椅数：				
	黑板	1. 块数： 2. 面积：长：　宽： 3. 离地： 4. 学生能十分看清楚否：			学生活动	1. 学生自治活动： 2. 抗敌救亡活动： 3. 先生制推行否：
	桌椅	1. 排列： 2. 高低： 3. 宽窄： 4. 坐（座）位： 5. 所属何人：			学校与家庭联络法：	
视字第　　号（以视察先后为序）						

① 表3-1、表3-2根据《教育视导计划大纲》（《北碚月刊》1937年第2卷第1-6期第81-84页）绘制。

表 3-2　嘉陵江三峡乡村建设实验区教育视导(二)

视导表(二)			民国　　年　月　日		视导者:	
校长	姓名		年龄	(男)	视导者意见	1. 学校概况方面:
				(女)		
	曾否受检定		到校年月	年　月		2. 教学与训导方面:
	做事	办法	1. 能设计否: 2. 能切实执行否: 3. 精益求精否: 4. 其他技能:			3. 教师与学生方面:
		精神	1. 好作(做)事否: 2. 负责否: 3. 守纪律否: 4. 能克(刻)苦耐劳否: 5. 能互助否:			4. 其他方面:
	为人		1. 好学否: 2. 好扶助他人否: 3. 思想如何: 4. 志趣如何: 5. 态度如何:		特殊问题	1. 有何困难之点: 2. 运动设备: 3. 保长学童有何补助: 4. 免费情形:
教师	人数	最优			需要帮助之点	
		最劣				
社会服务	1. 民众教育情形: 2. 合作社方面: 3. 农业技术改良: 4. 家畜保育: 5. 其他:					
					备考	
视字第　　号(以视察先后为序)						

　　峡区对教育定期进行严格、细致地视导,并根据视导情况督促各校改进办学,甚至将重要的视导结果公布(顾其美,1940)[68-71]。

（四）因地制宜，解决时代难题

由于经济落后，当时现有学校远远不能满足学龄儿童的入学需要。于是，卢作孚通过多方筹措资金，兴办一些公立和私立小学。对办学物质条件要求不高，有些学校甚至只有一两个年级，先兴办起来投入教育工作，然后逐步升级。比如，1928年春创办了实用小学，后成为兼善中学的小学部，改称兼善小学；1930年创办了兼善中学，1939年增设高中部；1936年4月巴县县立小学和北碚私立兼善小学合并，称为嘉陵江三峡乡村建设实验区区立北碚小学，简称北碚小学。为了解决师资困难，他主要采用引进人才、培训师资、采取小先生制（葛向荣，1937）[18-21]等方式。为解决资金困难，有人提出"公共造产"、"整理学产"、"富力分担"、捐助等措施，并要加强基金的管理（洪石鲸，1941）[57-59]，这与卢作孚的思路是一致的。比如，卢作孚鼓励学校创办实业，解决经费困难。兼善中学创办初期，卢作孚为了给学校开辟财源，提出自力更生、以事业养学校的办法，先是出面成立兼善中学附属事业总管理处。1940年在民生公司帮扶下正式改成"兼善实业股份有限公司"，卢作孚任董事长，兼善中学校长张博和任总经理，以"兼善精神"为宗旨，奋发图强，企业办得有声有色。于是，兼善实业公司成为集工、农、学、商于一体的综合性经济实体，不仅推动了办学事业发展，而且为北碚经济发展做出了贡献（周永林，凌光耀，2001）[570-571]。

民众教育以当地的现有条件为依托。博物馆以展出当地特产、文物、矿藏为主，如1937年曾举办本地玉蜀黍、水稻、蔬菜等展览会（嘉陵江三峡乡村建设实验区署，1937）[38-50]；西部科学院主要以本地自然物产为考查对象。宣传中以民众喜闻乐见的川剧等形式来进行。民众有在茶馆喝茶的习惯，于是茶馆成为重要的宣传场所。农民集中赶场（即赶集），人数较多，这一天成为宣传的好时机。

教育为当地民众服务。学校与当地社会紧密结合，"学校不离社会。社会是人群一个较大的场合，学校是抽社会各种方式的一部加以教育的机能而有组织。社会是包围着学校的，它能影响学校的地方，多得不知几许。办学的人，为要明白它对学校影响的好或坏，好的，应如何地承受，坏的，应如何地避免。这两个问题，在研究的精神上，学校是决不可以离开社会的，才能实是求学。"（北碚小学，1937）[78]学校教育要与民众生产、生活紧密相关，以期能够帮助民众，如各小学组织成立"儿童家畜保育团"（嘉陵江三峡乡村建设实验区署，1937)[95]等。北碚小学中专门设立农事股，主要工作是"指导儿童自然科学、农事之实习，农场之管理，农业之改良，农具之合作，农产之制作"等，其目的有三：一是"促成儿童学以致用"，二是"提倡生产，改良农业"，三是"训练儿童劳动身体"（北碚小学，1937)[62,73-74]。北碚小学六个年级均齐备，教学中"低中级采普及教学法（试验自发活动式与设计教学法）；高级取辅导制，养成自学的精神，教材注重民族化、乡土化、生活化，期学校与社会打成一片"（北碚小学，1937)[65]。

在教育事业的推动下，北碚乡村建设取得了显著成绩，不仅物质条件改善了，而且民众的精神风貌焕然一新。晏阳初谈到亲自在北碚的感受："昨天我在北碚看见从前不识字的现在识字了，从前没有组织的现在有组织了，从前没有饭吃的现在收入也增加了。一个个地对着我们发笑，使我获得无限的兴奋和愉快。"（马秋帆，熊明安，1993)[264]

第三节　民生公司的职业教育

卢作孚非常重视工作人员的素质和对他们的教育，不管是从事教育、实业，还是在四川省政府、国民政府任职，他都非常重视人员培训。如他任四川省建设厅厅长（1935年12月—1937年6月）时，"陆续办了水利技术训练班、度量衡检定训练班、棉作试验场技术训练班、稻麦改进技术和家畜保育技术训练班等。其中不少的人，成为以后四川建设事业的技术骨干。"（周永林，凌耀伦，2001)[103-104]他创办职业教育主要集中在民生公司。

近代民族工业的发展最紧缺的是资金和人才，人才既包括高级经营管理者和工程师，也包括大量的基层工作技术人员，这就需要教育的发展适应工业需要。当时其他航运公司职员素质有限，服务水平低下，甚至采用买办制，这种状况不仅使乘客颇不满意，也严重影响了航运事业的发展。卢作孚重视为民生公司选拔人才，提出"大才过找，小才过考"，简单地说就是"高级人员过找，低级人员过考"（童少生，1980)[114]，即民生公司招聘少数学有专长的专家学者或者经营管理方面有经验的专业人才时，"采取公开招聘、走访、托人代寻、请学校或科研单位推荐等办学，礼聘到公司工作"，而"凡进公司的一般技术管理人员和工人，都登报招考，自愿报名，经过公开考试择优录取，然后经过思想、体能和职业的训练，再安排工作"（赵晓玲，2002）[176-179]。同时，他非常重视职工教育，利用各种形式对职工进行培训，将民生公司办成一所大学校。因此，民生公司职工的素质比其他轮船公司要高出许多，成为公司的核心竞争力，为公司的飞跃式发展奠定了坚实的基础。

一、实业为主导的办学

卢作孚办民生公司，"既把它作为实业来经营，又把它作为学校来管理，制作了一套训练职工的计划、办法和方案。公司每年预算都要拨出了一笔资金作为培训费，还成立培训委员会，专管职工培训，并在北碚建立了培训基地。凡新进的职工都要进行几个月的业务技术培训，然后才能安排工作；在职职工也要轮流脱产培训或组织业余学习，或送外单位实习训练，也选择优秀职工去国内外大专学校深造。"（袁智，1985）[163]1944年，孙恩山曾报道卢作孚创办的事业，认为民生公司的"另一项同传统习惯的勇敢决裂是废除了当时长江航运中臭名昭著的买办制度，用来代替买办及其手下较小的寄生虫的，是所有的轮船都配备了受过训练的事务管理人员和服务人员，其中多数是中学生"（周永林，凌耀伦，2001）[56]。这就敏锐地观察到了民生公司成功的一个过人之处。1935年，卢作孚在"民约"轮上考察了职工教育后，对民生公司的职工教育曾提出了以下意见和设想：

第一，由公司发起一职工教育联合会，凡任教师的都为会员。易于集会的几部分应随时联合开会，或在重庆，或在宜昌，或在……要是会员聚在一个地方较多的时候，即是开会最好的时候。各部分会员应各报告其学生人数的增减，学生成绩的进退，教材如何，教法如何，又所解决的困难问题如何。每年应开大会一次，每部分须有代表列席，比较各部分职工教育的总成绩并讨论如何继续推进。

第二，以每一个机关为一个学校，依程度高下划分班次。教授项目为读书、写字、音乐、拳术、球类运动、游泳及各种工作技能。教授时间不须一致，在各部分工作暇余，分别地方，分别航线，分别工作人员规定。

第三，《新世界》应特辟职工教育运动专栏，专载各部分职工教育运动的消息，所提出的问题及方案。会员都有通讯的义务。随时可从其间看出学校的增加,会员的增加,学生的增加,学生的成绩和各种赶超从前的纪录,并搜(收)载学生特优的作品。

第四,每季应由会派人赴各部分考试。其有数部分在一地方者,则联合考试。每年指定某种班次的学生每部分一人或二人,举行一次竞赛。竞赛的科目是:读书、写字、拳术、游泳等。其成绩优越者特给奖品,并给其所在团体以奖证。

第五,举行成绩展览会,并不仅在一地方展览,重庆展览之后,移到宜昌,移到上海,除请与公司事业有关之来宾外,凡在当地的公司职工必须有组织的前往参观,并有专人引导解释,藉资激劝。

第六,提倡参观。凡岸上工作人员在星期日,或偶在工作绝少之时间,船上工作人员偶在停船之时间,必整队到有意义的地方参观。如电厂、农场、他公司之轮船、兵舰、飞机、办理优良之学校等。参观人员必须有组织,有整齐之服装及行动,必须对于参观人员有明了之解释。尤其在各部实施教育时间,需要相互。

以上各种方法,非偶择其一二施行,要须全部施行,又互相有联络,才有效力。担任造起这种运动的人员应还须在推进时间,随时更亲切的共同研究推进方法,不仅今天偶然提出了这一些。其盼望造成全公司非常浓厚的空气,以使每个(人)都有非常浓厚的兴趣,务产生显著成绩,尤其要表现在生活上、工作上,不仅表现在死的书本上(凌耀伦,熊甫,1999)[377-378]。

这些计划与要求大多已经在民生公司实行,只是不够系统和完整,但显示出了教育培训的良好效果。而且,这只是民生公司对在职员工的岗位培训,实际上还有许多教育培训发挥着巨大作用。到1937年,民生公司已经培训3580人,占职工总数的93%(袁智,1985)[163]。

(一)培训机构与方式

一是在北碚设立培训中心,如早期的少年义勇队、学生队等,后期设立各种专业训练班,如茶房、水手、理货、航警等。训练时间从一个月至一年不等,视培训人员和训练班情况而定。训练班内容实用,训练严格,讲练结合,许多毕业学员日后成为民生公司的骨干力量。

二是民生公司设立职工教育联合会、教育组等,专门负责职工教育。教育方式主要是开办业余补习班，"聘请学有专长的职工担任义务教师，以提高职工的文化科学知识。曾办过英语会计、统计等专业补习班。"（周永林，凌耀伦，等，2001）[339]而且平时经常兴办讲座，邀请许多著名的学者、专家、各党派领袖及知名人士讲演，如曾请郭沫若、茅盾、马寅初、黄炎培、冯玉祥、孔祥熙、梁漱溟、张嘉璈、陈独秀等讲军事、政治、经济、文化、航业等各种专题（袁智，1985）[163-164]。还设立一些扫盲班，对职工进行扫盲教育，使许多文盲职工摘掉了文盲的帽子。甚至将民生公司的思想主张印在床单、茶杯上，如"公司问题，职工来解决；职工问题，公司来解决"，"捏紧拳头，裹紧肚皮，渡过难关"，"梦寐不忘国家大难，作息均以人群至乐"（召川，2000）[79]；或在寝室、餐厅、会议室等处张贴，民生公司办公楼墙上有1936年公司成立11周年大会的标语："一致克服国家的困难、事业的困难。"

三是派遣职工外出学习参观。1930年3月—8月，他亲自率领民生公司和北碚峡防局、北川铁路公司高层人员唐瑞五、李佐臣、李公辅、王鳌溪、胡绶若、袁伯坚等共七人组成考察团，赶赴华东、华北、东北进行考察。"卢作孚还计划把民生公司中级职工送美国留学，后来因为全国解放，未及实现。"（黄绍洲，2001）[246]民生公司经常拨款资助社会上的业余补习学校或夜大学，通过补贴学费等方式鼓励公司的普通员工参加此类学校。公司还组织职工到"有意义的地方参观"，如电厂、农场、他公司之轮船、兵舰、飞机、办理优良之学校等地，以学习相关知识，开阔眼界。

（二）教育内容与培训要求

一是民生精神。卢作孚重视职员的精神培养，以形成献身事业的精神和正直无私的道德，这称为"民生精神"。1926年6月，民生公司成立大会上，他明确提出了公司宗旨，即"服务社会，便利人群，开发产业，富强国家"，其实业救国的理想溢于言表。"他精心采取各种教育措施，以事业为学校，从职业施教育，倡导'民生精神'，如'个人为事业服务；事业为社会服务。''就自己的地位推动事业的经营；就事业的地位推动国家整个的建设'、'个人的工作是超报酬的；事业的任务是超利润的'、'公司的问题职工解决；职工的问题公司解决'。把个人、事业、国家三者利益，结合在一起。"（周永林，凌耀伦，2001）[79]可见，民生精神是爱国精神、集体精神、艰苦奋斗、苦干实干的创业精神的结合。民生精神的培训使职员的道德素养、精神面貌有了很大的提高，为民生公司的发展提供了坚实的人才基础。

他要求受训青年"忠实地做事，诚恳地待人"。个人为事业，事业为社会，不争地位，不计待遇，不图享受，为了事业的需要，不应当不给钱就不工作，而要改为"不给钱照样工作"。我在北碚期间亲眼看到，"火焰山"下一批批受训青年，经过"民生精神"的熏陶，大都身体健壮，精神旺盛，有文化，有抱负，有干劲。到 1936 年经过培训的职工，已占"民生"全体职工 93%，不少人逐步提拔为中层骨干（周永林，凌耀伦，2001）[99]。

二是实用技能。民生公司注意培训工作技能，以尽快适应工作，提高工作能力。如茶房训练班不仅接受军事训练，学习茶房须知、侍监学、医药常识等，还要接受敬茶、添饭、叠衣服、捆行李、拿烟、洗脸、擦鞋等工作。航警则要进行军事、劳动、航警技术训练，如游泳、打靶、爬竿、爬绳等。船员则要进行管理舢板、驾驶木划、帆布裁缝、结绳打缆、游泳、油漆及桅索使用等，以及水手用语、消防常识、消防学习、应用灯号及标志、操舵及向盘等技能。这些技能在之前的航运公司中，大都没有专门训练，或者只是师父带徒弟式的训练，既不适合多人培训，也没有严格系统的标准，培训效果并不理想。民生公司的这些技能训练都制定了统一的计划和标准，形成了可操作性的行业规范，极大地提高了职工素质和服务水平。

三是文化素质。民生公司对文盲职工进行扫盲教育。有一定文化基础的职工则通过阅读书籍报刊、写日记、讲演会、读书会等，提高自身文化水平。而且民生公司设立了图书馆、阅读室、游艺园等机构，为职员提供文化知识学习资料。在分公司和轮船上还设置了固定文库或巡回文库，图书馆用特制大木箱将 1000 册图书送到巡回文库，每两个月调换一次图书。同时，公司还创办了《新世界》、《简讯》等刊物，职员既可以投稿又可以阅读。职工文化素质的提高，有利于加深对民生精神的理想和职业技能的提高，增加职业认同感、自豪感，增强奋发进取、贡献民生、服务社会的精神。

（三）培训的考评与竞赛

职员训练有一定的标准与要求，通过日常工作、竞赛、考查等进行督促。竞赛如歌咏比赛、体育活动、书法摄影比赛、读书会、讲演会、谈话会等。公司将这些考评与竞赛记录登记，作为定期考核的依据，以据此进行升迁或提高工资。他还借鉴孔子"三省吾身"的做法，鼓励职工每天反省自身，如在民生公司的内部信封的背面，印着"逐日应有的检讨"十条，内容是：

1. 今天的工作尽力做完没有？
2. 每一工作，在事前确定计划没有？
3. 每一工作，在事后整理清楚没有？
4. 工作的成绩，比昨天进步没有？比他人落后没有？
5. 事务上有悬着没有解决的问题没有？
6. 有一钱一物的浪费没有？
7. 如果离开现有职务，交代清楚没有？
8. 个人的知识能力逐渐提高没有？
9. 事业得着我们的帮助没有？
10. 社会得着我们的帮助没有？（卢国纪，2003）[166]

卢作孚制定了严格而详细的考核制度，"考核成绩表就有二十七种之多，考绩的范围也很广宽，一般包括工作、品行、言语态度和仪表四个方面。言语态度中又包括和蔼、敏捷、清楚、精神四大项；仪表中包括服装整洁、配带（佩戴）证章、头发、胡须、指甲、帽子、牙齿等七大项。每项中都规定奖、惩的分数，每月计算一次。"（童少生，1991）[158]这些考核成绩会影响到职工的薪酬、升降，甚至去留。这些考评、竞赛与内省，都能够起到教育作用，将职员从外在引领到内心，自觉提升自身的素质与能力。

二、公司办学的本土化特点

（一）大教育观

卢作孚具有救国富民的理想，不管是早期的"教育救国"还是后期的"实业救国"，都体现出对"人的训练"和各种教育的重视。他的教育观念不是局限在办理学校教育或普及义务教育上，而是以提高人的知识技能为核心，综合各种教育、各种培训方式的大教育观。他既重视道德观念培养，又注意职业技能的培养；既有统一严格的管理，又注意情感的感化；既注重正规的学校（或培训班）教育，又注重日常生活中潜移默化的教化。

（二）为公司服务与个人成长结合

按照马斯洛的需要层次理论，自我价值实现是人类最高层次的需要，也是激发人的主观能动性的最大动力。卢作孚虽然不知道马斯洛的理论，但他已经深刻地认识到了这一点，并运用这一点到民生职工的培训与管理中。他指出：“人的成功不是要当经理、总经理，或变成拥有百万、千万的富翁，成功自己；而是盼望每一个人都有工作能力，都能成功所做的事业，使事业能切实帮助社会。”（凌耀伦，熊甫，1999）[411]这体现在他倡导的民生精神中，重视培养职员个人的奉献、责任、正义、道德等品质。当职员具备了这样的品质，对公司做出了一定的贡献以后，公司会给予相应的回报，使个人在奉献的工作中得以成长，并能享受成长的快乐。因强化这些品质，从而形成了良性的互动机制，使民生公司逐渐形成了积极进取、勇于奉献、学习知识、提高技能的优良企业文化。

（三）以身作则，言传身教

卢作孚善于遴选与培训人才，延揽了不少中外年富力强、学有专长的人才到所创办的事业工作。因此，他被称为“人才的鉴赏家”、“收藏家”、“中国实业界的伯乐”。

> 他常利用各种职工集会，发表讲话或讲评。他的讲话与他做事、写文章一样，有组织，有思想，从容不迫，有条有理，用字精当，寓意新颖。令人感动，令人鼓舞，令人信服，极富权威性。不但自己讲，更常邀请社会名流专家学者来讲演，以不断提高职工的服务志趣和工作才能。他本人更是律己很严，一心扑在事业上，不论白天黑夜，节日假日，都不懈不休。每晚睡眠不过四五个小时，而且常是带病拼搏。先生思想开化，目光深远，办事果断，有谋有略；胆识非凡，才华出众，效率极高。职工们在他言传身教的影响下，焕发出青春的活力，同心同德，度过无数艰难险阻，创造了不少令人惊异的奇迹（周永林，凌耀伦，2001）[79]。

这种言传身教、以身作则的精神风范，比单纯说教更有感染力，更容易成为职员敬佩和模仿的对象，其教育效果非常理想。

第四节　互摄式办学的"本土创生"

卢作孚在四川境内的办学，包括在泸州和成都的早期办学、北碚的乡村教育、民生公司的职工教育等。与雷沛鸿相比，卢作孚缺少出国留学考察教育的经历，对西方教育缺乏直观了解与系统研究，其认识更多的是来自于间接经验。因此，他选择了行政和经济手段的结合，加强教育与社会事业的互动，注重办学的本土意识，形成了另一种本土化的办学取向，与广西的办学相映成趣。

与融入式办学相对应，互摄式办学也体现在三个层面。第一，从办学与兴办其他社会事业的关系来看，他具有教师、校长、政府官员、企业经理等多种身份，注重办学与社会事业的互相推动。他将教育现代化置于区域现代化之中，认定教育事业是国家发展和地方建设的重要组成部分，以社会全面均衡发展的思想来统摄办学事业，协调教育发展的规模和速度，使教育在现代化进程中做出应有的贡献。第二，从办学种类来看，他既创办了基础教育、中等教育、高等教育，又创办了民众教育、学校教育和教研机构，也创办了普通教育、职业教育。各类教育互不统属，也未融合成一种学校体系，但它们之间互相关联、互相支持，形成了不同教育体系之间的良性互动。第三，从本土化角度来看，他对西方教育的了解明显弱于雷沛鸿，但他善于间接摄取西方教育理念，强调结合本土实际办学，注重教育的"本土创生"，形成中西方教育的互摄关系。

一、本土化的办学思路

（一）国际视野

卢作孚小学毕业再未受到正规的学校教育，早年未能出国深造或考察。1944 年 10 月，他与陈光甫、范旭东、李铭等同被国民政府委派，代表中国工商界出席在美国纽约召开的国际通商会议，并在美国参观考察，这是 51

岁的卢作孚第一次出国。但是，这并没有阻止他对西方文化教育的了解与借鉴，他早期办学、北碚乡村建设、民生公司职工教育等都具有相当的国际视野。他曾经指出："我们每提一个问题之时，必先提及世界的意义。"（凌耀伦，熊甫，1999）[161]他对国际教育的理解主要来源于以下三个方面。

1. 注重自学，学习中外书报与著作

卢作孚早年在成都自学时为了读懂英文的数学参考书自学英文。抗日战争期间，他利用养病的机会集中学习英语，甚至向晏阳初的夫人雅丽请教。他可以阅读一般英文书籍，可以进行简单的口语会话。他有自学的习惯，对各类有关文化教育、经济建设的报刊、书籍都要认真阅读。如 1914 年底到 1915 年在上海期间，经黄炎培介绍，他"参观了一些学校和教育设施，并常到图书馆和书店去看书，阅读了不少教育和哲学、社会科学书籍。在时事政治方面，特别注意教育、新闻和列强侵华经济动态"（周永林，凌耀伦，2001）[21]。这为他提高自身修养、吸收外来的先进思想创造了良好的条件。

2. 聘请外省、外国人才来四川

卢作孚在泸州担任永宁道尹公署教育科长时，曾动员了恽代英、萧楚女、王德熙、穆济波、周晓、胡兰畦、秦德君等来进行"新川南"教育试验。1930 年，他率队在华北、华东、东北考察时，曾动员外省科学家、工程师、教师来嘉陵江地区工作。在北碚乡村建设时，动员了大量科学家、教育家来峡区进行建设。如聘请德国生物学家傅德利到中国西部科学院任生物研究所主任，专门研究昆虫；聘请丹麦人守尔慈（曾担任过胶济、潮汕、长兴铁路总工程师）主持修建北川铁路；聘请毕业于美国斯坦福大学和哥伦比亚大学的矿冶专家孙越崎任天府煤矿总经理，聘请毕业于美国芝加哥大学的地质学博士张莘夫任天府煤矿第一任矿长，毕业于美国麻省理工学院的程宗阳任第二任矿长。这样，他通过聘请人才，不仅带来了西方先进的社会建设理念，而且使教育发展具有了相当的国际视野，他自己在与之交往过程中，也了解了大量西方社会发展情况，丰富了自己的知识结构。

3. 利用抗日战争时期大量文化教育机构内迁的机会发展教育

抗日战争期间，国民政府迁至重庆，许多文化教育机构随之迁来北碚。据统计，抗战期间迁来北碚各种机构包括：党政机构，如国民党中央组织部等 20 余所；科学技术研究机构，如中央研究院动物、植物等各研究所、经济部矿冶研究所等 20 余机构；文学艺术、编辑出版单位，如中山文化教育馆、教育部教科用书编纂委员会、中国西部博物馆等近 20 处；卫生体育和社会福利事业单位，如江苏医学院附属医院、赈济委员会重庆第三教育院等10余单位；大学、专科院校，如国立复旦大学、国立江苏医学院、国立歌剧学校、军令部中央军需学校、私立中国乡村建设学院、私立立信会计专科学校、勉仁书院等15所院校。除兼善中学外，由地方人士集资，又先后创办了相伯女子中学、三峡中学、力行中学、大雄中学，1946年10月，国立女子师范学院附属中学也从江津迁到北碚（周顺之，1992)[1-18]。它们中既有科研机构，又有教育研究机构，还有学校，都与文化教育有着密切的联系。这些机构内迁给北碚地区带来了丰富的文化教育资源，为北碚教育发展提供了良好的机遇。他认为，"不单是要使外间的人都明了四川的真象（相），而且是要使外间的人都以技术的力量或经济的力量来帮助四川，以促成四川各种实业的经营"（凌耀伦，熊甫，1999)[243]，以促进四川包括教育在内的各项事业的进步。这种向其他地区借人、借财、借智的发展思路，展现出他开放的心态与力求发展的急切心情。

（二）时代精神

当时中国面临着经济衰退、社会落后、生存危机等严重的问题，而嘉陵江地区作为西部地区问题更加严重，不仅社会落后、民众素质低下，而且盗匪横行、环境恶劣。因此，嘉陵江地区要解决的时代问题主要是民众素质、经济发展、救亡图存，而最基础、最重要的是教育事业。卢作孚敏锐地理解了这一时代精神，从乡村建设入手，以民众教育为主导，在嘉陵江地区进行大刀阔斧地变革与建设。

救亡图存始终是近代中国追求的目标，也是包括教育家在内的仁人志士关注的焦点。中国的生存危机在抗日战争期间表现得最突出、最明显，但威胁最大、最难解决的是西方列强的政治、经济、文化侵略。因为通过各种不平等条约，列强获得了许多特权，势力逐渐渗入中国各个角落，控制了中国社会的方方面面，中国受到极大威胁。"这比武力还有权威，征服了中国，而且制着了中国人的死命。这是何等可怕的事情，应如何促起全国人的注意，促起全国人一致起来作积极的抵抗！"（凌耀伦，熊甫，1999)[271]而要改变这一现状，必须从增强国力、提高民众素质做起。增强国力就要发展经济，而经济发展、民众素质提高都必须依靠教育的进步。卢作孚创办的民众教育、乡村教育、职业教育等都是为了解决这一时代难题。因为他认为："今天中国什么都不缺乏，只缺乏人——只缺乏有训练的人，所以根本在先解决人的问题——解决人的训练问题。"（凌耀伦，熊甫，1999）[298]要解决人的训练问题，就要兴办教育、办好教育。

（三）本土意识

卢作孚办学中注意立足本土实际，利用好本土资源，为教育服务。他创办民众教育时，注重教授民众谋生的职业技能，强调"每一个人应从学校学一种终身为社会服务的工作，应在社会终身任一种服务社会的工作"（凌耀伦，熊甫，1940）[15]。他将本土的特产在博物馆进行展览，在茶馆、码头、集市等人们经常聚集的场所开展教育活动。北碚的学校教育讲求实用，让学校师生参与民众教育，能够快速地收到良好效果。民生公司的职工教育更是与生产实践相结合，训练实际工作能力，提高职工文化素质与职业精神。

办学要解决本土困境。嘉陵江地区属于西部地区，以山地、丘陵为主，农业发展水平不高，加之近代以来受到列强的侵略，经济日益凋敝，社会发展受到限制。当地急待解决的问题，首先是民众素质的尽快提高，卢作孚因此创办了方式多样的民众教育，如讲演、阅报、办训练班等。其次是谋生手段的获得和生产技术的提高从小就开始培养，如北碚小学专门设立农事股，主要工作是"指导儿童自然科学、农事之实习，农场之管理，农业之改良，农具之合作，农产之制作"等，其目的有三："促成儿童学以致用"，"提倡生产，改良农业"，"训练儿童劳动身体"（北碚小学，1937）[62,73-74]，以改变学校教育严重脱离社会生产实际的弊病。

教育要为本土服务这是不争的目标，卢作孚办学的目的之一就是促进嘉陵江地区的社会发展。他创办的民众教育、乡村教育和职业教育都是围绕着社会实际来进行的，尤其是北碚和民生公司的办学更是如此。而且办学效果明显，对北碚和民生公司的发展起到至关重要的作用。他认为："乡村第一重要的建设事业是教育。因为一切事业都需要人去建设，人是需要教育培（育）成的，所以努力建设事业的第一步是应努力教育事业。"（凌耀伦，熊甫，1999）[89]同时，他的办学实践受到其他教育家的关注，为其他地区的办学提供了丰富的经验。许多人来北碚参观学习，请教办学的经验。他的办学为中国教育做出了一定的贡献。当然，本土也为教育发展提供了条件，办学资金、资源都来源于本地。各类教育、不同事业之间还相互支持，如北碚为民生公司培训职工，民生公司给北碚提供一定的资金或技术支持。

二、"本土创生"的办学特色

（一）整体构想

与雷沛鸿不同，卢作孚创办的事业复杂多样，强调相互支持与推动。卢作孚认为，"各种事业必须同时努力，因为社会问题，都是相互影响的，所以事业都是可以相互帮助的。"（凌耀伦，熊甫，1999）[17]他的早期办学相对单一，但时间较短，成效有限。北碚办学是在乡村建设的旗帜下进行的，办理了包括教育在内的各种建设事业。民生公司办学则体现了企业办教育的特色，但精力主要集中在公司的经营管理上。因此，他更需要有统观全局的视野、整体系统的计划。"现在我们应该知道建设的根本问题在哪里？不在经济，也不在教育，也不在……却在秩序。无论何种事业，秩序建设不起来，绝对不会有良好结果的。我们对于任何事业，事前应有精密的计划，事后应有精密的整理，其性质都是建设秩序。秩序问题，是包含着自治事业的经营问题和组织问题，是乡村建设中不可避免亦不可疏忽的根本问题。"（凌耀伦，熊甫，1999）[101]而具体到每一个人、每一项活动，也不是可以独立完成的，"我们是从个人的活动，变到社会的活动，一方面我们不是为了个人而活动，而是为了社会而活动；他方面不是个人独立的活动，而是为了社会而活动；他方面不是个人独立的活动，而是社会组织中间的活动。"（凌耀伦，熊甫，1999）[263]因此，办学要有整体的构想、完整的计划和切实的行动纲领。

1. 加强教育与社会各项事业的联系

在政治方面，卢作孚曾经先后任永宁道尹公署教育科科长、成都民众教育馆馆长、峡防局局长、四川建设厅厅长、国民政府交通厅次长、粮食局局长等职；在经济方面，除了创办民生公司并任总经理外，还在北碚创办了发电厂、煤矿、铁路等事业；在文化方面，除了创办各类学校外，还创办了西部科学院、博物馆、图书馆等。他创办教育事业与其他事业相辅相成、相互支持，教育为其他事业提供人才、智力资源，其他事业则为教育发展提供资金、技术、文化等方面的支持。如民生公司为文教事业做出了相当的贡献，"在盈余分配中就有文化教育投资项目"，而且他把办实业和办教育统一起来，"成功地把民生公司办成了一所学用结合的大学校"（明星颖，1984）[59]。

2. 注意各类教育之间的合作

民众教育主要解决成人知识水平提高问题，需要受到教育的人数众多，但教育水平不用太高，主要是扫盲和初步的知识、技术教育。学校教育侧重儿童培养，要按部就班地进行义务教育，教育水平比成人教育高，用时较久。职工教育侧重生产、服务技能的培训，实用性、专业性较强。卢作孚在办学中，注意三种类型的教育合作发展：学校要从事民众教育，也要培训职业人才；民众教育使民众知识素质提高，可以加深对教育意义的理解，使他们更愿意将自己的孩子送到学校读书；职业教育是学校教育和民众教育的继续，使受到一定教育的民众获得谋生的机会。

3. 注意各级学校间的协调

基础教育是义务教育的重点阶段，儿童是其教育重点，学校数量较多。而中学相对较少，以避免受到教育后的青年不愿回到家乡劳作。北碚应该设立大学这种高水平的教育，以带动教育、科研水平的提高。

（二）大教育观

卢作孚认为，中国和四川的"一切病象皆缘于人，须教育救治之；一切事业皆待于人，须教育兴举之"（凌耀伦，熊甫，1999）[10]。教育的意义"是在教人学习，教人从实际生活上去实习"，"自己现在是办实业的，但实际上是一个办教育的，几乎前半生的时间，都花在办教育上，而现在所办的实业，也等于是在办教育，是想把事业当中全部工作人员，培养起来，提高他们的技术和管理能力。"（凌耀伦，熊甫，1999）[640]即把民生公司办成一座大学校，职工每时每刻都能受到教育，知识技能与道德素质都有所提高。实际上，这是一种大教育观，不只局限在兴办学校教育，而是将民众教育、职业教育、学校教育等相互贯通、融合。因此，"教育应造成环境，无论是学校环境或社会环境。记得一个教育哲学家杜威曾说：'教育就是环境'，暗示教育本身，就得天天研究布置环境。我之喜欢北碚，胜于自己所主办的事业，也正因为它是一个优良的教育环境。许多人员在这里经营它，布置它，与其说是帮助北碚的老百姓，毋宁说是帮助各学校的学生。"（凌耀伦，熊甫，1999）[641]他将各种社会活动都与教育联系起来，试图构建一个学习型社会。比如，他在峡区的特务队进行军事、警察、民众教育、地方经营四种训练（凌耀伦，熊甫，1999）[302]。这种大教育观可以迅速提高民众素质和教育水平，从而使各行各业的人才基础更加坚实，对加快社会建设、经济发展速度具有重要意义。当然，这一理想实施起来具有相当的难度。

（三）教育与经济的互摄

卢作孚从教育救国转向实业救国，依然热衷于教育事业。但他的办学思路更加开阔，认识到教育与经济有密切关系。

1. 教育和经济密不可分

教育事业是经济建设的一个重要组成部分，并且二者融合成一个不可分割的整体。他在北碚和民生公司的办学更能体现这一点。教育事业培养人才，要考虑社会、公司、个人的经济收益，否则教育的价值就无法体现了。这虽然具有强烈的实用主义色彩，但在当时中国经济发展落后的事实面前也是无奈的选择，而且他也强调受教育者的道德培养。北碚的乡村建设就是以经济为中心，以文化教育为重点的，也就是说经济是社会发展的核心力量，文化教育是重要手段。他曾讲到嘉陵江三峡的乡村运动，指出"第一是吸引新的经济事业"，"第二是创造文化事业和社会公共事业"（凌耀伦，熊甫，1999）[354-355]。可见，他将经济事业放在第一位，将文化教育放在第二位，体现了文化教育从属于经济、为经济服务的思路。

2. 经济为教育提供支持

社会要为教育提供必要的经费，保障教育工作的正常进行和有序提高。当然，这也需要教育能够为经济、社会发展提供必要的支持，做出自身的成绩，"故教育界希望增加经费之方法，不在责备负担经费者，乃在力谋改进教育之方法，表著教育之成绩，以引起人之同情。"这体现了当时教育经费的不足，他要求教育界为社会做出贡献，发挥一定的功能，也无可厚非，但只要求默默奉献，而不便提出抗议和要求，甚至"断断不宜对于反对经费增加者有所深恨。即令为之解释，态度之间，亦宜诚恳殷勤，而以变反对为扶助期望之"（凌耀伦，熊甫，1999）[11]。这种观念使教育失去了自主性，走向了被动，成了接受政府经费的恩赐，不能真正体现教育的作用。当然，这是他在1922年任永宁道尹公署教育科长时的见解，作为主政一方教育的官员，这样的观点有他自己的苦衷。后来，他在北碚和民生公司办学时，对教育经费就能给予较为充足的保障了。

3. 经济成为重要的教育资源

北碚建设的各种厂矿企业，成为教育的重要资源，可以为儿童提供参观学习的场所，也可以将它们制成图片或电影，给学生观看，达到认识社会、增长知识的目的。经济事业为教育事业做出应有的贡献。

（四）教育与社会的互摄

经过教育救国的挫折，1923 年，他改变了教育独立发展的观点，认为社会上的各种事业必须同时努力，因为社会问题都是相互影响的，所以事业都是可以相互帮助的（凌耀伦，熊甫，1999）[17]。1924 年，他应四川省政府之邀为整顿机关工作拟订了一篇题目为《四川的新生命》的办法纲要，将政治、经济、文化、教育、交通、内务、司法等方面综合起来论述，开始展示出综合思维的趋势。1925 年以后，他担任经济、政治等各种公私职务，自身阅历增加，认识到社会发展各方面都是相互联系的，形成了整体性的世界观和大教育观。他不再强调教育独立，而是将教育与社会政治、经济、文化发展看作是相辅相成、相互影响的。甚至有人说他"联系军阀，靠近'中央'"（吴晋航，2000）[104]。社会为教育提供基础资源和活动舞台，教育为社会提供人力资源和智力支持，这种关系是分不开的。当然，教育不应成为政治、经济的附庸和工具，失去自身的独立性和自主性，而是要与其保持一定的张力，在为社会服务中不能失去自我，在教育本真和实用工具之间保持适当的平衡。在实际中，他注重教育的服务功能，又重视教育培养民众道德、素养等方面的职能，尽量能二者兼顾，这使他的办学取得了令人瞩目的成就。

第四章

教育本土化：两种殊途同归的办学取向

民国时期，中国的内忧外患更加严重，中华民族到了生死攸关的时刻。这不仅表现在主权领土的丧失、经济资源的掠夺、军事外交的失败，更严重的是西方文化教育对传统民族文化的冲击，中国本土文化退居边缘地位。中国对西方文化教育的态度从敌视抗拒到无奈接受，"新文化运动"更是狂热地批判中国传统文化、强烈要求学习西方文化。如何在古今中外的文化节点上正确定位中国文化坐标，成为困扰中华民族的世纪难题，激进派、中间派、保守派等提出了诸多主张，争论不休。无论如何，理性地审视古今中西文化，切合本土实际，完成中国文化教育的现代转型，是中国文化教育崛起的必由之路。近代知识分子对此有着自己的理解：

> 教育的意义，在于增进各个人的知识，在各个人在一个特殊的环境中间，应该采用一种特殊的教育，才能适应他的需要，求得实际的效果，决不是任何教育知识的训练，可以适用于任何时间空间不同的社会中间。所以一个国家民族，因其时代环境的不同，就有他自己的特殊的教育政策和教育方案……如果一个国家民族，不能审察本身的需要，只拿别的国家民族，或多少年前的教育方案与教材来运用，就一定得不到实际的效果（中国国民党中央委员会党史史料编纂委员会，1971）[336]。

这些知识分子不仅拥有"中西兼通、文理兼备、学术并重的知识结构"，使他们"具备了古代士绅和当代知识分子都无法比拟的优势，如宽广的文化视野、深厚的知识底蕴、通达的思维品质，为吸纳西方文明、改造传统文化、构建本土化的中国特色文化提供了得天独厚的人才条件"（谢文庆，2012)[86]，而且他们大都关注教育甚至投身教育事业，认为"教育为立国之本，欲救亡图存，复兴民族，舍教育莫由"（孙科，等，1971)[460]。雷沛鸿和卢作孚就是典型的代表，他们分别在西部地区的广西和四川办学，取得了卓著的成效，形成了独具特色的办学模式，"融入式办学"和"互摄式办学"取向非常值得我们研究与借鉴。

雷沛鸿和卢作孚在国际视野、时代精神、本土意识三个本土化因素方面具有相似的表现，而他们又各具特色、和而不同，因此可以说是具有殊途同归、异曲同工的意蕴。雷沛鸿创立的"融入式办学"取向，主要体现在本土化之"化"，将西方教育"融入"中国，并能积极立法，将办学合法化、制度化；卢作孚创立的"互摄式办学"取向，则体现在本土化之"性"，强调中西教育的互摄关系，创建适合自己地方的办学体制，实用意识更加强烈。

第一节　异曲同工的救国策略

近代以来，内忧外患造成的"数千年来未有之变局"使许多志士仁人感到，救亡图存成为中华民族的急迫任务。于是，兴起了各种救国思潮，教育救国和实业救国是其中两个重要的思潮，不仅历时较长，而且影响深远。当时教育救国论者认为"改革教育是消除国难的根本办法"（陈果夫，1971)[494]。过去学界多从政治角度来批评这一观点："教育救国的实质毕竟是改良性质的，教育救国的实践是失败的，革命才是中国的出路。"（吴玉伦，2005)[123]近年来，已经有一些学者认识到教育救国的积极意义，指出教育救国是中国现代化进程的必然产物，是对国家和民族"根本的救治"，"但又不简单排斥政治制度和经济制度的变革"（黄升任，1999)[48]。客观地讲，革命成功是为社会改革和建设提供条件的，并不是说革命成功国家就强盛了，还必须进行包括教育在内的改革创新，才能真正实现中华民族的伟大复兴。如果说政治体制是国家强盛的大脑，那么经济建设与文化教育是国家走向现代化的两翼，也是长久之计。因此，当时先贤们在教育救国和实业救国方面的努力，值得我们深入研究与思考，具有相当重要的历史意义和当代价值。

雷沛鸿和卢作孚在早年都曾是教育救国的坚决支持者和实践者，正如雷沛鸿所说："倘使我的一生一世，能及见中华民族复兴，我愿意在中国学丹麦的格龙维一样。我立志创立一种新教育制度——即国民基础教育——恰如丹麦之有庶民高等学校。倘使我不能及身亲见中华民族的复兴，我愿如捷克的爱国者、教育者可缅尼士（Comenius，1592—1670）①，把我的著作遗留于人间，而得后人发挥光大之。"（雷沛鸿，1993）[232]后来遭到挫折，雷沛鸿依然坚持教育救国，而卢作孚则转向了实业救国，但他所创办各种事业仍以教育为基础，时刻不忘记办学。

一、早年教育救国的理想

（一）丰富的教育实践

雷沛鸿和卢作孚早年都曾在各级各类学校任教，参与教学和管理工作，积累了丰富的教育经验。雷沛鸿在武昌起义前后曾在浔州中学、桂平中学任教，并曾先后担任左江师范监督、南宁中学校长。出国留学回国后，1922年，他曾任广东甲种工业学校校长，后来又任上海国立暨南学校（暨南大学前身）师范科和中学科主任。1928年冬，雷沛鸿应高阳邀请到中央大学区民众教育院和劳农学院任教，1929年10月，他担任江苏民众教育院、劳农学院教授，并兼任国立中央大学教授，1930年夏，他任合并后的江苏省立教育学院的教务主任兼研究部主任。卢作孚1908年在成都开始招收数学补习生，一边教学一边自学，还编写了《代数》、《三角》、《解析几何》等习题解答书。1913年，他离开成都到川南江安中学教数学。1915年，他在合川县福音堂小学任教。1917年夏，他又到合川担任县立中学监学兼数学教员。雷沛鸿的教学主要集中在大学，卢作孚侧重中小学。

这些教学和管理实践，对他们的成长和日后办学都起着至关重要的作用。他们通过实践了解了中国国情和教育实际，坚定了救亡国家、为国献身的意志。他们对教育规律、办学方式有了深刻的理解，初步形成了自己的办学思路。他们接触了基层学校的师生，深知民众的教育诉求，从事教学与管理工作时也深知办学的甘苦与困难。

---

① 可缅尼士，即夸美纽斯。原书中 Comenius 误为 Bomehing，引用时改正。

（二）初步掌管教育行政

雷沛鸿和卢作孚早年都曾有掌管一方教育行政的经历。1921 年 8 月—1922 年年初，雷沛鸿担任广西省长公署教育科长，推动广西中等教育改革，在各县设立督学局，加强县级教育行政。1922 年年初，他来到广东担任广东省教育委员会委员，后去菲律宾考察教育。1927 年 3 月—10 月，他被国民政府任命为广西省政府委员和广西教育厅厅长，全面调查了广西省教育状况，制定了关于教育行政、学校教育、党化教育等一系列教育方针政策。1929 年 7 月—10 月，他又任教育厅厅长。

1921—1922 年，卢作孚到泸州任永宁道尹公署教育科长，在改革学校教育、建设社会教育和改造川南师范学校等取得了一定的成果。1924—1925 年，他向杨森倡议建立成都通俗教育馆，并出任馆长。经过努力，成都通俗教育馆成为群众性文化娱乐、科学教育、宣传新文化的中心，推动了民众教育发展，他也展现出了出众的组织领导能力。

这些教育行政经历使他们更深刻地认识到中国的政局和困境，理解了政权、财权、军权在办学中至关重要的作用，为此后办学中与政治、经济等方面的合作奠定了基础。他们锻炼了自己的管理能力，展现了沟通协调、统揽全局的领导才智。这种地方教育行政管理，已经远远地超出了一班一校范围，他们已经开始在更高层次上谋划教育前景，促使他们的办学思路越来越明晰。

（三）遭遇挫折与困境

雷沛鸿和卢作孚这一时期的教学和管理实践并不是一帆风顺的。中国混乱的政局，尤其是广西与四川的军阀割据混战，使他们的教育活动困难重重、一路坎坷。由于形势所迫或自身需要，他们教学或管理时间一般都不长，经常变换职业和职位。且文化教育不受重视，他们的办学活动经常受到各方面的非议，甚至掣肘，尤其是经费不足、人才缺乏、行政不畅等，是经常出现的困难。

这些境遇对他们来说是挫折，不利于他们的事业发展。但"天将降大任"必先"苦其心志"，这些对他们又是一笔人生的财富。在这些并不顺利的经历中，他们锻炼了自身的能力，了解了基层的教育实际。他们认识到现实的困境与艰难，这非但没能动摇他们矢志办学的决心，反而增加了他们的办学经验和克服困难的勇气。

二、两种救国理想的共同教育追求

（一）民族主义倾向

近代西方国家开始创建资本主义制度，尤其是法国大革命以后，形成了许多民族国家，促使民族主义观念兴起。"西方民族国家（从而是民族主义）的形成和发展过程是两种主权即民族主权（national soverergnty）和人民主权（popular sovereignty）的互动过程……就是说在民族国家形成过程中，人民不再是一个被动的政治角色，而是一个积极的主动参与者了。从这一角度来看，民族主义和自由主义是同一的。"（郑永年，2000）[208]有学者指出，英语中"nationalism"应译成"国族认同"，表达国家与民族统一体的意思，而"民族主义"应与"ethnonationalism"对译，指某一族群（ethnic group）对本族体的认同和忠诚（任军锋，2003）[4-7]。本书为了尊重习惯、避免引发歧义理解，仍然使用"民族主义"一词来表达"国家与民族统一体"的含义。应该指出的是，民族主义在传入中国过程中，由于各种因素的作用，"民族主权渐渐占据最主要地位，而人民主权变成国家主权，民主主义（democracy）变成了国家主义（statism）。"（郑永年，2000）[213]

教育领域受到了民族主义的深刻影响，一些教育家开始强调教育为国家服务，许多国家兴起了国民教育热潮。"近二三百年来，全世界的人类受了民族教育的影响，所谓'民族独立'、'民族自觉'、'民族自治'、'民族自由'等运动，相继产生。"（雷沛鸿，1989）[124]德国近代著名教育家凯兴斯泰纳①就是倡导国民教育的典型代表。他主张建立一个"文化法治的国家"，国家要给每个人最广泛的教育，使他们懂得国家的职能，并有能力也乐意尽最大努力担负起他们在国家组织中的职责，即通过公民教育使个人逐渐完善以实现为国家服务的目的。他说，"我十分明确地把培养有用的国家公民，当作国家国民学校的教育目标，并且是国民教育的根本目标"，具体任务分为三项：一是"帮助每个受教育者，在集体中从事某项劳动"；二是"使每一个个人养成将其职业视为一种职责的习惯。这一职责的履行，不仅仅应该以维持自己的生活和伦理的自我标榜为准则，而且应该以经过整顿了的国家

---

① 凯兴斯泰纳有时又译为"凯善西台奈"、"恺善西台奈"和"克兴泰纳"等。

利益为准绳"；三是国民学校的最高教育任务，"开发受教育者的兴趣和能力，使他们在从事职业劳动的同时，或者通过所从事的职业劳动，当然，也不排除通过为自我的劳动、为完善其特有的人格价值所进行的劳动，作出他应作出的贡献；使他所隶属的现有国家能够沿着实现一个伦理集团的理想的目标发展"（凯兴斯泰纳，1993）[16]。这些都表明他的民族主义教育思想虽然不排除教育的个人作用，但最重要的是其为国家做出的贡献，当个人发展与国家利益发生冲突时，个人一定要服从国家。1919 年，德国魏玛共和国制定的新宪法将他倡导的国民教育和劳作教育定为初等学校的必修科目，瑞士、英国、法国、俄国等也纷纷效仿。1935 年，他的《劳作学校要义》被译成中文在华出版。

适逢近代中国遭遇了严重的民族危机，救亡图存成为时代的命题。于是，清末就兴起了教育救国的思潮，成为知识分子救亡的主流思想之一。中华民国的成立使民族国家成为现实，而救亡图存的任务却依然未能完成。因此，民族主义使教育救国成为社会发展的必然逻辑。中国近代教育家对德国、瑞典、丹麦、墨西哥等国教育促进国家强盛的经验非常推崇。当时许多人介绍西方的国民教育思想，比如：1912 年《教育杂志》第 5 卷第 10、11、12 期连续刊载了《凯善西台奈之教育说》（署名"志厚"，即樊炳清）的文章，详细地介绍了凯兴斯泰纳的国民教育思想；1916 年由商务印书馆以《凯善西台奈氏教育说》为书名出版；1912 年天民（即朱元善）发文认为"恺（凯）善西台奈之说为近时德国公民教育问题发端之一，恺（凯）氏以近世立宪国日渐发达，其国民务宜加以教育，使大多数之感情、思想、意志、行为成国家的公民"（天民，1912）[116]。李石岑也介绍其思想："克兴泰纳是一个公民教育的代表者，他于公民教育、勤劳作业主义、补习教育等，提倡最力。"（李石岑，1925）[33]"五四运动"之后，教育救国运动掀起了新的高潮，人们日益重视国民教育，雷沛鸿和卢作孚的办学就是这一思潮的具体体现。"诚以在现代民族的国家中均有一种极明显的趋势，即以造成民族的伟大地位为教育所有最终鹄的是。而在此项教育运动之下，最有成效者当推德国与美国"，"我们必须运用整个民族的力量以图自卫……我们必须集合全国人民，以共赋同仇。惟其如是，我们遂不能忘情于民众，尤不能忘情于民众教育（因为它是为民众而办的教育）。"（韦善美，马清和，1989）[49,48]民族主义与爱国主义交织在一起，塑造了近代知识分子的爱国救亡情怀，融入教育家办学的理论与实践中，成为近代教育变革中一以贯之的核心主线。

虽然民族主义也会出现军国主义、沙文主义等极端样态，人们对民族主义的评价褒贬不一，但是在近代中国面临生死存亡的危难时刻，强调民族觉悟、民族独立、国家富强是中华民族的必然选择，民族主义有其存在的合理性。教育中的救国意识成为教育家们的自觉行动，正是通过学校教育、社会教育、民众教育等方式的宣传与传播，救亡图存的民族意识才能深入人心，体现在社会变革的各个方面。民族主义教育表现为教育制度的国家化、学校教育的社会化、注重公民教育、教育中强化民族意识等（王春梅，2006）[22]。

当然，这也有中国古代教育家孔子提出的"庶、富、教"原则的影响。孔子的原意是先"庶"再"富"后"教"，近代教育家则更强调国家富强和教育繁荣，而且这三者由先后关系变成并列关系，甚至教育成为国家富强、经济繁盛、民众素质提高的基本条件。

（二）普及教育

随着西方民族国家的建立和资本主义经济的高速发展，对普通劳动者科学文化素质的要求提高，受教育权也作为公民的基本权利得到保证。于是，普及义务教育成为近代以来教育发展的重要趋势之一。从 16 世纪宗教改革中马丁·路德、加尔文等提倡义务教育，后者还因首先进行义务教育的实践被称为"义务教育之父"，而后许多国家开始由国家政权掌管教育事业，大力推广义务教育。义务教育作为工业文明的重要成果，成为近代中国教育家积极倡导的一种教育制度，也是实现教育救国的重要措施。

雷沛鸿认为"教育是人民的权利，而非人民的义务，强迫而又免费的实施是政府的义务，而非政府的权利"（韦善美，马清和，1990）[3]。他利用六年左右的时间，在广西普及了国民基础教育，使儿童和成人都能接受一定的教育，为推动广西政治、经济、文化、军事等各项事业的进步做出了重大贡献。1933 年，广西省有 25494 个行政村街，其中只有 12640 个村街办有初级小学（不含乡镇办的高级小学），只占行政村街总数的 49.6%。而普及国民基础教育运动后，1940 年全省 2339 个乡镇中 2273 个设有中心国民基础学校，占 97%；全省共有 23958 个行政村街中 19298 个设有国民学校（乡镇中心国民基础学校所在地的村街不另设校），未设校的村街仅有 2387 个，占 9.94%，基本实现了乡镇设有中心国民基础学校，村街设有国民基础学校（广西壮族自治区地方志编纂委员会，1995）[196]。

卢作孚在北碚等地也积极创办各级各类学校，使儿童能得到相应的基础教育，青年能接受一定的职业教育，总之人民"皆有职业，皆受教育，皆能为公众服务，皆无（不良）嗜好，皆无不良的习惯"（凌耀伦，熊甫，1999）[360]。他重视普及小学教育，认为"小学教育普及已各国通例。国家有施行之义务，人民有入学之义务，我国江浙各省，均已注重义务教育之实施。吾川各县，虽亦间有呼声，而经费不充，奉行不力，学龄儿童之未能入学者仍属多数。现值训政期间，宜速令各县调查学龄儿童确数，计划设立相当之义务小学，实行强迫入校，尤其注重多设乡村小学，以收普及之效"（凌耀伦，熊甫，1999）[171]。1936 年，北碚已经有完全小学 4 所，初级小学 14 所，学生 1300 人，加上私塾学生，总计 2503 人，儿童入学率为 21%；1945 年，儿童入学率增至 80%；1949 年，全区公立小学 61 所，学生 9227 人，私立小学 9 所，学生 2224 人，总计 11451 人，儿童入学率达到 89%（赵戎生，2001）[479]。

当然，他们普及教育的层次比较低，甚至儿童只接受一两年的教育，但这在内忧外患、社会凋敝的民国时期已经非常难得了。

（三）重视道德教育

德育是教育关注的一个重要方面，受教育者的道德一直是古今中外教育的重要主题。当然，不同国家、不同时代德育的目的、方式和内容等有巨大差异。近代中国德育有了新的内涵，从严复的"新民德"到蔡元培的"公民道德"教育，与君主专制下的忠君尊父为中心的"三纲五常"政治性道德和家庭伦理迥然不同，民主、自由、平等的新公民教育成为历史趋势。他们主张道德教育应该包括爱国主义、社会道德、职业道德等方面，实施德育的方式是知行结合。他们的道德教育内容具有一致性，如爱国主义、乐于奉献、积极进取等。雷沛鸿在 1938 年提出战时民众教育的六条目标，前四条都是关于爱国主义的："1. 唤起民族意识；2. 激发爱国情绪；3. 坚强抗战意识；4. 建设团结一致的国民心理"（韦善美，马清和，1989）[115]。但他们又各有侧重：雷沛鸿将道德教育蕴含在国民教育之中，侧重民众精神的培养，如热心服务、团结奋进等，尤其是希望民众有正确的人生观、世界观、宇宙观，才能适应世界的潮流，控制剧变的环境，引导民众的生活。这是一般意义上的青少年应该具有的精神品质。卢作孚强调在教育中培养道德的重要意义，更加注重职业精神培养，如建设家乡、大公无私、严谨细致、爱岗敬业等道德品质。他的主张更具有实用性。

三、不同救国理想的教育理念

（一）救亡图存的教育目的

中华民国国民政府规定："中华民国之教育，根据三民主义，以充实人民生活，扶植社会生存，发展国民生计，延续民族生命为目的，务期民族独立，民权普遍，民生发展，以促进世界大同。"（国民政府，1987）[289]但是雷沛鸿认为："这些目的、课程、方法和整个教育观念，都是根据过去的传统思想产生，并非根据客观现实的要求和透过主观的深切研究，因此，我们现在的探讨，乃成为十分需要的工作，因为这个问题，必须我们教育同人来考虑研究，否则传统观念的教育在应付现实的大时代，必难收到美满的效果。"（韦善美，马清和，1993）[193]因此，他将国民教育的最高目标定为"彻底改造中华民族的整个文明"，目前最低限度的目标有三项，即"减除民众苦难"、"保育民族生存"、"促进世界和平"（韦善美，马清和，1989）[158-160]。他在强调"教育机会均等"基础上教育的社会功能，将个人成长与社会进步、国家富强乃至世界和平联系在一起，立意高远。因此，民众教育努力的目标："第一，民众教育亟须对全国人民启发民族的基本概念。第二，民众教育亟须对全国人民唤起民族意识。第三，民众教育亟须对全国人民恢复民族的自信力。第四，民众教育亟须对全国人民唤起他们本身的自觉心。"（韦善美，马清和，1989）[39]

卢作孚强调教育的现实实用性，虽然识字教育是民众教育的基础，"辅助教育必先运用文字，文字本身并不是教育。我们在民众学校和挨户教育都从各种实际材料中去教人识字"，但是"民众教育主要的意义是在增进人们谋生的机会。我们觉得增加职业人数比增加识字人数更要紧"（凌耀伦，熊甫，1999）[357]。他建议普及小学教育，但因经济不足要限制普通中学之增加，并加强职业教育，以解决民众的生存问题。

相比较来看，雷沛鸿的教育目的更加高远，更强调教育的功用，从教育角度来观察社会，注重教育融入社会、贡献社会。而卢作孚则从社会角度，尤其是从民族企业家角度来观察教育，认为教育是社会经济发展和企业进步的一个人才培训机构，注重教育与社会事业的互动。他强调教育的实用功能，虽然谈到教育对个人职业的作用，但这种作用是以为社会经济服务为基础的，这种功能不需要过多的基础教育，更不必进行高深学问的探究，只需要掌握一定的劳动技能。

（二）学校教育与民众教育结合

学校教育是教育发展的基础，民众教育（有时也称为社会教育①）是教育事业的延续。但在近代中国特殊的国情中，教育相当落后，民众受教育的人数极少，而要实现救国目标必须尽快提高民众素质，只靠学校教育不仅速度太慢而且不易被民众理解。因此，学校教育与民众教育应该相辅相成，共同承担起教育救国的大任。学校教育从基础和源头抓起，解决儿童的教育问题；民众教育从现实和实用抓起，解决成人的教育问题。雷沛鸿和卢作孚对学校教育和民众教育都有自己的见解和实践，积极推进两种教育事业，提高民众素质，培养建设人才。但他们对两种教育的理解和办学路径又是不同的，在各自区域形成了不同风貌的教育形态。

雷沛鸿认为"过去中国教育最大的缺点，要在于抛弃了群体大众，隔绝了社会实际生活，今后国民基础教育的推行，必然根本廓清过去教育上所有的病症"（韦善美，马清和，1989）[91]过去人们认为学校教育就是教育的全部，他认为："①教育≠文字②教育≠图书典籍③教育≠学校，故得：①教育>文字②教育>图书典籍③教育>学校。"（韦善美，马清和，1990）[104]因此，国民基础教育是"现实社会的一个教育阶段；就人生来说，是现代儿童和成人的教育；就社会来看，是以现代的经验传递给后代"（韦善美，马清和，1990）[119-120]。为此，中国采用了三种方式来解决学校教育和民众教育问题：一是"骈技办法"，二是"另立系统办法"，三是"学校教育兼办社会教育"（韦善美，马清和，1990）[168-169]。雷沛鸿主张采用第三种办法，将学校教育与民众教育"合流"，融合形成国民教育。国民学校承接儿童教育和成人教育的双重责任，其中即有"定式"的学校教育，也有"非定式"的社会教育。这种"融入"的方式便于统筹管理、节省人力物力、办学效率较高。而卢作孚则主要采用第二种办法，认为"教育事业分为两类：一是学校教育，二是社会教育"（凌耀伦，熊甫，1999）[89]，两种教育分别进行，互相推动、促进，也兼有"学校教育兼办社会教育"的方式。这种

---

① 这些概念在民国时期使用频繁，但也存在一定的混乱，可以参阅张佳余、杨才林的论文《民国时期的社会教育与民众教育概念辨析》（《社会科学辑刊》2009 年第 1 期第 143-146 页）。

"互摄"的方式则可以发挥各自优势、办学更有针对性。

（三）明确教育在社会中的地位

社会是一个复杂的大系统，教育是其中一个重要方面，当然教育本身又是一个系统。"系统的可理解性应该不仅在系统本身，而且在它与环境的关系中寻找；这种关系不只是一种简单的对外依赖性，而是系统本身的构成因素。"（埃德加·莫兰，2008）[18]教育系统与社会其他系统之间的关系值得研究。实际上，近代的教育家们已经注意到了教育与社会的关系问题，大体有相对独立、相互依赖与支持、教育依附于社会（主要指政治）等三种观点。雷沛鸿主张教育融入社会系统，二者相互依赖与支持，反对教育独立说。卢作孚早期主张教育独立，后期主张教育与社会的相互支持、推动。

雷沛鸿指出："我们今后对于教育应认为它并不是一种偶然的事业，更不是从天降下的恩物，也不是一纸命令可以实现的公事。反之，教育要根据整个民族的生活来建立，并且随时随刻要与世界各项社会运动相适应。"因此，今后国民教育努力的目标是，教育要有原动力、要与政治合作、要与经济背景相适应、要有社会的基础、教育设施要有整个性和一贯性、教育应有远大的计划（韦善美，马清和，1990）[32]。由是可知，国民基础教育有双重意义："自教育本身言，是中国的教育改造运动；自整个社会言，是中国的社会改造运动。"（韦善美，马清和，1990）[249]在推广普及国民基础教育过程中，教育"助成"政治建设、经济建设、文化建设、军事建设，推广方式采用"三位一体"制。可见，"普及国民基础教育既是广西建设工作的一环，同时又是推进广西建设的一个齿轮，在形式上就得与广西其他建设事业一致，在内容上就得适应自卫、自治、自给的需要……由于国民基础教育的普及，广西的建设进行得顺利，又由于广西建设进行得顺利，也促进了国民基础教育的普及，几年来两者就相互影响地发展着。"（韦善美，马清和，1990）[286]雷沛鸿一生没有离开教育，不管是作教师，还是作教育官员，都体现了教育家对社会的认识，强调了教育的重要性。虽然他的观点有对教育作用估计过高之嫌，但对教育的实质、教育与社会的关系认识得还是十分深刻的。

卢作孚认为："乡村第一重要的建设事业是教育。因为一切事业都需要人去建设，人是需要教育培（育）成的，所以努力建设事业的第一步是应努力教育事业。"（凌耀伦，熊甫，1999）[89]而就国家来说，在政治、经济、文化教育三个方面，"更当以经济建设为中心，更当集中一切力量于经济建设"，因为教育的主要作用是"用以培养经济建设所需要的人才的，科学研究是用以克服经济建设所遭遇的困难的"，"学校要有实际的有效的教育，必须有丰富的图书、仪器、模型、标本；科学研究的实验室里，要做有结果的实验，必须有充分的图书、仪器、药品和一切实验必需的设备，必须有印行图书，制造仪器及供应一切设备的工厂"（凌耀伦，熊甫，1999）[604]。这是他在抗日战争即将胜利的 1944 年，为了筹划战后的国家建设发表的建设言论，能够体现出他对教育与社会之间关系的思想。他认为教育是社会发展不可或缺的重要组成部分，具有不可替代的作用，但社会进步还要依赖经济建设与政治领导，教育是为经济和政治提供人才、智力支持的。这是他作为实业家、政治家对社会发展和教育地位思考的结果。

第二节　教育管理的本土特色

教育家办学需要相当的领导能力和管理艺术，才能使教育事业实现整体推进，自己本土化的教育思想得以付诸实践。"在任何一个复杂构成的社会的政治核心中总有统治精英以及一套符号形式去表达他们真正管理统治的操作行为。"（吉尔，2000）[162]雷沛鸿担任省级教育行政长官，属于专业性的行政官员，他主要利用行政权来推进办学。卢作孚既担任了峡防局局长、四川建设厅厅长、国民政府交通部次长、粮食局局长等行政职务，又担任民生公司总经理，他办学中注意发挥经济和行政的作用。运用行政权与经济力，他们都能够有效地领导当地办学，形成推进办学的坚强团队，充分发挥每个成员的优势与特长，共同为教育事业而奋斗。

一、教育管理思想的形成

（一）西方管理思想的影响

伴随着资本主义的发展，尤其是工业革命以后工厂制度的实行，现代管理思想逐渐形成，并发展成一整套行之有效的管理体系。现代西方管理思想最初是科学取向，如美国泰勒（Frederick Winslow Taylor）的科学管理理论、德国韦伯（Max Weber）的官僚体制学说等；然后转向关注人性的管理理论，如澳大利亚梅奥（George Elton Mayo）的社会人管理理论、美国麦格雷戈（Douglas Mcgregor）的人性假定 Y 理论等；20 世纪中期以后逐渐转向组织管理，如美国沙因（Edgar H. Schein）的组织文化理论、日裔美国管理学家大内（William G. Ouchi）的 Z 理论组织哲学思想、美国圣吉（Peter Senge）的组织学习理论等。西方这些管理理论对中国的企业管理、行政管理和教育管理都产生了一定的影响，如雷沛鸿在欧美留学、多次出国考察教育获得了丰富的西方管理理论知识，卢作孚通过在上海、广西、东北、华东等地考察或自学等方式受到这些管理思想的影响。

当然，雷沛鸿接受得更多的是教育管理思想。首先，他在欧美专门研究过政治、法律等，翻译了英国戴雪（Albert Venn Dicey）的《英宪精义》，对西方民主政治和管理方式有着深刻的理解和切身感受。英国宪法中有两个"异彩"之处，其中之一就是"法律的至尊性，或称法律主治"（戴雪，2001）[228]。他在普及国民基础教育中就制定了许多法律法规，有力地促进了办学的发展。其次，他接受了欧美许多民众教育家思想。他对德意志的教育比较感兴趣，认为强制的义务教育制度对德国统一功不可没，毛奇将军也把"制胜之功归于小学教师"，但这种强制制度"压抑个性，牺牲创造，甚至摧残自由精神与自由性格"，因此，"德国教育制度在世界大战以前，以受政治及经济生活的影响之故，一方面渐造成强固组织，而特收殊效，一方面渐趋于硬化，而缺乏弹性。"（韦善美，马清和，1989）[224-225]他曾"用过一番现代教育的观察工夫，以考究在英格兰中之学制及各种教育制度的运行状况"（韦善美，马清和，1989）[255]，并以此写成《英国成人教育》一书。他考察完菲律宾的教育后，认为"一种事业如果要办得好，第一要有人；其次要有制度；第三要政策统一；第四要有相当时间和相当经费"（韦善美，马清和，1989）[437]，这成为其普及国民基础教育的指导思想。

（二）本土管理经验

中国善于进行行政管理，五千年的文明历史蕴涵着丰富的管理文化，而且有效地行政管理保证了中国历史上大部分时期的统一稳定，这是保障中华文明得以传承、创新的重要条件。雷沛鸿和卢作孚对中国传统管理思想非常推崇。中国主流的儒家管理的人性论基础一般是"性善论"，法家、兵家的基础是"性恶论"。雷沛鸿和卢作孚幼年时期都曾经接受中国传统儒家教育，雷沛鸿以第一名的身份考取了秀才,卢作孚的古文功底很深,颇有韩愈文风(周永林,凌耀伦,2001)[31]。他们对中国传统文化和管理策略非常熟悉,能够认识其中的利弊得失,并加以创造性的应用。不宁唯是,他们都生活在传统的大家族中,在经历和处理复杂的家族关系中得到锻炼,遵循了儒家"修身、齐家、治国、平天下"的成长路线。这些成为他们教育管理中的重要因素。

他们关注近代管理经验,自己也参与管理实践,成为近代管理经验的创造者。到了近代,中国教育管理带有了明显的西化色彩,如从中央到地方独立教育管理体系的建立,民众教育、职业教育、平民教育等民间教育机构的创办,现代学校制度和班级授课管理方式的流行等。他们通过阅读书报、实地观察访问、亲自执教、执掌教育行政等方式熟知近代管理的变化。他们的早期教育教学实践使他们具备了一线教师工作的经验,熟悉了基础教育管理方式。他们又曾在民众教育机构执教或在职业教育机构参观,深刻认识到当时中国教育管理中的利弊,积累了丰富的本土办学管理经验。

(三) 面临的难题

1. 政局掣肘,管理受限

民国时期,中国政局混乱,而且地方军阀割据,各自为政,这为区域化办学推进提供了客观条件,但也使教育管理局面变得越发复杂。地方军阀关注的是自身统治的稳固、经济和军事实力的增强,文化教育放在次要地位,甚至为了自身利益而插手具体教育管理。当然,军阀对文化教育也是支持的,但其前提是要对他们的统治有利,因此他们大都忽视教育发展的规律。如广西桂系当局提出的政治、经济、文化、军事"四大建设";杨森、刘湘对教育行政的干涉。杨森曾对卢作孚有知遇之恩(1921年请他任永宁道尹公署教育科长,1924年又请他任成都民众教育馆馆长,其后对他的事业多有帮扶),1935年时任20军军长的杨森向卢作孚推荐一亲戚到民生公司工作:"敝戚赖君质,工于簿记,心地光明,曾供职银行,刻欲效劳于座右。森素知吾兄进退各职员多系以考试为准,则今特越常规而荐举者,固为情谊所不能却,亦知其必不为不舞之鹤,能试之以事则感幸无暨。"(杨森,2003)[444]卢作孚严格按照规程考核,复信杨森:"所荐赖君业经接谈,苦于公司用人向取考试方式,碍于规定,未便通融,滋怅。"(卢作孚,2003)[444-445]这体现出他既结交军阀,又不奴颜婢膝,具有一定独立人格的品质,这些品质成为他在复杂政局中办学成功的重要基础。

2. 人才缺乏，执行不力

近代教育家理想是教育救国和普及教育，主要是因为中国救亡与建设需要众多的人才，要通过教育事业来培养。但教育事业本身的发展却首先遭遇了人才匮乏的困境，使一些办学思想、计划不能完全贯彻执行，出现了诸多偏差不足、敷衍应付的问题。人才与经费不足是近代办学的两大现实困难，经费还可以通过多方筹措或节约开支等方式解决，人才的缺乏都成为令雷沛鸿、卢作孚感到最棘手的问题。正如雷沛鸿所说："我们所遭遇的难关，就是人才与经费的缺乏，由此而连带发生许多困难……但我们以为经费固然困难，有了人才还可以设法筹措，所以人才的培养实为国民基础教育最重要的问题。"（韦善美，马清和，1990）[207] "人才问题是目前国民基础教育困难问题中最重要的因素……尤其是穷乡僻壤及边远县份的人才，更成问题。"（韦善美，马清和，1990）[178-179]四川的情况也大体如此。

为了解决人才匮乏的问题，他们主要采取了三项措施。一是自己培养训练人才，如卢作孚认为："现代是由现代的物质建设和社会组织形成的，而现代的物质建设和社会组织又都是由人们协力经营起来的，人都是训练起来的。"（凌耀伦，熊甫，1999）[353]二是引进人才。卢作孚引进了许多管理、技术和教育人才，"用力运动省外的人以及国外的人都到四川来"（凌耀伦，熊甫，1999）[247]，极大推动了各项事业发展。而雷沛鸿认为"大量培养人才，是解决人才问题的根本对策"（韦善美，马清和，1990）[179]，尽量不要"到省外甚至到国外去罗致人才"，因为广西的经济环境不许可"大量地借才异地"，而且"自外移植人才，当他们在时固然可以办得轰轰烈烈，当他们去后，势必归于烟消云散"。实际上广西推广国民基础教育范围广大，根本无法引进数量如此庞大的人才。本地自己培养人才虽然费时费力，使办学变得更加困难，但这种方式创立了广西人才成长的内生机制，形成了大量安心家乡文化教育建设的人才群体，也为人才的本土培养积累了丰富的经验。三是采取"三位一体"、"互教互学"、"小先生制"等方式，暂时缓解人才不足。

3. 存在争议，意见不一

一般而言，管理的基本条件是统一思想，形成团队，一致行动。但因为政见不同、利益不一、学识各异，加之新式教育属于创新之举，未有成例，而政局不稳、争斗不断，导致人们对教育事业及办学中遇到的一些实际问题的意见和解决方案并不一致，甚至出现争议，增加了管理的困难。如雷沛鸿推进国民中学遇到的争议最多，“国民中学自其创设以来，迭经磨折，横遭非议，复不一次而足……问题有如许繁多，复有如许复杂。”（韦善美，马清和，1990）[363]1935 年 1 月，胡适参观广西时，曾对《国民基础教育六年计划》中规定之方法和训练青年回到农村去，表示了怀疑（韦善美，马清和，1993）[301]。卢作孚在北碚推进乡村建设中同样遇到了许多误解与质疑（凌耀伦，熊甫，1999）[86]。面对诸多质疑与非议，他们主要采取了三项应对措施：一是加强研讨与论证，坚信自己办学方向的正确性，对教育变革充满信心；二是欢迎省内外人士参观访问，认真听取建议和意见，吸收其中合理成分，以改进办学；三是加强宣传教育变革的理念，积极与各界人士沟通，使人们能够真正理解教育变革的内涵、策略和前景，争取得到更多支持。

4. 办学经费捉襟见肘

近代中国经济落后、政局混乱、战乱频仍，加上本身人口众多、工业经济不发达、地区发展不平衡等因素，导致教育经费投入严重不足。1940 年，雷沛鸿曾说：

> 国民基础教育的经费问题，直到现在还是捉襟见肘，未稍减其严重性，这可概见于下方的现象。第一，是贫瘠县份经费支绌。第二，是学校基金与乡村公产，一时未能积极筹建。第三，是省库因为办理各种建设事业，开支浩繁，除按年照中央义教协助费提拨义教协助费外，无力加拨补助各县（韦善美，马清和，1990）[261]。

1937 年，时任嘉陵江三峡乡村建设实验区署副区长的卢子英分析了当时北碚教育经费捉襟见肘的现状：“每年学校教经预算需一万八千余元”，而现在：

> 共可得一万一千余元，故年来负债几达七千元左右。在区署以为各校师生（尤其教师）悉负有民教与协助地方建设之一切责任，非保有保学，一切新政不易推进，势非多办义务校不可。虽负债数千，只要在服务的成绩上有纪录，能取得各方的同情，即地方之各经济事业亦可以乐捐补助，渡过难关，不幸因经费太薄，相当师资多感缺乏。而年来苦旱，煤业又万分萧条，故所有教经之负债竟尔无由补偿，大有非紧缩不可之象（卢子英，1937）[9-10]。

由此，教育经费的匮乏可见一斑。为了解决经费困难，他们采取了如下应对措施。一是积极争取中央和省级教育经费。1940 年 4 月 11 日，雷沛鸿在广西基础教育座谈会等联席会议上提到广西省教育经费问题："本省根据过去的经验，认为中央能尽量补助一部分，则我们本着'就地取材，因地为粮'的原则，去贯彻公共造产、增加民众生产的政策，自然可以解决经费问题。不过我们诚恳地希望教育分配各省经费时，不好说广西设校已不成问题，经费补助的数目可以少些。因为普设学校，固然需要经费；而充实教育，尤需要经费。"（韦善美，马清和，1990）[246]二是向社会各界募集经费，包括普通民众（可提供粮食）、省内外厂矿企业、社会贤达，雷沛鸿甚至远赴省外筹款，卢作孚通过经办的厂矿企业给教育事业一定的资助。三是合理使用经费，尽量紧缩开支。雷沛鸿一直强调："我们以不增加人民负担为前提。我们绝对不主张先宽筹经费，由政府对人民加捐加税，然后着手普及教育工作，我们不愿使人民未享受教育的惠益，而先受加捐加税的痛苦。"（韦善美，马清和，1990）[260]北碚一些学校通过自制一些教具、用品等，以节约经费。

二、区域办学的教育管理特色

（一）树立权威

管理者必须有一定的权威才能有效地实施管理，权威的树立可以是行政任命，可以是经济实力，也可以是个人智慧和管理才能，而后者是关键。雷沛鸿担任广西省教育厅厅长、广西普及国民基础教育研究院院长、广西大学校长等职，卢作孚曾任江巴璧合峡防局局长、四川建设厅厅长、国民政府交通部常务次长、粮食局局长等职务，而且还任民生公司经理。他们早期办学过程中都从事过一线教师工作，尤其是多次担任地方教育行政职务，为教育管理积累了丰富的经验。他们对学校加强管理与督导，是强化其权威的一项重要手段，如卢作孚称"实用小学下年新聘教师，请通知其必须商得同意"（卢作孚，2003）[251]，体现了卢作孚以经济力为主导的管理理念；雷沛鸿在广西设立省、县、中心区三级视导网，分派专人进行定期视导，督促国民基础教育的普及工作，行政权力在办学管理中起着重要作用。当然，雷沛鸿是本地人，熟悉当地民众风俗，家族在当地具有一定的势力，"先生的祖先是山东人，跟随狄青南下的军队统领次一公，死后安葬在横县，现在子孙繁衍已有四十万之众。津头雷氏更是人才辈出，是出了名的文明村。有'无雷不放榜'之美名，可见其人文之盛。"（马清和，2000）[54-55]这些为他办学权威的树立提供了一定的有利条件。而卢作孚虽然弟兄也不少，有兄妹六人，但家庭贫困，势力与津头雷氏相比要小得多，即使如此，他的亲兄弟们也多在他手下供职，尤其是四弟卢子英，是其北碚建设的左膀右臂。

（二）人格魅力

雷沛鸿和卢作孚都继承了中国传统文化中知识分子的高尚节操，比如"先忧后乐"、"仁者爱人"、"己所不欲勿施于人"等，也吸收了西方人文主义思想，形成了独特的人格气质和待人态度，使他们的教育管理具有了鲜明的精神特色。

1. 殚精竭虑，鞠躬尽瘁

雷沛鸿和卢作孚办学是真心实意的，不会弄虚作假或趋炎附势，对事业恪尽职守、兢兢业业。雷沛鸿全面筹划、推进全省教育事业，工作非常繁忙。比如，1935 年 4 月，他去菲律宾考察回国后的一个月，"非但终日忙碌，可说是昼夜赶程，因为在此一月之中，两下梧州，尤其是第二次，往返三日，途次奔波，费时两日，在梧一日，摒挡公务。星期六晚 11 时返省，翌日适为星期日，本拟不出席周会，而结果仍到西南村开会，返院后又为会客及琐事直累到四时始了，返厅执笔起草，至晚间八时，两目苦涩，不能支持，只得就寝，连日侵晨疾书，略有端倪，今日晨一时半即起，直到开朝会，方告守卷。"（韦善美，马清和，1993）[267]

卢作孚具有相当的个人魅力，一生为政治、经济、教育等事业奔波劳碌，但不图虚名、不求报酬。他曾经多次推辞担任政府官员的任命，如交通部部长等，在北碚和民生公司，他经常亲自训练学员、职员，与他们同甘共苦。1941 年夏，他因过度劳累导致健康情况恶化，"不仅心脏病很严重，而且双肺的肺膜也破裂，情况很危险"，医生要求绝对停止工作，静心休养，但他刚刚从危险中恢复，又马上开始工作，"不能离开病床，他就从家里发出各种工作指示，把一批又一批的人员召集到家里来，在他的病床前开会。于是，家里又成了他的指挥中心，病床又成了他的办公室。不久以后，他的病状稍有缓和，便又进城去办公。"（卢国纪，2003）[300]但由于长时间超负荷工作，当年冬天他的病情又一次恶化。

2. 廉洁自律，树立风范

雷沛鸿夫人马勤如（清和）在江苏省立教育学院第一次见到雷沛鸿时的印象："先生穿一件白色的短袖恤衫，一条米色麻料长裤，脚不穿袜，脚边一双木质拖鞋……先生态度温文尔雅，平易朴实，看来就是一位很有涵养的学者，堪称高标修洁，怪不得受教于他的学生都那么喜欢他，敬爱他。"（马清和，2000）[14]广西省教育厅与普及国民基础教育研究院之间的路程步行大约得一两小时，雷沛鸿作为厅长配备有一辆汽车，"凡在路上遇到乡亲、研究院的同工同学，坐在车上的院长都会请司机把车停下，请路边的行人乘车，一路回津头村或进城。"而且，"因为他上下班没有准时，用车时间，很难规定，尤其是他那不愿增加别人麻烦的作风，司机很难配合"，于是他从上海买回来一辆自行车，以方便上下班交通，可第一次骑行就连人带车掉进了鱼塘（马清和，2000）[78]。卢作孚也是作风朴实，廉洁无私，他的秘书曾评价："卢先生一生为人勤奋简朴，不抽烟，不喝酒，无不良嗜好，不贪污，不舞弊，不谋私利。民生公司有盈余，多用于扩大再生产，他在社会上兼职所收舆马费、津贴费都捐给北碚中国西部科学院、地方医院、兼善中学等单位，自己两袖清风，在农村没有土地，在城市没有房地产，家庭生活安排有序、恬静和睦，对子女教育有方，他平时挤时间学习，晚年还能阅读英文专报，难能可贵。"（周永林，凌耀伦，2001）[95-96]

3. 弘扬正气，关心职员

雷沛鸿和卢作孚在自己以身作则的同时，重视所属职员的道德修养与教育，比如报效国家、敬业爱岗、积极上进、团结协作等是必备的素养。作为教师，"当教学时，教者和学者的人格，以语言做媒介而相接触，即以语言做媒介而相感应。如果教者是十分诚信，他说话一定是恳切，听众自然感动。于是影响所至（致），不但学者的思想可以改变，而且他们的生活可以改变。于是在实际生活上，民族思想和民族生活可以因之而改变。"（韦善美，马清和，1989）[288]因此，教师道德修养基本原则：

1. 自己必须有求进步的欲望；2. 自己必须时常不断地去修省自己，不断地批评自己，尤其是在理想——精神——方面；3. 自己必须选择适当的环境……凡是从事国民基础教育的每一个人员，应该互相提携，互相批评，互相感化。所谓同声相应、同气相求，大家都在继续不断地求生长，不断地继续求进步，以推进国民基础教育运动，使这种运动，不但要普及到全国，而且要普及到全世界（韦善美，马清和，1993）[256-257]。

卢作孚经常利用朝会或其他方式教育年轻的职员抓紧时间、努力工作、发扬"群"的精神、改掉不良嗜好、表现事业精神和民生精神等，要求职员"忠实地做事，诚恳地待人"。

（三）整体规划，建章立制

"凡事预则立，不预则废"，创办事业要详细地规划、充分地准备。雷沛鸿和卢作孚在办学前，都经过了详细的调研、考察、征求各方意见，形成统一的计划和详细的实施步骤，然后再逐步推进，绝不是一意孤行、贸然行动。这不仅体现了教育家缜密的思维、严密的逻辑和坚定的信心，而且显示出了成熟的管理素养和对事业负责、对人民负责的精神。

雷沛鸿从中国古代教育中得到启发，认为国民基础教育要做到：组织简单化、教育方法要直接，实施要求最有效力（韦善美，马清和，1990）[159]。于是：

> 我们所用的功力集中于四个任务：　（一）政治的英明领导；（二）学术策源地——广西普及国民基础教育研究院——左右逢源，前后策应，以解决问题，克服困难；（三）大量有才志青年散布于全省基层组织，掬其热诚、倾其热血，以实际苦干，而服务于民众；（四）全省广大群众翕然从风，一致地热烈参加此项运动，以效忠于民族国家。唯其如是，国民基础教育普及运动，虽则在速度上它的进展不是极快，然而在效用上，所发生的影响却极大，可谓无远弗届，而奠定了新中华文明的深广基础（韦善美，马清和，1990）[333]。

他重视教育立法，制定、颁布了许多教育法律、法规，"在他第三次任教育厅厅长期间（1933 年 9 月至 1936 年 5 月）曾亲自拟定各项法案和法规，据不完全统计，有八十二件之多。"（尹曲，1992）[170]

卢作孚支持北碚制定办学各项规章制度，而且非常注意政务公开，将峡防局的工作计划、财务收支、人员考核任用、会议记录等，在峡防局主办的

《嘉陵江报》、《北碚月刊》等报刊上刊登出来，如《峡防局最近拟办工作》、《本区教育视察琐记》、《嘉陵江三峡乡村建设实验区教育调查》、《嘉陵江三峡乡村建设实验区署教育视导暂行办法》等。但是他在教育立法方面做得不如广西，而是更多地依靠个人能力与威望来管理。

（四）依靠人才，奖惩分明

办学需要有人才，更要善于使用人才。雷沛鸿和卢作孚都重视人才的引进与培养，并且信任下属，用人不疑，给人以足够的行动空间，也能够充分考虑人才本身的成长。"无论关系到什么行动，从一个人采取一个行动起，这个行动就开始脱离他的意图。这个行动进入了一个相互作用的世界，而最终是环境在某一方向上抓住了它，使它可能变得背离行动采取者最初的意图。"因此，"行动包含着复杂性，亦即随机性、偶然性、首创性、决断、对飘变和转化的意识。"在根据计划进行的实际操作中，"行动有时的确可以满足于灵机一动即时想出的策略，后者取决于策略家的直觉能力、个人的天赋。"（埃德加·莫兰，2008）[85-86]这就要求领导层要对下属的行动给予一定的宽容与自由，允许他们自主地根据实际情况的变化，采取有利于实现行动目标的计划外行动，中国古人称为"将在外君命有所不受"。1934—1935年之交，北碚瑞山小学改为私立过程中遇到了许多困难，瑞山中学校长丁秀君遭到了质疑，因此请求辞职，卢作孚曾极力挽留（黄立人，2003）[361,368,483]，这不仅是因为他曾是卢作孚的学生，更重要的是，他是办学的重要人才。

中国人际关系复杂，从事教育行政管理难免推荐人才之事，一味收纳则对办学不利，而严词拒绝则会得罪权贵或亲朋，也会阻碍办学。面对这种比较棘手问题，雷沛鸿和卢作孚的原则是先看能力和品德，再安排合适的职位，如果能力或品行不佳则拒绝。除前文提到杨森推荐职员之事，可再举一例：1930年11月卢作孚在给自己的副手峡防局副局长熊明甫的信中提到：

> 张君浪中至友杨学优会计师之戚，曾在黄埔六期毕业，学艺，大学肄业，拟派在峡中任职。在能力未明以前，或暂在总务股助仲舒主任管理电话事业，处理电话中之材料、清厘机器及线路、修理电机、人训练几个问题。一切就绪，则或可分任非公牍之文字裁答，或暂在政治股助子裳主任担任编辑。要在第一期不即确定，视其所长所宜，经过一月以后再商办法（卢作孚，2003）[222]。

（五）注重宣传教育，调动各方面的积极因素

雷沛鸿和卢作孚都注意工作人员的教育，主要通过设立专门教育培训机构，如师范学校、茶房培训班、水手培训班、少年义勇队等；在工作岗位上通过读书阅报、职业技能比赛、演讲会、朝会等方式进行教育。宣传教育内容主要包括：职业道德、职业目标、教育理想、职业技能等。

他们善于调动各方面的积极因素推进办学。一是运用已有的管理资源，如广西在普及国民基础教育过程中，"在当时本省已经有了民团，有了乡、镇、村、街有系统的组织，这就是说我们有了推动国民基础教育的基层政治组织和政治力量……在空间上，国民基础学校不但是所学校，同时是和民团后备队、村街公所合在一处办公。在人事上又是一人兼任三长，这就是所谓'三位一体'。"（韦善美，马清和，1990）[159]二是争取政治、经济支持，如与行政当局联系，力争在权利、经费等方面得到帮助。多方面争取企业、社会贤达、民众的经济资助。三是合理调配工作人员、专家学者，使人尽其才、物尽其用。

（六）深入基层，重视调研，适时调整政策

雷沛鸿和卢作孚都自己亲自调研，发现问题。他们建立专业视导机制，设立视导机构与人员，对国民教育进行督导。卢作孚经常到北碚及各学校视察，如1935年他曾说："不看瑞山又数月矣，顷由沪上归来，方拟择时返合，一视校中活动。"（卢作孚，2003）[483]必要时，聘请专业人士来进行考察论证。1936年，广西邀请中国社会教育社组成广西教育考察团，以俞庆棠、刘平江为团长，共66人，分成政治、经济、教育、军事及社会问题等5组，历时3周，对广西进行了参观考察，写成了考察报告《广西的教育及其经济》一书，对广西教育、经济进行了较全面地考察与评价，并提出了改进意见（中国社会教育社广西考察团，1937）[1-2]北碚请中国科学社开年会时对周围地区进行了考察，帮助北碚发展教育事业。

同时，欢迎省内外人士讨论、批评。比如，广西在推行国民中学中就出现了许多争议：

> 人们不断地在讨论国民中学问题，而且对于这一个新教育制度，有许多批评。当然，讨论是极好现象；就是批评仍为一件可喜事。这正足

以表示广西社会人士与政府公务员，乃至教育界同仁，很关怀国民中学，并有兴趣于建国百年大计。因此之故，我们自不应漠然视之，更不应无情地制止之。恰恰相反，我们对于各方面的关怀，固然感谢，对于好评或恶评，仍然一律欢迎（韦善美，马清和，1990）[364]。

在此基础上，他们及时调整政策。1935年，雷沛鸿对于运行近一年的国民基础教育实验中心区的管理即是如此，经过调查研究发现中心区实验效果不佳，于是决定：

> 不能为了要训练学习生而随意调动校长和教师。以后派学习生至一村实习，时间至少一学期，指导员亦如此。过去调派频繁，使当地没有自由生长的机会，而引起不良的反应。因此，此后中心区不只学校，就是一切事业——如调查、编辑、辅导等，都要多参用本地人，目前没有本地人可用时，也要辅导本地人使能自动。训练当地校长，亦以一学期为至少限度。埌，必须由当地人自己管理（韦善美，马清和，1990）[145]。

他们以近代独特的经历、中西兼备的学识，形成了教育管理的本土化，取得了相当的成效，保证了办学的相对顺利。这种本土化的管理不仅减少了管理成本，提高了管理效率，形成了管理合力，而且积累了丰富的管理经验和独特的管理特色，为教育管理提供了可资借鉴的经验。

第三节　寻求教育与社会之间适当的张力

作为与人类社会发展相始终的一种社会现象，教育与社会之间的关系历来被人们所重视，古今中外有许多立论与争议。近代以来，随着教育对社会发展的作用越来越大，对这种关系的争议也就越发激烈，导致在教育实践中不同的价值取向和行动路径。

涂尔干（E. Durkheim）认为："教育是成年一代向尚未为社会生活作好预备的那一代人施加的某种影响。教育的目的是要唤起或发展儿童身体、理智和道德方面的某些状态，这些状态是整个政治社会和儿童将必定要生活于其中的特定环境所要求他们的。"（涂尔干，1989）[19]他强调了教育的社会性，儿童的个性要在社会性的范围内发展。莱纳兹（J. L. Lernnards）认为，教育的主要职能包括五种，即"1. 是职业社会化的主要促进因素；2. 确认、分配人才和给他们颁发证书，从而发挥身份社会化的工具作用；3. 为民主社会的公民资格而训练学生；4. 建立公众文化的同一性；5. 发展学生的人格和人类的潜能，并发挥革新源泉的作用"，同时，"教育与其他社会领域之间的相互关系还不止这些。学校还有许多潜在的职能或未预见到的结果。它们以无意的和尚未被认识到的方式产生支持某些社会现象的副作用。"（莱纳兹，1989）[97-98]这些论断都明确地表达了教育与社会密不可分的关系。教育与社会的关系在中国近代也存在争议，但是并未形成势均力敌的态势，而是教育救国思想占据舆论的优势地位，凸显了教育的社会功能。雷沛鸿、卢作孚对教育的地位与作用也有自己的思考，并且运用到办学实践中，使自己的办学具有明确的定位。

一、民国时期教育独立之争

近代许多仁人志士主张教育独立，梁启超、严复、王国维等就曾有过相关论述。而 1922 年 3 月蔡元培在《新教育》第 4 卷第 3 期上发表《教育独立议》，得到许多人响应，使"教育独立"成为一种思潮流行于 20 世纪二三十年代，并形成了一定的争议。其原因主要有以下四个方面。

首先，北洋军阀统治时期，社会混乱动荡。政治上腐败专制，无法体现中华民国的民权精神，政府更迭频繁，教育部门也是如此，自 1914—1926 年的 12 年间，教育部长更换了 38 次，教育次长更换了 24 次（陈学恂，1994）[58]。军阀重视扩充军备、争夺地盘，将大量的经费投入军事，以致挤占挪用教育经济成为常态，进而引发了 20 世纪 20 年代的教师索薪运动和教育经费之争。这种教育听命于军阀政府的情况不能满足教育发展的需要。而且，西方教会利用在华特权兴办了各级各类学校，大量进行宗教教育，在中国的影响越来越大，威胁到中国的文化安全，"去宗教化"也成为中国教育不小的课题。

其次，教育独立体现了知识分子向现代转型的成功，民主、自由、独立意识增强，更加崇尚文化教育上的自由创新。清末的知识分子已经开始了有意识地摆脱专制权力的控制，以独立地思考来解决中国的现实困境。民国时期，知识分子的独立意识日益增强，尤其是"新文化运动"使独立、自由、民主的观念日益普及，教育独立是这种文化追求的一种具体表现。这使附着于政治的教育成为一种独立的事业。教育事业不仅与政治、经济、军事等相颉颃，而且被赋予"救国"的重任，具有了现代意义上的文化内涵。

再次，教育具有特殊规律。教育是一种专业性较强的行业，它有自身独特的规律，教育家独立地进行办学也就成为合理的诉求。古代官学由政府官员管理，私塾由儒生进行教学，书院一般由硕学鸿儒来掌管，但他们大都没有接受相关教育训练，只是因为学识渊博、博取功名或养家糊口需要而进行教育活动。其中一些人自觉地认识到教育的规律，在教育事业中取得较高的成就，成为教育家，但也有一些人虽然学识渊博，但却未能在教育上有所建树，这是教育的特殊规律使然。教育独立是这一特殊性的内在要求，符合教育专业化的发展规律。

最后，受西方教育独立的影响。因为西方控制教育的教会势力阻碍了新式教育的发展，由资本主义国家接管教育，有利于教育事业的健康发展。随着工业革命的进行，西方强调普及性质的义务教育、国民教育，这需要国家进行统一领导和行政推进。西方教育独立是人文主义、自由主义思想在教育上的发展，如学术自由、大学自治等。所以欧美教育独立主要是针对教会势力对教育的控制，以实现教育的资本主义化和国家管理。这种教育独立思想被中国借鉴，如法国的大学区制被蔡元培认为是教育独立的一种很好形式，故"分大学区与大学兼办中小学校的事，用法国制"（蔡元培，1984）[178]。而19世纪末20世纪初兴起的新教育运动和进步主义教育运动也对中国教育独立运动产生了重要影响。

教育独立有多种主张：庄泽宣主张组成教育基金团来办教育、李石岑主张教育地方分权自治、周鲠生等主张教育职业团体自治、蔡元培和周太玄等主张实行大学区制等（姜朝晖，2007）[51-54]。其中以蔡元培的主张影响最大。民国初期，教育独立思潮得到了许多响应，并且在1927—1928年进行了大学区制的实践，由蔡元培任大学院院长。但大学区制并没有取得相应的效果，最终被取消，而教育独立思潮也随着国民党实施"党化教育"（后改为"三民主义教育"）而渐趋衰落。这体现了教育独立思潮的仓促与稚嫩，也表明了教育变革脱离中国实际，忽视本土化的诉求就会走弯路。而雷沛鸿和卢作孚则清醒地认识了这一问题，避免自说自话的教育独立，而是在教育与社会之间寻找一种合理的张力。

二、雷沛鸿、卢作孚在教育独立与依存之间的抉择

对于教育与社会之间的关系，雷沛鸿、卢作孚有着自己独特的看法。因为自己独特的经历和政府官员、企业经理等身份，他们都反对教育独立的观点，主张教育与社会相互支持、相互依赖。虽然卢作孚早年曾主张教育独立，但他也认识到教育与社会的密切关系："教育为国家大计，法治赖以立，实业赖以兴，军备赖以裕，即为国家所赖以存……一国之教育与其政治恒为因果，一政治之施，必赖教育为之倡导；一政治之良，必得教育为之扶植。则是教育也，实立于政治对峙之地位，而未可忽视也。"（凌耀伦，熊甫，1999）[1-3]后来他转向实业救国，使办学与其他社会事业形成互动。

雷沛鸿将教育与政治、经济、文化、军事等相结合，积极融入社会事业中，也引发了许多争议，他对此有自己的认识并做出了回应：

> 例如有人对我谈到广西的国民基础教育，他说："先生之志则大矣，先生之道则未可"，因为他认为我虽有一贯的教育理想，而做的却不是教育的工作，这论调对不对暂置而不谈，但这种观点就侧重分析归纳来论断，也未尝没有他的长处。因为他可以确定教育上的许多原理原则，而促进教育上本身的进步不浅；这种功绩是我们所不能不承认的。但在今天，我们要做的基本工作，已不足是教育自身工作，因此，不得不先将教育本身解放出来。今日欲建立一个新的教育体系，使和时代的要求、民族的生命同其广大，就不能不将教育的功能从事扩大。吾人要扩大教育的功能，就必须将教育运动与当时当地的社会运动联系起来（韦善美，马清和，1993）[195-196]。

这表明，他清楚地认识到当时中国国情，纯粹的教育独立、偏重个人发展，与救亡图存的时代精神不符，也与中华民国的政治经济体制相悖。如果有人认为这样会使教育成为政治的附庸、经济的工具，那就是对雷沛鸿的误解了。实际上，他崇尚民主、自由观念，办学中也追求平等、自由，他反对是孤芳自赏式的教育独立。这一点在他1946年作的元旦献词中可以表明：

　　我们的教育使命的问题，从世界思潮的立场观察，当可不烦言而索解。自今日以后，我们务须接受第二次世界大战的深切教训，以轴心国家的失败为鉴，又以德漠克拉西的成功为法，而改造我们的教育理想，厘订（定）我们的教育政策，建立我们的教育制度，随之，复依需要而试验而发展我们的教育方法。由学术自由以取得思想自由、信仰自由、出版自由、言论自由、集会自由；由文化的民主以取得政治的民主、经济的民主、社会的民主。这是我们的教育使命的第二要旨。可是，让我补说，这并不是次要的教育使命；其实，比之第一要旨，实具有同等重要性。诚以，和平与集体安全保障，固然是世界人类（包括中国国民在内）的主要生存条件；各种自由与各种民主，依这番大战实地考究，仍然是世界各民族（包括我中华民族在内）所以"保世滋大"的万年有道之基（韦善美，马清和，1989）[139-140]。

　　教育是培养人才的事业，社会的发展必须依靠人才，因此教育事业是社会发展的坚强基础，必须受到足够的重视。雷沛鸿认为："教育就民族生活而言，我们可以说教育是民族生活的工具。教化民族成员，传递民族文化，具与民族生活有生以俱来，却不与有死以俱去。申言之，教育与民族生活有生以俱来，随民族生命的延续而长生不老；因为民族生活是长生不老的，是须（需）要教育以改造与推进的，所以教育也长生不老了。"（韦善美，马清和，1989）[123-126]因此，教育内容侧重政治教育、生产教育、健康教育等。国民基础教育的原动力是"中华民族的生活力"；目的是"将欲图整个文明的改造，析之可分为：政治建设；经济建设；文化建设；社会建设"；目前最低限度的努力是：减除民众苦难，保育民族生存，促进世界和平（韦善美，马清和，1989）[159-161]。这些国民教育的基本思想与构想都与社会、国家、民族紧密融合。卢作孚将乡村建设分为教育建设、经济建设、交通建设、治安建设、卫生建设、自治建设等，综合地考虑农村建设与发展问题，但依然认为"乡村第一重要的建设事业是教育"（凌耀伦，熊甫，1999）[86-101]。因为"教育为世界文化之根源，提高民族之热力……知识之是否普及，视其国民识字之多寡为衡教育之良窳，关系一国之兴衰，中外古今，理无二致，谋国者诚不可不注意及之也"（凌耀伦，熊甫，1999）[169]。因此，他们对中国国家建设、社会发展有着自己理性的分析，清楚地认识到教育事业在社会发展中的地位与作用。这是他们在西部地区矢志不渝地兴办教育的根本动力，也是促进当地在教育事业基础上各项事业蓬勃发展的基本原因，更是保证西部地区走向现代化的重要条件。

教育要想迅速发展，必须充分利用社会上各种有利因素，在体制内寻求合理发展的空间，如果游离于现行体制之外，甚至与现行体制抗衡，那么其发展必定受到极大的阻碍，办学活动会被勒令停止。在这种对抗的情况下，只有先推翻现行体制，教育才有发展的可能性，那就走上了革命道路，这也是革命派否定教育救国、实业救国、科学救国等救国方略的原因。但是，要让教育承担革命建国任务也是不现实的，而且革命成功只是"万里长征走完了第一步"，还是需要教育、实业、科学等进行变革发展，共同促进社会的繁荣进步。雷沛鸿指出："辛亥革命确能演出中国自有历史以来所未有的变局，而且长此遗留我们及后世子孙以十分艰巨的工作。将欲完成这样艰巨的工作，教育在诸种社会机构中，实为极端重要的一种利器；随之，它必须负担起极大责任。这是要说，中华民国的教育，在如此庞大运动之下，亟须要涵盖一切的百年计划和继续不断的努力。"（韦善美，马清和，1989）[83]因此，教育变革的改良特性是符合教育自身规律的，也由于此，教育在社会中依靠其他资源谋求变革发展是正确的选择。雷沛鸿在推行国民基础教育过程中，实行"三位一体"，与四大建设合作，卢作孚在乡村教育、民生公司办学中都重视其他事业对教育的支持。政治要为教育家办学提供自由宽松的环境和法律制度的支持；经济上要给教育提供充足的经费，保证教育机构能够顺利而高效地运行，减少教育家和教师的后顾之忧；文化上要给教育以理论、智力的支持，增强教育事业的活力。

教育与社会政治、经济、军事等因素和谐共生、协同发展，是社会进步的重要表现。社会是一个由政治、经济、文化教育、军事等因素组成的整体，而这种划分是为了研究方便而进行的分解。实际上，人们在工作和生活中感受、接触的是社会的整体，许多问题是综合地考量，不会细分到底是政治问题还是经济问题抑或教育问题。因此，教育作为社会的一部分，融合在社会中，为社会发展做出贡献。教育事业的地位也由此得到提升，从社会的附庸变成与其他事业具有同样重要价值的因素，其社会价值在近代社会得以彰显。问题的关键是，教育与社会之间如何保持适当的距离与合理的张力。

三、教育与社会之间的合理张力

余英时在分析中国文化重建时曾论及学术文化与社会政治的关系：

> 　　学术和文化只有在民间才能永远不失其自由活泼的生机；并且也惟有如此，学术和文化才确能显出其独立自主的精神，而不再是政治的附庸。但是这并不表示学术与文化必然是和政府处在对立的地位，或与政府不发生任何关系。在现代化的社会中，学术与文化有时可以是一种"批判的力量"，但这种批判的锋芒并不是专门指向政府的。另一方面，政府对学术与文化则有从旁支持与奖励的责任；这种支持与奖励又往往是和现代化的程度成正比例的。我说"从旁"，其意在强调学术与文化自具独立的领域，政府只有提供经费的义务，而无直接干涉的权力（余英时，2004）[432]。

　　实际上，教育也是一样，它不能完全脱离社会而独立，也不能成为权力的附庸和工具。一方面，教育不能脱离一定的社会关系，时代背景为教育的发生预制了它的视野和框架，即每一个时代都有自己时代的人之形象，每一个时代都有属于自己时代的教育；另一方面，教育总要发挥它自己的主体性、超越性，通过它所培养出的新人、所创造出的新文化来推动社会的前进和人类的进步。"前者可以说是教育的受动性，后者可以说是教育的主动性。"（王啸，2002）[10]可见，教育与社会之间应该保持合理的张力。这就需要在教育与社会之间确立一种既不依附又不完全脱离的新型关系。"教育的基础性、全局性、战略性决定了它不应是政治或者经济的简单附庸，不应成为短期政治和经济的实用工具，而应真正确立教育的公共性，确立教育、学术为社会之公器的价值，从而确立教育的战略地位。"（杨东平，2003）[328]

（一）历史的向度

　　教育学者在研究教育时不应就事论事，"而是在一个广阔的社会历史时空中来认识教育，这种历史意识在每一个具体的细小的教育问题上都体现出来。他们所关心的是教育问题的整体的理解和解决，而不是头痛医头、脚痛医脚的开处方。"（石中英，2005）[186]历史上，中国就有"建国君民，教学为先"的主张，历来重视教育，但这种重视是从培养统治人才、加强社会教化角度出发的，目的是国家安定、统治稳固，重视对教育事业的控制。中世纪，西方教育主要由基督教会控制，进行宗教宣传、培养神职人员，近代以来公共教育由国家接管，体现了国家意志。民主自由思潮反映在教育上，就兴起了教育独立思潮。

近代兴起教育独立思潮不仅有其合理性，而且其理论与实践对我们正确理解教育与社会的关系具有启发意义。在全国推广国民基础教育之后，雷沛鸿谈到了推广的要点，将教育与社会的相互关系阐述得比较合理：

> 在我看来，为教育而教育固然不行，单把教育与新县制联想也还不够，必须进一步地使教育与五五宪法、宪法运动以及当前神圣的抗战建国运动密切联系，才能发挥国民教育的功能……而成功的要素，则有赖于四大要求：第一，政府积极的领导；第二，学术精密的策动；第三，干部认真的执行；第四，群众热烈的参加。这四大要求，能如愿以偿，普及国民教育叱嗟可办！（韦善美，马清和，1990）[248]

文化教育的繁荣需要稳定的社会环境、宽松的统治政策、大力的经济支持。不论是中国的春秋战国时期，还是西方的启蒙运动时期，政权对文化教育都比较宽容，才产生了影响深远的文化教育成就。

（二）发展的向度

社会的发展与成熟，民主与法治是现代国家的基本特征，使国家政权能够理性而审慎地处理教育与社会关系的问题。工业经济繁荣要求普通劳动者具有一定的科学文化知识，并且要求越来越高，这需要教育来培养合格的劳动者。因此，教育的地位受到尊重，教育政策的调整也有了相对公正合理的限度。教育的发展与成熟，使它对社会的贡献力越来越大，这一点不仅表现在政治思想教育、人才培养、公民基本素养提高等方面，而且表现在文化的传承与创新、社会的进步与稳定等方面。这促使人们重新审视教育的作用，重新考虑教育与社会的关系。人的发展与成熟，使个人的成长，尤其是思想、知识与能力等综合素养的提高，成为人们追求的目标，但人的成长要在一定的社会环境中进行，也要在社会环境中表现和被认可，因此，教育与社会的关系问题也成为每个人关注的话题。

（三）文化的向度

教育与社会之间的关系，是个人与社会关系发展的缩影，体现出个人尤其是知识分子对自身价值的肯定和对社会贡献的渴望。虽然每个人对这种关系的理解不一致，有的偏重教育，有的偏重社会，有的二者并重，但都建立在承认教育价值、重视文化作用的基础上。当然，不同的主张其价值判断是不同的，对个人来讲可以有自己的独立观点，但对国家来说却必须有一个明确、合理的政策，才能使教育与社会和谐地发展。同时，教育作为传承、创新民族文化的核心载体，必定受到统治者的重视。但是，专制统治重视课程灌输、理论说教、固化教学等，忽略教育培养人的本质；而民主统治则重视教育变革、教育本真、自由平等，强调教育的创新活力和办学自主。

（四）分析的向度

从教育外部来看，教育经费、教育立法等应该相对独立，教育行政、教育规划等则要与社会合作。

从教育内部来看，学校管理、教学安排、教学方式等相对独立，而知识选择、课程设置、教学评价则要注意社会的要求。

从行政管理角度来看，国家应该在充分调研、讨论的基础上制定教育的大政方针，而具体的操作实施则要放权给教育家、教育机构，使其有自由的发展空间。当然，这种自由又不是绝对的，而是要遵循一定的规律与法律法规，要受到一定的限制。"其实我一向承认在学术上的研究应该有自由，但自由究竟如何解释，立加斟酌。倘若专就学术研究立论，我以为自由研究固是重要，有计划的研究尤其重要。果尔，所谓自由必须有限制。"（韦善美，马清和，1993）[276]

从教育层次来看，初等教育属于国民教育范围，受国家政权控制较多，而中、高等教育则更强调学术自由、教授治校。比如，雷沛鸿在谈到国民中学教育作用时认为：首先，先从教育平等做起，如教育机会均等，然后法律平等就可实现；其次，实现自由的理想，国民中学的学生能够审问、深思、远见，"在思想上，不是'木头'；在言论上，不是应声虫；在行动上，不肯盲从"；再次，实现博爱理想，尊重每一个人的生命、自由与劳动（韦善美，马清和，1989）[169-170]。

当然，"按照新世界、新国家的形象来重新铸造国民，此举对农村居民而言带有很大的破坏性……现代化的象征本身掩盖了一场权力斗争。在此斗争中，政府与激进的民族主义者均想扩大自己的势力，每一场在现代化的名义下所进行的干预，其结果都是政府权力的进一步扩展。”（杜占奇，2003)[87,103]教育在这种权力扩展中地位和权利受到威胁，教育独立思潮就是对这一趋势的反应，是教育争取自由权利的一种表现，因此对教育过分强调社会功能和国家价值也有争议、批评。

第四节 本土情结下的办学理念

近代以来，人文主义、实用主义交织在一起，对教育产生了极大的影响。人文精神体现了对人的自我价值、个人尊严、民主自由的尊重，实用主义则凸显了对现实价值、实际效用的追求。这两种思想在古代就以不同的形式存在着，近代经过文艺复兴和启蒙运动的倡导，得到了普遍认可和广泛传播，许多人以此作为价值取向和行动准则，它们成为世界性的思想潮流。它们在近代传入了中国，在民国时期以“民主与科学”的名义得到广泛传播。近代以来教育家办学时常徘徊于两者之间，难于取舍。雷沛鸿和卢作孚办学的基本理念中明显地体现了这两种思想，指导着他们的教育思想和办学实践。

一、人文主义与实用主义传统

（一）人文主义

人文主义也称为“人道主义”，从古希腊、古罗马时期开始，西方就已经显现了人文精神，在文艺复兴中人文主义得以彰显，成为西方重要的思想流派。

> 欧洲文艺复兴时期人文主义者提出的以人道反对神道、强调尊重儿童、注重使儿童身心全面发展的教育思想。主要创始人为意大利教育家维多里诺，法国作家拉伯雷、蒙田，尼德兰的伊拉斯谟等。他们反对神权，肯定人的价值，主张保障人的权利，恢复人的尊严；反对禁欲主

义，注重现实人生的意义和对世俗幸福的追求；反对封建世袭制，要求自由、平等与个性解放；反对盲目信仰和崇拜权威的蒙昧主义，推崇理性，重视科学知识。人文主义教育思想以重视儿童和尊重儿童个性为特征，以发展儿童的人格为任务，提倡儿童身心全面发展，德、智、体并重（顾明远，1998）[1276-1277]。

英国学者布洛克（Alan Bullock）将人文主义传统的特点归结为三点。第一，人文主义集中焦点在人的身上，从人的经验开始。这不同于神学把人看成是神的秩序的一部分和科学观点把人看成是自然秩序的一部分。第二，尊重每个人的价值和尊严，这就要求重视培养个性意识的教育和个人自由。第三，人文主义始终对思想十分重视，认为通向真理的路不止一条，其他文明不论是过去的还是现在的，不论是古希腊的还是中国的、罗马的、法国的、印度的文明，它们所形成的道路，都需要认真对待，需要做出努力根据它们自身的条件来了解它们（布洛克，1997）[233-236]。这些主张不仅对教育变革、教育理论有指导意义，而且提出了对待不同文明的正确态度，对构建本土化的文化思想具有启发意义。

人文主义关注人的潜在价值和创造能力，"认为教育是把人从自然的状态中脱离出来发现他自己的humanitas（人性）的过程。"（布洛克，1997）[45]因为教育中贯彻人文精神，不是简单地学习人文主义理论知识或背诵相关条文，而更重要的是将人文主义融合到办学思想、教育变革中，成为教育的核心内涵之一。"这样与人文学的接触之有价值，不仅是因为它可能产生的结果，而且也因为这一活动本身，它在深入其他各国人民的天地和思想时也牵动了想像力和感情。一般的教育往往倾向于向学生灌输知识，仅限于向他们传授技术和方法，而这里使用的方法却是着重人的本性之中感情和主观的一面，这对年轻人来说是十分重要的，如果要让年轻人具备自信和与别人建立满意的关系的话，这也像智力一样需要进一步加以发展。"（布洛克，1997）[281-282]这其中的教育意蕴非常明显，国民教育中重视人文精神是合理的。

中国古代儒家思想虽然没有明确提出"人文主义"或"人文精神"的概念，但其中也蕴含着对人的关注，对人际关系的调整，对人的尊严的重视。孔子的"仁者爱人"、董仲舒的"仁义礼智信"等体现出"人"的地位，孟子的"富贵不能淫、贫贱不能移、威武不能屈"、张载的"为天地立心，为生民立命，为往圣继绝学，为万世开太平"体现了人的自尊与自主，而范仲淹的"先忧后乐"、东林学派的"事事关心"、林则徐的"苟利国家生死以，岂因祸福避趋之"体现出对国家、民族的责任感。这些由儒家经典贯穿在教育中，成为青年一代成长的思想源泉。尤其是，"中国的人文主义，不仅源远流长，而且很早就具有非神权、反异化的色彩，从而早在先秦就已形成了自然主义、人道主义、伦理主义三位一体的独特文化体系。"（何新，2002）[96]当然，中国古代的人文精神更多的是关注社会、关注他人、关注集体，个人成长往往裹挟在"家"、"国"发展之中，对个性、自由等关注较少。正如杜维明分析：

> 儒家意义上的学基本上是道德自我修养。它是一个使人接受他自己的文化符号资源，关心他自己的社会价值，以此逐渐建立起其人性实现的过程。因此，孔子说，"己欲立则立人，己欲达则达人"。这种相互关联的见识基于一个信念：学做人决不是一种维护人的私我的孤立奋斗；相反，人是通过符号交换，通过确认共同体验的真理的相互关系而成为有意义的存在的（杜维明，1996）[65]。

但这与西方古代的人文精神相比，并不存在优劣、高下之分，而是侧重点不同。我们不能用西方现代人文主义的标准来衡量和评价古代社会，每个时代、每个民族都有自己的特色，我们的变革、创新、发展必须建立在自身文化的基础上，积极吸收国际先进的经验，融会贯通，实现本土化发展。

（二）实用主义

实用主义产生于 19 世纪 70 年代，是西方哲学的主要流派之一，代表人物有美国的詹姆士、杜威、胡克、克伯屈以及英国的席勒等，在 20 世纪最初 30 年中达到顶峰，被称为美国哲学的"黄金时期"。实用主义主张"面向经验，面向'事实'"（威廉·詹姆士，1979）[86]，研究现实，效用即真理，"真理必须具有实际的效果"（威廉·詹姆士，1979）[188]，反对形而上学的思辨；认为任何事物都处于变化过程中，教育的目的与手段是相互依存的，要经常修正，"人不能脱离其环境，学校亦不能脱离生活和社会；教育即生活，而不是生活的预备；学校即社会，要把现实社会的一些东西组织到教育过程中去，使学校成为一个'雏形的社会'。"（顾明远，1998）[1420]这与

20 世纪初中国知识分子宣扬的科学、民主、教育救国、科学救国等主张相契合，加上美国著名实用主义哲学家、教育家约翰·杜威来中国大力传播，及胡适、陶行知等人的宣传、研究，"实用主义在 20 世纪前半叶的中国产生了巨大的影响"（杨寿堪，2011）[10]，对教育界影响最大。正如当时日本学者所说：

> 现今正在风靡世界思想界的，是美国流的思想。就哲学方面说，是实用主义的思想；就教育方面说，是社会本位、生活本位的思想。这些思想里头，虽然容纳有十九世纪的经验主义、唯物主义的思想的余流；但到二十世纪，产出一种的哲学——即实用主义，而以它作为基础的教育学说也就应运而生了。这不单只适合于美国的国民性，对于战后一切国民的要求也很适合，所以遂获得伟大的势力（龙山义亮，1925）[69]。

如果说"真理即是有用的观念，便是实用主义的根本原则"（涂尔干，2000）[5]，那么功利主义就是与之相近的一种哲学观。功利主义者"把'功利'或'最大幸福原理'当作道德基础的信条主张，行为的对错，与它们增进幸福或造成不幸的倾向成正比。所谓幸福，是指快乐和免除痛苦；所谓不幸，是指痛苦和丧失快乐"（穆勒，2007）[7]。在苏格兰学派的基础上，边沁（Jeremy Bentham）首次对近现代功利主义作了一个比较全面的阐述。约翰·穆勒（John Stuart Mill）撰写了著名的《功利主义》一书，产生了广泛而深远的影响。晚清的严复就曾翻译了穆勒的《群己权界论》、《穆勒名学》两书，此后他的《政治学原理》、《代议制政府》、《功利主义》等也先后被译成中文，由商务印书馆收入"汉译世界名著"出版，这些书对中国思想界产生了相当大的影响。

中国古代思想中也有许多实用因素。且不论法家、兵家、墨家等贴近实用的学派，就是影响最大、因"空谈性理"屡遭诟病的儒家思想也蕴含着诸多实用精神。孔子在"天下无道"、"礼崩乐坏"的时代为了"克己复礼"而创立儒学，本身就具有政治实用性，其后董仲舒、朱熹等人对儒学的改造也是适应时代的需要。宋代王安石、陈亮、叶适等创立的事功学派（或称永嘉学派）提倡"为天下国家之用"，明末清初的李挚、顾炎武、黄宗羲、王夫之等倡导"经世致用"，是对主流儒学（即理学）的一种"反动"，也是对现实功用的一种追求。儒家教学使用的六艺（礼、乐、射、御、书、数）、小学教育中的“洒扫应对”等都与实际生活相结合。尤其是隋朝确立科举取士制度以后，知识分子对“朝为田舍郎，暮登天子堂”的追求，是对“学而优而仕”的现实诠释，“黄金屋”、“颜如玉”、“千钟粟”等比喻更是显示出儒学教育中的功利与实用色彩。

在近代中国救亡图存的思潮中，实用主义与功利主义裹挟在一起，成为教育变革的重要指导思想。1931 年，蔡元培就曾指出：“今后之教育方针，自小学以至大学，均以养成职业化，增加国民生产为一贯精神。此种重大之革新，甚合于中国目前的需要。”（蔡元培，1971）[334]

二、本土办学：个性成长与社会功用

雷沛鸿、卢作孚办学中体现了人文精神和实用主义，但不是全盘照搬西方，也是不一味继承中国传统，而是在新的历史条件下进行了融合、创新、发展，在不同的方面也体现了不同的侧重，形成了本土化的办学内涵。

（一）办学目的中的体现

雷沛鸿和卢作孚他们在办学时有明确的目的，所以办学中能够做到锲而不舍、勇往直前。他们的办学目的是多样化的，可以分为三个层次：从国家层面来看，办学是要实现教育救国的理想，促进中华民族的进步与发展，即使卢作孚后来转向创办实业，但他依然钟情于教育事业，积极办学，甚至宣称要把民生公司办成一所学校；从地方层面来看，他们办学要促进各自地区的社会繁荣，推动政治、经济、文化等事业的进步，这与民国时期的军阀割据有关，但办学事业一般要从一个地区开始，这种区域推进是可行的道路，雷沛鸿在广西普及国民教育的办学经验被全国认可后被推广到其他省份，成为民国后期基础教育的典范；从个人层面来看，他们办学是要提高民众的文化知识素质，使民众具备基本的现代科学技术常识和道德素养，能够适应工业社会发展的需要，在从事农业、工业、服务业时能够谋取职位、做好工作，成为具有基本的谋生手段，能够对社会有所贡献的人。

这三个层次的办学目的既体现了社会功用，又照顾到个人成长。当然，其中带有明显的民族主义思想，以国家、民族发展为重点。个人成长重视谋生手段、工作技能的培养，强调个人对社会的贡献。这些办学目的带有明显的时代特征，是教育现代化初期的必然选择。

（二）办学类型与层次

雷沛鸿和卢作孚的办学有整体的构想与规划，虽然在某个时期有所侧重，但基本上形成了完整的办学体系，在不同的学校类型、学校层次上都有创新与发展。从办学类型上看，他们创办了普通教育，这一种类型用力最多，成效显著；职业教育，培养民众基本的谋生能力，卢作孚更加突出；业余教育，利用各种闲暇时间和可利用的场地对民众进行教育，形式多种多样，深受民众欢迎。

从办学层次上看，他们创办了基础教育，积极进行普及，以提高民众的素质，力求普通民众都能接受最基本的教育；中等教育，提高受教育者的水平，并增加了职业教育，给受教育者以出路，尤其是雷沛鸿倡导的国民中学，缩短学制以减轻家庭负担，进行适当的职业教育；高等教育，注意科学研究，而且注重与现实生活、生产相结合，体现了高等教育为社会服务的宗旨。

这些办学，尤其是普及教育活动，体现了"人人都能接受教育"的自由、平等观念，蕴含了人文精神，关注了每个公民的教育与生活，培养他们基本的知识、能力、道德品质等，为社会做出必要的贡献。而且不同层次的学校针对不同的社会群体，具有一定的选择性和适应性。职业教育和普通教育中的职业因素，体现了实用主义思想，为民众谋生做准备。

（三）办学中的道德教育与技能培养

雷沛鸿和卢作孚重视办学中的道德教育。日常教学注重民主与自由的教育训练，体现了人文精神与人性关怀。相比较而言，道德教育要比民主教育更受到重视。同时，物理、化学、生物等普通教育课程，以及实用技术、职业技能等职业课程，都体现了实用主义，卢作孚甚至将一些捆行李、拿烟、洗脸等基本服务技能都纳入教学内容之中，其实用精神表露无遗。"教育培养各个人的知识能力，最终的目的，为求扶植国家民族的生存与繁荣。"（中国国民党中央委员会党史史料编纂委员会，1971)[335]在具体教学中，他们采用了西方的分科体系、教学内容、教育方法，既有人文精神又有实用主义。学校教学时，教师通过讲授来传授知识、培养道德，在理科、职业技术等学科中非常重视亲身实验。卢作孚曾让学生用各种温度计来感受温度变化，曾花费大量经费购买实验用品、博物馆展品等，以供学生进行实验或参观。

三、人文精神与实用主义的拿捏

人文主义和实用主义本身瑕瑜互见，它们的具体主张也有相互矛盾之处。但它们纠缠在一起，成为近代社会发展、教育变革的重要指导思想，也让中国教育界看到了复兴的希望。詹姆士认为二者在理论上是同源的，有相互交叉的含义：

> 实用主义方法的意义不过是：真理必须具有实际的效果。但是在英国，这名词就应用得更为广泛，而包括这样的观念：任何一个陈述，它的真理就在于它的效果，特别是好的效果。这里的意义就完全超出了单纯方法的范围。既然我的实用主义和这更广义的实用主义彼此这样不同，而又都很重要，须予以分别命名，我觉得席勒的建议，把这广义的实用主义叫做"人本主义"①，就非常适当，应加以采取。至于这狭义的实用主义，则仍可叫做"实用主义方法"（威廉·詹姆士，1979）[188-189]。

雷沛鸿、卢作孚的办学事业，一方面体现出对民众的尊重，使民众享有平等的受教育权，接受一定的文化基础、职业教育，提高民众的文化素质和生存技能；另一方面，主要使民众接受层次较低的基础教育，而能够接受中、高等教育的则极为有限，这又体现了人文主义与实用主义相互克制的作用。

他们重视办学思想的融合创新。他们尝试着将人文精神与实用主义结合在一起进行办学，显示了他们的创新精神，也表现出在近代教育渐趋远离中国传统文化，转而向西方学习的趋势。这既是当时西方文化优势的时势所迫，又得益于他们对中西文化的全面理解。当然，这种融合创新的水平、效果和意义都值得深入研究，其中既有成功的经验，又有可以吸取的教训。

他们在以人文主义和实用主义为指导思想时，并不是全面吸收、运用这两种思想，而是有所侧重，借鉴自己认为合理的内容。他们这种取舍既是为实现教育救国的理想，又是教育本土化创新的需要。在实践人文精神时，重

---

① 引书中使用"humanism"一词，从哲学意义上也可以译为"人文主义"。

视民众道德、职业精神的培养，而不太强调民主、自由等观念的教育，这是教育的社会功能与个人成长之间矛盾的体现。在运用实用主义时，更多的是关注职业技术、劳动能力的培养，而忽视其中蕴含的科学精神。他们也关注民众的个人幸福，但个人利益要服从国家、地区的利益，必要时民众要牺牲个人幸福，而且他们理解的个人幸福只是吃饱、穿暖等低层次标准，再有就是个人为社会做出必要的贡献，以实现自我价值。至于如何将个人幸福与社会利益进行平衡、实现双赢，则并未考虑，更谈不上尝试解决。

　　他们这种在区域内进行的本土化办学的尝试，试图将两种既有联系又有区别的思想进行融合，这就造成了办学中出现一些问题与争议，如卢作孚过分重视职业教育，雷沛鸿创办的国民中学出现的职业与升学的矛盾和质疑等。这既是他们在近代进行文化教育创新时遇到的新问题，也是教育本土化面临的困惑。这一问题的解决没有标准答案和现成榜样，需要在实践中不断地探索、尝试，才能找寻出一条正确的创新路径。

第五章

两种办学取向的文化反思

　　雷沛鸿从教育内部规律出发，在广西省内将各种类型教育融合为国民教育，将教育融入社会，引领区域现代化进程，形成"融入式办学"取向；卢作孚从社会层面来统摄教育，加强各类教育之间的相互支持、教育与社会的互动，在四川嘉陵江地区形成了"互摄式办学"取向。这两种办学取向是教育本土化的合理路径，是教育现代化的体现，是在古今中外的文化交点上进行的理性选择。"辛亥革命失败后，中国的先进人物在探寻中国的未来发展方向时，有这样或那样的人对中国的传统文化或西方的资本主义文化产生怀疑，产生了中西文化之争、'全盘西化'和本位文化之争。民族传统文化与外来文化，尤其是西方的先进文化应该如何结合，以及如何建立民族的、科学的、大众的新文化，成了近代中国几代人探寻的焦点。"（林家有，2004）[317-318]而他们的办学取向正是在这种矛盾与冲突中逐渐形成的。因为"要想抛弃整个发挥着作用的文化范型综合体，是社会中的大多数人所不希望的。即使是某些人希望这样做，而且这种想法在社会中形成了的势力，他们也不能重新再造社会"（希尔斯，1991）[264]。教育文化有着自身的内在本质和独特的发展路径，虽然政权、财政、军事等因素也时常介入其中，但这些强势力量也要基本遵循教育文化的内在规律。即便有时其他力量强迫教育文化就范，如秦始皇的"焚书坑儒"、明清时期的"文字狱"、新文化运动的"打倒孔家店"、"文化大革命"的"破四旧"和"批林批孔"等，使文化发展遭遇挫折，但最终还是会走上正轨。强力可以改朝换代，但不能重塑教育文化，勉力为之则贻害无穷，使核心的教育文化遭受毁灭性打击，整个社会也将会六神无主、陷入混乱。因此，教育文化的创新发展要按照自身规律自己解决，合理地吸收、自主地借鉴古今中外的教育文化，立足本土，竭力创新，是教育现代化的正确选择。

第一节　本土化办学的文化思考

实现本土化办学，要平衡国际视野、时代精神、本土意识三个主要因素，具有相当的难度。不管是官方主导还是个人主持，由于各种主客观条件所限，办学时能够真正认识到三个因素重要性的人不多。即使办学者能够对此有所感悟，要在办学实践中真正实施又是一个大难题，因为要制定详尽的法规、程序和制度，要让办学团队、学校领导、一线教师都能理解本土化办学的理念，并在办学过程进行创造性的应用，这既需要高瞻远瞩的理论修养和翔实缜密的实践精神，又需要具有高超的管理才能和凝聚力。

一、适切：时代的选择

（一）社会转型的需要

14—16 世纪以来，当欧洲从封建社会转向资本主义社会，进而在工业革命推动下从农业社会转向工业社会的时候，中国社会依然遵循着自己独特的道路悠然地前行。但是，随着西方列强对中国入侵，西方的工业文明被强制性地输入中国，中国别无选择，只能被动接受。政治文明由专制政体转向资产阶级代议制，经过了清末的戊戌变法、预备立宪等君主立宪的尝试失败，中华民国初步建立了民主政体的基本架构，民主、自由、平等的政治意识逐渐被民众接受。虽然北洋政府时期军阀割据混战，南京国民政府与地方军阀貌合神离，但是他们大都以维护中华民国自居，为了扩充势力，在本地重视包括教育在内的各项社会建设。

中国的经济受到西方列强侵略，不仅成为列强的原料产地、商品倾销场所，而且成为列强投资的重要地区。这一方面使中国经济受制于列强，被迫从农业经济转向工业经济，中国传统的农业、手工业等逐渐破产；另一方面，外来工业经济冲破了自然经济的阻碍，给中国经济发展提供了榜样和一定的条件，中国有了自己的民族企业家，并不断发展壮大。工业经济的发展必须依靠具有一定知识基础的工人，对教育提出了新的要求，于是普及国民教育、加强新型职业教育成为必然。

中国文化受到西方文明的冲击和影响，开始向现代化转型。最初还固守"西学中源"、"中体西用"等思想有节制地吸收外来文化，随着中华民国成立尤其是"新文化运动"以后，以儒学为代表的中国传统文化受到普遍质疑，并作为封建专制的思想基础逐渐被抛弃，逐步淡出主流学校课程领域，西方科学文化知识占据了教育领域。这种非此即彼的思维方式使文化转型策略裹挟着某些政治因素，伴随着一定的自卑心理，未能真正理性地、公平地分析中西文化的差异和优劣，只是一味地向西方学习。一些有识之士开始认识到，这样的文化转型非但不能创建适合中国实际情况的新文化，反而抛弃自身的优势，成为欧美的翻版和附庸，丧失独立性、自主性。于是，有人强调要合理吸收中国传统文化的优秀成分，引发了激进主义与保守主义的争论（如读经之争、科玄之争等），虽然激进派占据优势，但实现中国文化的现代转型成为急迫任务，教育本土化成为教育家们的理性追求。

（二）教育转型的需要

随着时代变迁、社会转型，教育转型刻不容缓。中国传统的儒学教育不能适应现代化的需要，"学而优则仕"的精英化教育目的、"四书五经"的学究式课程内容、"记、念、背、打"的粗放型教学方法都面临着颠覆式地转型。清末的洋务学堂、戊戌教育等都体现了这种趋势，留学西洋风气的形成更表明西化之风势不可挡。近代三大学制的颁布实行使学习西方教育走向制度化，被国家政权强行推广在全国各地，虽然执行中由于各种原因大打折扣，但教育的西化趋势已经成为现实，并且已经显露出了水土不服的迹象。一些教育家清楚地意识到中国教育面临的挑战与机遇，反对不顾国情简单照搬西方学制，努力探索符合中国国情的教育模式和办学路径，雷沛鸿和卢作孚就是两位典型代表。

（三）区域现代化的需要

中国地域广阔，各地情势千差万别，用一种办学模式或体制在全国推广必定会遇到这样或那样的问题。因此，探索符合中国国情和本地特色的办学模式是教育现代化的必由之路。本来就贫困落后的中国西部地区在近代发展更加艰难，而军阀为了自身实力的壮大又急需当地社会的发展进步，这就给教育发展提供了机遇。正如雷沛鸿所言，要于六年内在广西普及国民基础教育，就要"以政治的力量为主，经济的力量及社会的力量为辅"，同时以国民基础教育的力量助成广西的政治建设、经济建设、文化建设、社会建设（韦善美，马清和，1993）[267-268]。

区域现代化需要教育提供人才和智力支持，这给本土化办学提供了良好的机遇，比如广西、四川行政当局都对教育投入了一定的资金，让雷沛鸿和卢作孚进行办学。而教育的发展也使民众素质提高，促进了经济发展和社会进步。这就引起了另一个问题，即教育与社会关系问题，是完全依赖社会，还是保持独立性、自主性，尺度如何把握等，都是值得思考研究的问题。

二、超越：本土化办学的意韵

亨廷顿认为，"在 20 世纪，文明之间的关系从受一个文明对所有其他文明单方向影响支配的阶段，走向所有文明之间强烈的、持续的和多方向的相互作用的阶段"，而且"随着本土的、植根于历史的习俗、语言、信仰及体制的自我伸张，西方文化也受到侵蚀。现代化所带来的非西方社会的日益增长，正导致非西方文化在全世界的复兴"（亨廷顿，1998）[39,88]。这种文明的本土化对西方国家宣传的"普世文明"是不利的，但却成为各个非西方国家文明发展的方向。可是，本土化并不是简单地排斥西方文明、重新找寻本土文明，而是要对西方与自我文明进行超越与创新，形成适应现代化需要的全新文明，才能使本土化的文明具有生命力。本土化办学要对中国传统教育和西方现代教育进行超越，否则亦步亦趋的模仿学习是没有希望的。这种超越并不是盲目地求新求异，而是在理性地分析中西方教育优劣的基础上，找到与现代中国社会相适应的东西，进行融合与创新，形成本土化的办学模式。

（一）超越中国古代教育

教育家在办学中对中国古代教育传统采取何种态度，引发了诸多争议。历史上文化是发展的，也是延续的，不能凭空造就一种文化，也不能不加分辨和转换地引入其他文化来取代本国文化。文化教育应该在传统基础上进行转换，不能革命式地扫除一切或重建一切。因为"尽管这是与过去作必要的、合人意愿的妥协，但是，在我们前不久所处的时代里，过去的遗产被认为是讨厌的累赘，人们避之而惟恐不及，而这个时代还远未结束"（希尔斯，1991）[2]。雷沛鸿和卢作孚对中国古代教育持一种平和的态度，并没有像文化激进主义者一样将传统文化视为"讨厌的累赘"，甚至进行全面的批判。在日常办学、撰写文稿、朝会讲演等活动中，他们经常引用中国经典、讲述传统文化。传统文化成为他们办学思想的重要组成部分。当然，他们并不是一味固守中国传统教育，而是将其创造性地应用到现代教育之中，作为本土化办学的指导思想之一。这种超越式的应用，不仅给教育现代化提供了丰富的滋养，而且为合理借鉴、运用中国传统文化提供了现实例证。

从教育目的来讲，他们抛弃了"学而优则仕"的读书做官的思想，吸收了"教学为先"、"仁者爱人"、"有教无类"的合理成分，积极推行普及教育，使教育由精英模式转向普及应用。从课程内容来讲，他们不再要求学校学习"四书五经"，但吸收了"仁义礼智信"等道德教育的合理成分。从教学方式来讲，他们运用"洒扫应对"等实践操作性教学方式，将"知行合一"的教学原则加以运用。而且，他们将中国重视社会教化的传统应用到普及民众教育上，推进民众教育的发展，这其中既包括对儿童的学校教育，也包括对成人的知识扫盲、职业培训和道德培养。

（二）超越西方现代教育

西方中世纪的教育与中国古代相仿，教育目的都是培养统治者或神职人员，课程都以传统经典为主，教学方法强调死记硬背。随着资本主义发展和工业革命的推动，西方教育才进入了现代形态，而中国教育却没能与时俱进，落后于西方现代教育，开始了学习与追赶的历程。雷沛鸿和卢作孚本身对西方教育比较了解，而且主张借鉴西方现代教育模式，尤其是民众教育。但是，他们并非无原则地接受外来教育，而是持审慎的态度，对盲目照搬西方教育体制，特别是对1922年颁布的"壬戌学制"（抄袭了美国）进行了批评。因为他们清醒地认识到中国国情、本地情况与欧美工业国家的不同，完全不加鉴别地使用西方教育经验反而使中国教育发展陷入误区。西方已经形成了相对成熟的学制，在民众教育、职业教育、成人教育等方面已经取得了相当的成效，许多经验值得中国学习借鉴。但是，西方教育是建立在工业社会基础上的，中国不能盲目地照搬，如义务教育学校正规化，师资、校舍、图书、实验仪器等配置较好，在以农业经济为主的中国就不易办理；西方普及教育年限较长，中国政府、家庭的财力都负担不起。因此，学习西方教育就要变通和超越。雷沛鸿在广西推行普及国民基础教育、创办国民中学、创建国民大学（西江学院），卢作孚在北碚的乡村教育、在民生公司的职工教育等，都体现了这种超越意识。

（三）超越的本意：借鉴、融合、创新

近代中国文化教育领域的激进主义与保守主义之争，体现了对中西文化的不同立场与态度。中国全面的落后使国人对中西文化不能理性分析，而救亡图存的紧迫性也来不及对中西文化进行仔细分析判断和长期争论。这样，西方文明的优势使学习西方、远离中国传统文化成为一边倒的呼声，使学习借鉴走入了误区。实际上，要实现中国教育的创新式发展，必须在理性分析评价中西方文化教育的基础上，将适合国情的、合理的教育因素进行融合，形成本土化特色的教育模式和办学路径。借鉴、融合、创新是学习外来文化教育的三个层次，反映了本土化办学的三种境界，这种不断深入学习创新的过程，体现出超越的本真含义。

三、张力：办学中各种关系的处理

本土化办学是中国教育面临的一个新挑战，要面对国内外复杂的形势，要克服教育内外各种各样的困难，尤其是没有现成的模式可供借鉴，也没有成熟的理论可作指导，完全是教育家自己的探索，其难度可想而知。雷沛鸿、卢作孚在本土化办学的探索中运用不同的方式，面对复杂的矛盾和困难，闯出了各具特色的区域办学的新路，形成了一定的办学理论和经验。当然，他们在办学中处理各种问题与矛盾时，并不都是完满地解决了，解决方式也不一定是最合理的，给我们留下了许多值得研究和讨论的课题，从某种意义上来说，这也是他们对后人的一种贡献。实际上，他们在近代中国特殊的历史时期，办学的困难与阻力更多的是来自教育外部，而非教育本身，这要求他们要谨慎地处理好教育与社会的关系，保持一定的张力，以使办学事业能够顺利推进。这种张力既不能强求教育独立，要与社会其他事业保持良好的关系，又不能失去教育的本真，避免其走上歧途。正如雷沛鸿所说："教育不能被动地进行，教育应当是自我的活动，没有这种活动，教育之推行便不可能，即便可能也会变成僵尸。"（韦善美，马清和，1990）[163]

（一）办学与政权之间的张力

教育事业作为社会一个有机组成部分，就一定会与政权发生联系，不管你愿不愿意，教育都无法真正实现独立，因此处理好教育与政权之间的关系才是明智地选择。中华民国通过"教育部"对各省区的教育进行宏观管理，但由于民主制度建设、各地军阀割据，加之"中央政府"对各地教育投入并不能完全兑现，导致"教育部"对各地教育事业控制并不严密，各地可以根据自身情况相对自主地办学。雷沛鸿、卢作孚等教育家对"中央政府"颁布的"壬戌学制"等教育政策公开表示不满。后来广西省国民基础教育做出了相当的成绩，被"中央政府"认可，于 1940 年向全国推广，但雷沛鸿并不领情，而是认真分析了推广情形，感到不太满意：

> 可惜之至，本省的国民基础教育自从民国二十九年全国国民教育会议之后，全国采用它的制度和办法了，可是，不免尚有遗憾！因为全国毅然决然地把六三三制的初等教育通通改成为国民教育，它的用意原来也是同本省一样，把儿童教育与成人教育同时并举，学校教育与社会教育合流。只是在初等教育变了，中等教育还是保留六三三制的后半截。而且六三三制的初高中，在中国推行之后，到如今不但变了形而且变了质。我不了解，为什么要这样在初等教育层次改变，又要保留中等教育不变，但又不要保全其庐山真面目，这是何故？（韦善美，马清和，1989）[167-168]

这既表现出国民政府对教育家办学的宽容，又表现了教育家的自主性。当然，他们在办学中也努力争取政府对教育的经费投入和政策支持。

雷沛鸿和卢作孚的办学都与当地政府有直接和密切的关系。一方面，他们将办学纳入政府政策之中，强调教育要为当地发展繁荣提供支持，而且他们本身就是政府的行政官员，雷沛鸿是省教育厅厅长，卢作孚曾任峡防局局长、四川省建设厅厅长等行政职务，这为他们处理好学校与地方政府的关系提供了方便。另一方面，他们又有自己独立的办学思路，并有相关的教育科研机构进行调查研究，提出相应的办学思想和实施计划，保有相对独立的办学自主性。

（二）办学与经济之间的张力

办学离不开经济支持，困扰雷沛鸿和卢作孚办学的主要问题就是经费困难。为了解决这一难题，大力筹措办学经费，他们积极争取中央和地方政府的财政支持，保证对教育事业的投入，争取得到海内外热心教育的企业家、慈善家的支持，鼓励当地民众捐献粮食、提供义务劳动等。当然，他们办学中也注意合理使用有限的经费，避免不必要的浪费，以保证办学能够持续发展。同时，他们兴办教育，目的之一就是提高民众的文化水平和职业技能，使民众能够适应工业社会的要求。他们培养的民众确实为当地经济发展、企业进步做出了贡献。

但是，经济不是办学的最终目的，教育更重要的目的是社会整体发展与个人成长。如果教育被经济所左右，不管是政府试图减少经济支持，而让学校通过产业化来解决经费困难，还是学校变成职业培训机构，弱化学生整体素质的培养，都将导致教育走向异化。不仅影响到教育事业本身的健康发展，而且会影响国家进步、民族文化、民众心理等，甚至要付出惨重的代价。因此，正确处理教育与经济的关系至关重要。雷沛鸿和卢作孚并没能因为经费的短缺和企业的投入而丧失教育的立场，成为经济的附庸，依然遵循着教育的本质实施办学。

（三）办学与文化之间的张力

文化在选择着教育，而教育也在选择着文化，它们相互依赖、相互推动。教育担负着文化传承、创新的重任，因此教育与文化的关系更为密切。文化为教育提供文化氛围和课程资源，雷沛鸿和卢作孚办学中都非常重视当地文化的传承与发展。而教育也要对文化进行改造与重塑，他们在办学中也注意对不良文化的改造，以形成良好的社会文化与风俗习惯。教育既传播着文化，也引领着文化发展。教育与文化之间既有一致性，又要保持一定的独立性。"其实我一向承认在学术上的研究应该有自由，但自由究竟如何解释，应加斟酌。倘若专就学术研究立论，我以为自由研究固是重要，有计划的研究尤其重要。果尔，所谓自由必须有限制。"（韦善美，马清和，1993）[276]这样，教育与文化才都能良好地发展。

（四）办学与民众之间的张力

民众有受教育的权利，办学主要为民众服务，这既包括学校教育，也包括社会教育。雷沛鸿和卢作孚办学时，非常注重教育对民众的作用，既有短期的计划，也有长远规划。如雷沛鸿认为：

> 国民基础教育最后的企图，要改造我们的文明，因为人家的文明能应用科学及技术、能控制自然环境而利便于自身，我们是连年天灾人祸交迫而来，把土地荒芜，人民死亡，依然毫无反应，所以国民基础教育先要解除民众苦痛。其次，我们希望倡导国民基础教育之后，不仅能控制自然环境，人为的行为也要想法使它合理，社会能够长治久安，才是我们的理想……所以我们要彻底改造；以建立各种新秩序，以保有我国，兼以促进世界大同。可是在目前我们宁愿卑之无甚高论，先来扫除文盲，使全省儿童与成人均能运用文字，然后再逐渐以接受国民基础教育而达到我们的理想（韦善美，马清和，1993）[272-273]。

当然，民众对教育的作用有一定的认识后，会积极参与其中。但有时候也不能完全理解，甚至出现抵触情绪，雷沛鸿、卢作孚办学中都曾遇到过这一问题。他们能够正确面对批评与误解，积极进行解释、宣传，使民众能真正理解办学的意义；当办学中出现了问题，如国民基础学校教师不能专注于教学等，他们能够从善如流，主动地进行修正。

（五）教育事业内部的矛盾与问题

如果说经费是来自外部的办学的主要困难，那么师资缺乏则是来自内部的最大困难。虽然雷沛鸿注重师资力量的自我培养，卢作孚注重师资的引进，但师资问题一直困扰着他们办学。同时，课程选择、教材编写印刷、教学方法等都或多或少困扰着他们。尤其是教育普及与提高的矛盾，先普及后提高还是边普及边提高，一直争论不休，对广西国民中学的争议就是这一问题的具体体现。他们通过调查研究、邀请其他教育家参与研讨、参考其他成功经验等不断改进，甚至借用外部力量支持来推进办学，如国民中学争议中雷沛鸿就力争得到广西政府主席黄旭初等人的支持。他们的教育立场、办学自主并没有因各种困难而动摇。

第二节　教育家办学的文化特质

由专业人员进行专业管理，是事业成功的基本要求。但古今中外出现了许多外行领导内行的事情，使事业遭受了不应有的损失。教育家办学是教育事业发展的应有之意，但自中国古代以来由政府委派官员进行教育管理成为习惯。古代掌管学校者多为硕学鸿儒，而且隋唐以来的教育官员大都是进士出身，具有一定的知识水平和管理能力。近代由于地方军阀割据等原因，行政对教育控制并不十分严密，从而给教育家进行民间办学提供了条件，如陶行知、陈鹤琴、晏阳初、梁漱溟等。而且，政府任命了一些具有留学经历或高等学历的知识分子作为各级教育行政领导，如蔡元培、雷沛鸿等。但也应该看到，能够执着于教育事业、一心办学的人并不太多见。卢作孚的经历要复杂得多，既当过政府官员，又做过学校教师，又是创办民生公司的实业家。

根据不同标准可以将教育家分成不同类型。从外延角度看，孙孔懿详细地划分了教育家谱系，以"二分法"可分为广义教育家和狭义教育家、职业教育家和非职业教育家、教育科学家和教育艺术家等，以教育场所划分为社会教育家、家庭教育家、学校教育家等，以个人贡献的领域划分为教育思想家、教育理论家等八种（孙孔懿，2006）[13-64]。他的分类细致，但过于烦琐。刘庆昌将教育家分为"行政型教育家、管理型教育家和教学型教育家三大类型"（刘庆昌，2001）[7]，但按此划分，行政型与管理型似乎有交叉或重复现象。袁振国认为教育家应该具备十条外在特征和十条内在特征，大教育家还应具有六大特征（袁振国，2007）[22-23]。林森从已然、必然、应然、实然等十个视角来分析教育家办学（林森，2010-05-11）[05]，并在袁振国观点的基础上提出了教育家型校长的二十个特征（林森，2010）[17-20]。这些都是对教育家办学的理论概括，而从历史角度来分析雷沛鸿和卢作孚的办学，更能体现教育家办学的精神。他们的办学个性鲜明、成就卓著、特色明显，既具有一般教育家的共同本质，又显现出独特的风貌。

一、教育家的成长条件

（一）理论与实践结合的办学经历

雷沛鸿、卢作孚都曾经担任过一线教师和基层学校校长，对教育实践非常熟悉，而且在掌管教育行政权后也非常重视实地调查研究，关注教育实践。同时，他们又具有一定的教育理论修养，能够深刻地理解教育本质方向，正确地把握办学方向。教育家一定对教育理论有深入地研究，能够清醒地认识当前国际教育的趋势和本土教育努力的方向，不断地研究和解决办学中遇到的问题。这种研究不是趋炎附势地揣摩领导的意图，也不是因循守旧地固守传统经验或照搬西方模式，而是创造性地吸收借鉴古今中外的教育经验，根据实际情况形成本土化的教育理念。

更重要的是，雷沛鸿和卢作孚将教育理论与实践有机地结合起来，形成了卓有成效的本土化办学模式。吴康宁认为，有意义的教育思想必须具有"理想"与"实践"的双重属性，"理想"属性要求教育思想必须体现出对教育现实的超越，"实践"属性则要求教育思想的这种超越必须具有实现的可能，即"教育思想既要高于实践，但又绝不能悬离于实践，而应首先基于实践"（吴康宁，2004）[19-20]。雷沛鸿、卢作孚对书本中或西方传来的教育理论与当地的教育实践相互印证、考量，然后经过反复论证才形成教育政策，施行过程中发现问题与不足，及时进行研究改进。同时，他们的办学实践都是在教育理论指导下进行的，而那些毫无章法地随意施政、漫无目的地临时决策、手忙脚乱地维持应付是不会取得良好办学效果的。

（二）心怀国家，关切民众，热心教育事业

近代中国是多灾多难的，内忧外患接连不断，救亡图存成为国家与民族的急迫任务。教育家以高度的爱国主义情怀创办救国救民的教育事业，不但要使国家摆脱列强的侵略，而且要实现国富民强。这就要求民众有基本的谋生手段和文化素质，而且要适应工业文明中国家建设的需要，成为新时代的新型民众。教育成为实现这一目标重要的，也是唯一的手段，于是，雷沛鸿和卢作孚不约而同地主张教育救国，虽然后期卢作孚转向实业领域，但他一生都执着于教育事业。如果雷沛鸿和卢作孚没有对教育事业的执着与热爱，

他们遇到困难会退缩，面对权力与金钱的诱惑会走上歧途，更不会遵循教育规律去办学，当然，他们也就不会成长为教育家。

（三）宽松的办学环境

实际上，教育家是在办学过程中逐渐成长起来的，当办学成功后被人誉为教育家。但是，在办学初期他们遇到许多困难，尤其是当他们创新的办学理念和行为同其他办学者不一致时，又会遭到一些质疑与争议，如果处理不当，教育家可能就中途夭折了，也不会出现教育家办学的局面。"本土化、民族化的教育发展和生长，需要有更多的自主性、创造性，而这有赖于一种多元化、地方化的文化生态和制度环境。"（杨东平，2003）[340]因此，教育家办学"最起码的长期条件是教育与学校的相对独立"（高德胜，2011）[9]。这就需要社会和政府给教育家提供宽松的办学环境，使他们能够自由地发挥自己的聪明才智，为教育事业提供更好的教育文化生态。教育家办学的有利社会环境主要包括：一是公正公平的程序和标准选拔具有教育家潜质的人才，这些标准如热心教育事业、积极钻研业务、独特的教育理论等；二是办学中信任他们，尊重教育规律，不对办学中遇到的具体问题指手画脚、越权指挥，让他们自主地处理问题，更不要随意施加压力或随意撤换；三是提供办学需要的基本条件，如教材、经费、师资、实验器材、后勤服务等，使办学有基本的条件保障；四是运用民主、法治等手段，创造相对稳定的社会环境，减少政治斗争、战乱动荡、人事频繁调动等不利因素。

（四）志同道合的办学团队

教育事业是一项集体活动，尤其是在现代班级授课制的体制中，不可能一个人来完成。即使是古代一个人可以完成教学，其影响也有限。教育家一般都需要有弟子协助教学，才能教育出众多出色的学生，形成有影响的学派，如孔子教授弟子有其他弟子协助，汉代马融教学采用弟子"次相传授"方式，朱熹和王守仁等都有众多弟子形成学派，胡瑗的"苏胡教法"，历代的书院教学更是如此。雷沛鸿、卢作孚的办学团队主要由这样几个部分组成：一是教育理论研究团队，设立专门的教育研究机构和创办专业的教育报刊，使教育行政学术化；二是教育管理团队，包括省教育厅、市县各级教育局、巡回指导专员、学校校长等；三是各级各类学校和教育机构的教师，甚至有时采用学员互教互学方式，在民众教育中有时由校学生或峡防局士兵充当教师；四是外来的教育专家、调查团客观评价当地办学情况，发现问题，及时提出改进建议，促进办学的良性发展。这些办学团队志同道合地团结在教育家周围，形成强大的办学力量，共同推动教育事业的发展。

二、教育家的精神品格

（一）坚忍不拔，锲而不舍

要创办一项事业一定会遇到各种各样的困难与障碍，是否能够坚持不懈地追求自己的事业，克服现实困难，是考验一个人是否具有教育家素质的基本标准。这种锲而不舍的坚持，不是盲目跟风、冲动蛮干或者固执己见，而是在宽广的国际视野下，理性地分析时代精神和社会要求，筹划事业，形成本土化的发展。而且，遇到困难能够积极地去克服，出现矛盾能够主动地去化解，使本土化办学能够相对顺利地进行。雷沛鸿曾五次执掌广西省教育行政，政途可谓坎坷，办学中又有经费、师资、人事、战争等众多问题的困扰，尤其是国民中学的创办又引起了诸多争议与质疑；卢作孚先着力于教育救国，后来又转向实业救国，办学时也面临资金、师资、人事等困难。他们都能冷静地对待这些问题，不屈不挠地坚持办学方向，相对合理地解决或缓解这些困难。

（二）个性鲜明，勇于创新

教育家必须能够及时发现并深刻认识当前教育中存在的问题与缺陷，才能有针对性地提出创新与变革的方案。这就要求教育家有批判精神，不能人云亦云、随波逐流，他们鲜明的个性成为创新办学的重要条件。雷沛鸿、卢作孚就具有鲜明的个性，表现出卓尔不群的气质。他们幼年都聪明睿智，在社会转型的时代背景下，他们的成长历程、求学道路上遇到了许多困难，雷沛鸿以优异成绩取得秀才的功名后，毅然与许多人仍在努力追求和羡慕的科举功名决裂，投身新式学堂，后来又几经展转到欧美留学。而卢作孚家境贫寒，虽以优异成绩小学毕业，但无力再求学深造，只得走上边工作边自学的道路，他的经历更为艰辛坎坷。这些经历培养了他们的独立自主、沉着冷静、见解独特的品质。他们的思维方式，一个是文科哲理性的，一个是理科实用性的；一个擅长逻辑说理，一个善于计划指挥。不同的表现与方式，都透露出鲜明而不同凡响的个性。

（三）思维敏锐，高瞻远瞩

雷沛鸿和卢作孚在学习、生活中形成了良好的思维品质，敏锐审慎而又能统揽全局、高瞻远瞩。敏锐的思维使他们能够准确及时地感知国际教育的发展趋势，理解中国教育发展的现实意义和未来方向；高瞻远瞩的思维特点使他们筹划教育发展时，能够准确把握教育发展的时代脉搏，规划出既符合当时社会发展需要又能够可持续发展的教育蓝图。雷沛鸿在广西推广普及国民基础教育，从横向看，目的是提高民众基本素质，促进广西的政治建设、经济建设、文化建设和社会建设；从纵向看，他在国民基础教育之上又创办了国民中学、国民大学，形成了相对完整而独立的民族教育体系，并以其独特的本土化特征区别于"壬戌学制"（"六三三"学制）。卢作孚在北碚规划乡村教育，计划设立包括小学、中学、大学在内的完整的学校体系，虽然其大学主要是靠"引进"的，但也建立起了独立的学校体系；同时，他还创办了普通教育、职业教育、成人教育等各种类型的教育体系。

（四）品格高尚，以身作则

道德品质是教育家事业成功的要素之一，虽然不能直接给办学提供帮助，但却是办学的基本保证。雷沛鸿和卢作孚都具有较高的道德水准，心底无私、一心为公、生活简朴、平易近人、以诚待人等是他们的人格魅力，为此吸引团结了一批人才形成了办学团队。尤其是他们以身作则的作风，为办学团队中其他人甚至为学校的学生们树立了良好的榜样，使整个团队能够团结一心，共克时艰。他们从小在农村长大，受中国传统儒家道德影响较深，"仁义礼智信"的道德观念成为他们的基本信仰，这使他们成年后能够真诚地待人接物，以良好的道德素养、人格魅力感染周围的人，增加办学团队的凝聚力，不顾困难险阻，积极投身到办学事业中去。可见，中国传统道德有着独特的精神魅力，经过现代化的改造，去除其中的专制奴化色彩后，可以作为优秀的文化来培养中国人的道德，也必然会成为本土化的文化教育的重要组成部分。

三、教育家的基本素养

晏阳初认为，解决中国问题所需要的人才应具有三个条件："一是要有专门学识，二是要有创造能力，三是要有应世手腕。"（宋恩荣，1989）[306]而雷沛鸿、卢作孚的素养已经超越了这三个基本条件。

（一）知识渊博，涉猎广泛

雷沛鸿和卢作孚知识丰富而渊博。雷沛鸿学习研修过化学、政治、法律、教育等学科，卢作孚虽然未接受正规的中、高等教育，但他自学了许多课程，不拘形式与层级，只求效果，这使他也具备了多学科背景。他们的知识背景有四个特点：一是涉猎广泛，善于学习吸收，不断提高自身修养；二是中外皆通，他们拥有良好的中国传统文化基础，雷沛鸿还曾以第一名的成绩中过秀才，这种知识背景对他们实现本土化办学具有重要意义；三是具有文理兼备的知识，他们文理知识丰富，为其办学提供了重要的知识储备；四是重视对教育历史和现实的研究，而教育历史可以为当前的教育提供丰富的教育智慧与经验，现实不过是历史的延续与发展。不明了教育发展的来龙去脉，不熟悉教育历史的经验教训，要成为一位教育家几乎是不可能的。以上的这些特点在他们的文章中体现得非常明显，尤其是雷沛鸿几乎每篇文稿都先从中外教育发展史说起，搞清楚其来龙去脉，引用中外教育经典来说明和论证办学过程中的一些问题。而且，他们能将中外、文理知识融会贯通，在实践中加以创造性运用。

（二）研究教育，握发吐哺

教育家一定具有相当的教育学术能力和理论水平，对教育进行深入的研究，对教育历史具有相当的了解，对中外教育发展非常熟悉，才能正确地提出教育变革的主张，形成本土化办学的模式。正如晏阳初所说，办学要先研究，但不是为研究而研究，"乃是为事而研究"，应做到三点："一是为问题而研究，二是为实施而研究，三是为训练而研究。"（宋恩荣，1989）[305]雷沛鸿和卢作孚都非常重视教育理论的学习与研究，并经常去国内外参观学习先进的办学经验，以丰富自己的知识。更重要的是，他们设立专门的教育研究机构，创办教育研究报刊，加强教育科学研究，及时研究解决办学中遇到的难题。雷沛鸿先后创办了广西普及国民基础教育研究院、广西教育研究所等，创办《广西普及国民基础教育研究院日刊》、《广西儿童》、《国民基础教育丛讯》、《国民基础教育周刊》等报刊；卢作孚在永宁道创办《教育月刊》，在北碚创办《学生周刊》、《嘉陵江》（后改为日报）、《工作周刊》、

《北碚月刊》、《北碚周刊》等报刊，并创办中国西部科学院等研究机构，其中包括对教育等社会问题的研究。

他们办学不是为教育而教育，而是关注社会问题，解决国家、民族发展的困境，只是以教育为重点以期救亡图存。教育事业实际上是他们社会理想的一部分，或者是最为重要的一部分，正如卢作孚所说他一生都在办教育，要将民生公司办成一所学校。这种"忧乐天下"的情怀已经达到了"周公吐哺"的境界，在现代教育发展中抒写了浓墨重彩的一笔。这得益于他们对社会事业的熟悉，也促使他们进一步地了解社会。

（三）熟知社会，善于借力

教育本身是一个复杂的体系，内涵丰富多样。从外部来看，教育与社会各行各业都有着不可分割的联系；从内部来看，课程内容就是由社会知识组成的，虽然19世纪英国教育家斯宾塞（Herbert Spencer）就提出了"什么知识最有价值"，20世纪美国学者阿普尔（M. W. Apple）又提出"谁的知识最有价值"，使课程知识的选择由知识的标准转向人的标准，但组成课程的人文科学、社会科学、自然科学都是研究世界万事万物的。因此，教育家要熟悉社会、了解国情省情、关心民众，这样他们办学才能符合社会发展的需要，成为国家繁荣、民族进步的基础和源泉，也才能完成教育的本土化变革，实现教育本身的成功转型。雷沛鸿、卢作孚熟悉社会的途径：一是从小生活在本地农村，对当地情况非常了解；二是实地调查研究、考察访问，通过现场观察、比较认识社会；三是认真研读大量的书籍、报刊，提升社会观察的理论高度；四是他们本身就是政府的行政官员，有利于他们与社会的联络。

这种密切关系，既体现出教育对社会的贡献，又体现出社会对教育的理解和支持。教育发展必须有社会各界的鼎力相助，否则办学事业将困难重重。在近代中国，教育适逢社会的全面转型，遇到的困难与问题更是"数千年未有"。教育家要克服困难、解决难题必须善于借助社会各方面的力量，雷沛鸿、卢作孚就有比较好的"应世手腕"。政治上得到中央政府、地方政府的理解与支持，经济上通过各种方式保证办学经费，文化上吸引大量教育家、学者来为当地教育做贡献，并得到广大民众的响应与支持。这是他们的区域办学比民间个别实验取得更好效果、惠及更广地区民众的重要原因。

(四) 善于管理，统筹协调

教育家办学不仅要面对复杂的形势与多样的困难，而且要处理办学的日常工作，使办学系统能够正常地良性运转。这就要求教育家要善于进行管理，统筹协调各种办学因素，使办学系统能够人尽其才、物尽其用。教育家既要对办学进行宏观地规划引领，又要给予微观地指导，对教育人事、经费、后勤、教学、课程、科研等都要进行领导，而且要统筹协调。雷沛鸿和卢作孚主要通过这些途径提高管理能力：一是幼年生活在大家族中，兄弟姐妹较多，学会了一些处理人际关系的方法，感受了父辈管理家族的经验；二是他们都曾多次担任政治、经济、文化等方面的行政职务，早期办学实践为其后期成功实现本土化办学提供了经验和教训；三是他们和办学团队研究教育管理理论，为办学管理提供依据。

四、教育家办学的特点

目前，对"教育家办学"这一概念还有争议，并未达成一致。笔者认为，广义的"教育家办学"是指具有一定素养的教育工作者按照教育教学规律兴办和管理学校等教育机构，坚持以人为本、勇于开拓、不断创新，在教育理论、教育模式和教育实践等方面取得重大的成果，在一定区域或范围内产生较大影响，得到公众的认可并能经受历史的考验。狭义的"教育家办学"是指具有一定教育家潜质的人管理各级各类学校，不断创新教育理念、管理模式和教学方法，取得良好的教育效果，在一定的范围内产生被公众认可的较大影响。本书采用广义的概念。从办学主体来看，教育家办学是办学行为的一种，除此之外还有官僚政客办学、教书匠办学、商人办学等。而教育家办学是能够遵循教育规律、以人为本，能够经受历史考验的办学模式，这也是当前提倡教育家办学的初衷。教育家办学与其他办学主体的办学行为有着以下本质的区别。

第一，理性分析中外教育。教育家学识渊博能够深刻地理解古今中外教育，理性分析其优缺点，合理吸收其成功经验，进行创新与发展。他们重视教育理论和教育历史的研究，并以此为指导来办学。他们坚持学术评价标准，不会因为权势或财富而改变初衷，也不会受其他因素干扰而偏离办学方向。

第二，锐意创新，形成本土化办学模式。教育家有着自主性，不会盲从某种权威的教育理论，只会从教育规律出发，认真地调查研究当时当地的实际情况，创造性地运用聪明才智来规划区域办学的蓝图，形成本土化的办学模式。

第三，遵循教育原则办学。教育家通过对教育理论、教育历史的研究，形成了对教育的基本观点，掌握一定的教育规律与原则。比如，教育以人为本、教育规划的整体性、教育管理的系统性、学生学习的自主性等都受到教育家的重视，并在办学中得以体现，成为促进办学取得良好效果的核心因素。

第四，教育家与办学相互成就。教育家是在他们办学成功之后，后人对他们办学成就的一种肯定性评价，具有历史性、滞后性、倾向性的特点。实际上，在办学初期，他们并不是教育家，只是具有教育家的潜质，如丰富的教育实践、渊博的教育理论、饱满的教育热情等。在办学过程中，随着办学成就的日益显现，他们的教育家本色逐渐表现出来，并被人们所认可。

第三节　本土化办学的区域推进

如果从施行范围来划分，本土化办学推进策略可分为全国推进、区域推进、学校推进。权衡办学的范围、影响和效果，区域推进是一个合理的选择。美国学者柯文（Paul A. Cohen）提出在研究帝国主义经济对中国影响时，应该"按照区域系统理论的主张把中国划分为若干区域，然后针对每个区域，和每个区域内的边缘及中心地带，就外来因素之作用，分别提出一些具体的问题，我们就会得出一幅……远为复杂也远为密织的画面"（柯文，2002）[151]。实际上，近代中国教育发展、办学实践已经是分区域进行的，在研究中国教育在西方影响下形成本土化办学趋势也应该进行区域性研究，这也是本书的研究目的之一。

教育家区域办学是振兴教育、实现区域现代化的合理选择。有学者指出："区域教育场域既可能是支持系统和发展的根本内在力量，但同时也可能是教育改革实践的困境所在。"（王振权，2010）[10]因此，区域办学表现出复杂性、多样性和不确定性，对教育家的办学智慧是极大的考验与挑战。可能"办学"本身是教育实践操作层面的问题，学术界在研究"教育家办学"

时对"办学"概念关注极少，更没有进行定义，只是约定俗成地理解为领导、管理学校。实际上，"教育家"与"办学"并非一一对应的关系。如前所述，教育家可能是学术理论型或教学实践型的，不一定去做管理工作；反之，管理学校的人不一定是教育家。

一、办学范围的合理选择

（一）地方行政独立自主性

在行政权力占主导地位的近代中国，办学区域划分一般以行政区划为主。这种划分可以充分利用地方行政权力，使该区域形成相对独立的办学体系。在中国这种办学已探索出一条全新的发展道路。中国古代实行专制主义中央集权制度，历代统治者都重视对地方政权的控制，但中央与地方的权力之争一直是困扰统治者的主要难题之一。秦汉时期统治者吸取了春秋、战国的教训，废除分封制，实行郡县制，中央加强了对地方政权的控制；唐末的"藩镇割据"使宋朝统治者强化了对地方的分权与控制，但也导致了地方政权权利过小而无力抵抗少数民族的进攻；元朝推行"行中书省"制度，被明清所改造使用，逐渐形成现代中国行政区划的雏形；清末八旗、绿营兵的战斗力极度下降，在抗击侵略、剿灭农民起义军中发挥重要作用的汉族地方官势力大增；民国初年，各省纷纷独立，北洋政府对地方政权渐趋失控，形成军阀割据局面，虽然1928年"东北易帜"后南京国民政府名义上统一了全国，但一些地区如广西、四川、山西等军阀依然具有相当的权势。这虽然不利于中央集权政治，但对地方而言，却使一定区域具有了较为自由独立的权力，现实形势又逼迫地方军阀奋发进取，这就为形成相对独立的办学体制创造了良好的机遇。

（二）经济发展同质性

作为一个行政区域，由于气候地理条件的相似和行政区划一致，它们在经济模式和发展程度上具有同质性，甚至构成经济共同体。比如，广西以种植水稻、玉米为主，兼有花生、甘蔗、烟草、茶叶等作物，工业落后，多小型企业（广西壮族自治区地方志编纂委员会，1998）[38-40]；北碚粮食作物以水稻、玉米、小麦、红苕为主，经济作物以蔬菜、水果、蚕桑、茶叶为主，畜牧业以猪为主，工业以采矿、纺织、化工、建材、印刷等为主（重庆市北碚区地方志编纂委员会，1989）[237、196]。这种同质化的经济，在民国时期与其他地方，尤其是与江浙一带相比，是落后的。这种落后经济使人们认识到兴办教育成为急迫任务，官方号召，教育家极力倡导，民众则"翕然景从"。当然，这种落后经济会成为办学的掣肘因素，影响办学进程和效果，但在教育家的努力下，一定程度上克服了经济落后、经费不足的困难，使办学取得了相当的成效。

（三）文化教育内聚力

文化是国家、民族发展的基础，是凝聚人心、团结民众的核心，代表着一个区域中民众的精神面貌，也决定着社会发展的走向。广西、四川都是多民族聚居的地区，文化复杂多样，既有积极进取、吃苦耐劳、团结奋进的优点，也有依附攀比、小富即安、文化教育不发达等落后因素。要办好教育，就需要深刻理解这些文化内涵，发挥积极因素，避免落后因素的阻碍，形成良好的办学文化氛围。雷沛鸿、卢作孚都是本土成长起来的教育家，对当地文化不但非常了解，而且有切身感受，这对区域办学无疑是有利的。他们将文化作为教育民众的基础，发挥了文化内聚力的作用，促进了教育事业的发展。

（四）办学资源的合理利用

在近代中国的落后区域进行办学，最大的困难就是办学资源的匮乏。这就要求教育家要善于利用各种现有条件，并积极创造条件来进行办学。实际上，这里所说的办学资源匮乏主要指显性的资源，如经费、师资、教学设施等，但就一个区域来说，还有一些隐性的办学资源可以利用，以弥补显性资源的不足，如政府的政策支持、民众的办学热情、教育家的办学智慧、办学团队的精诚奋斗等。在办学时，不能只抱怨物质条件的缺乏，更不能持"等、靠、要"的态度，而是应该积极寻找和合理利用各种有利的教学资源，尤其是隐性的办学资源，才能在显性资源不足的情况下办好教育。否则，等到各项条件都优越了才办教育，那会贻误时机，使中国文化教育更加落后。教育家进行区域办学，就要发挥各种显性、隐性办学资源的效用，使教育事业比较顺利的发展。

二、区域办学的策略

（一）选择熟悉本土情况的教育家

"在中国历史上，一个地区的教育发展，往往会因为一个热心办理教育的官员或一个著名学者的推动而得到很大改观，这一点，并不一定与地域的经济的、政治的等等条件有关。"（吴宣德，2001）[263] 因此，选择熟悉本土情况的教育家来办学就显得非常重要了。雷沛鸿、卢作孚就是在经济、政治相对落后的西部地区出色进行办学的。这又包括两种情况，一是教育家在本地成长，在外求学或工作以后又回到本地兴办教育，他们对本地情况非常了解，也充满了本土情感；二是虽然教育家不是在本土成长，但却对办学事业充满信心，热爱教育事业，愿意为当地的教育事业做出奉献，并能很快融入本土文化之中，得到民众认可，进行本土化的办学实践。可见，办学者应该是具有教育家潜质或已经成为有一定影响的教育家，热爱教育事业，愿意为办学事业做出贡献，而且熟悉本土情况，热爱当地民众，能尽快融入当地文化。

（二）加强区域教育研究，制定适应本土实际的办学规划，及时改进实施策略

区域办学重要的要求就是要切合当地实际，这不仅需要教育家对当地情况深入了解，更重要的是进行认真的调查研究，认识文化教育现状，提出相应的办学规划，在办学过程中不断地根据实际困难与问题及时调整办学策略。雷沛鸿和卢作孚都设立了专门的教育研究机构，并聘请外界教育家来当地进行调研，发现问题，提出整改建议。这种办学过程中对政策规划进行修正的做法是符合规律的，因为在最初制订计划时，对实际困难与问题考虑不会完全周到，在运行过程中会遇到种种意想不到的难题，必须及时进行调整。教育家需要这种办学智慧与行政机智，对矛盾与问题保持一种敏感性，教育事业才能不断完善与进步。

（三）利用好区域优势，解决办学难题

如前所述，地方行政权力的独立性、经济发展的同质性、文化教育的内聚力等构成了区域教育的显性资源，与相关隐性资源一起，共同为教育家所

用，以促进当地办学事业的进步。这就要求教育家在办学时与当地这些力量合作，但也引发了教育事业的独立性和自主性的问题。比如，教育要独立还是与政治合作，在民国时期引起了诸多争议。雷沛鸿、卢作孚也有这种困惑。1930 年雷沛鸿撰文：

> 德国教育，在军国主义的运行之下，不但重纪律重服从，以求令出惟行，而且要压抑个性，牺牲创造，甚至摧残自由精神与自由性格。原来个性、创造、自由精神与自由性格正是教育的精髓；教育之所以为教育者，即是在于这一点。办教育而至于做了这种牺牲，教育本身还有什么希望？后起青年还有什么希望？平心而论，十九世纪只是德国教育的矛盾时期，在其中，自由主义与军国主义，以至人文主义，实互相冲突，复互相消长（韦善美，马清和，1989）[224-225]。

而且，从教育经验推广角度，"从中国教育史上看，一些地区的优秀教育经验常常不能被其他地区所利用。这些经验要想得到推广，常常需要依靠国家或地方的政策干预。"（吴宣德，2001）[265] 从雷沛鸿和卢作孚的办学实践来看，这一问题要根据当时的局势，从发展教育事业的实际效果出发来确定。因此，教育既要利用政权的力量，又要与政治之间保持一定的张力，具有一定的主体性。教育家只有合理利用区域优势，发挥这些教育资源的效用，办学才能取得良好效果。

三、区域推进的意义

（一）促进区域文化教育进步

办学事业的发展促进区域文化教育进步是显而易见的。区域办学提高了当地适龄儿童的入学率，使大部分儿童都能接受一定年限的义务教育。民众教育使当地青壮年都接受了一定的教育，提高了识字率和劳动技能。雷沛鸿和卢作孚掀起了民众的学习热潮，识字、阅读、听演讲、学习技能成为民众的习惯。这使当地政府和民众认识到办学的重要性，积极推动和投身到办学事业中去。

（二）推进区域现代化

区域现代化是国家现代化的重要步骤，是区域发展的重要方面。广西省、四川省的农村范围最广，农民所占比例最大，区域现代化应该以农村和农民为重点。而农村的这种运动，既不能看成"农村救济"，也不能看作"办模范村"，其重大使命是"民族再造"。要实现"民族再造"的使命，最有效力的方法莫若"教育"，"总括起来说：要'实验的改造民族生活的教育'。中国式的古董教育，与民族生活不相干，只能造成三家村的乡学究；西洋式的舶来教育，与民族生活不相应，只能造成外国货的消费人。只有实验的改造民族生活的教育，才能造成国家中兴发强刚毅有作为有创意的民族"，"这种教育，以培养民族的新生命，振拔民族的新人格，促进民族的新团结新组织为目标；以适应实际生活，改良实际生活，创造实际生活为内容。"（宋恩荣，1989）[293-297]这就是本土化的教育，才能再造民族、中兴国家。

"教育的变革是社会变革的基础和动力之一，离开了教育的变革，社会变革就会成为空中楼阁。"（林家有，2004）[244]区域现代化包括政治、经济、社会、文化教育现代化，而根本来说还是"人"的现代化。区域办学主要是通过培养"人"来推进区域现代化。教学内容、教育方式等贯彻了现代化思想、知识、技能，使民众能够接受现代化的教育。大量人才是通过区域现代化培养的，他们也成为现实的人力资源，为实现区域现代化做出贡献。办学本身就是教育现代化的过程，而教育现代化又是区域现代化的重要组成部分。文化教育机构研究社会现实和现代化路径，为区域现代化出谋划策，成为区域现代化的智力资源。

同时，教育现代化与区域现代化也是相互依存、相互支持的。正如雷沛鸿所说："中国教育需要改造，不过，教育的寄附体是社会，教育改造与社会改造不能分离。严格来说，必须在社会改造成功，教育改造才能成功，至少社会改造与教育改造同时并行，才能互相为用，否则两败俱伤。"（韦善美，马清和，1993）[526]

（三）形成区域办学经验，推进了教育理论发展

区域办学比全国推进、学校教育更具有优势，更适合教育实验。因为中国地域广阔，各地社会发展状况差距悬殊，这种不平衡使教育事业的全国推

进变得异常困难，各地都会有与全国教育政策不一致的特殊情况，有些则甲地的成功教育经验在乙地根本不能实施，如果使用行政命令强行推进，那只能是事倍功半、得不偿失。相反，以个别学校为单位进行办学推进，可以集中各种资源，办好一所学校，但这不仅推广速度缓慢，而且一所学校的成功经验不一定能推广到其他学校或区域，使办学陷入尴尬的境地。因此，选择一个合适的区域进行办学，是一种适当的推进策略。这种方式既能避免各地社会发展不平衡的阻碍，也能较为快速地在较大范围内推广。

区域办学比较容易形成本土化的教育经验和教育理论，为本土化办学提供了实践基础。"区域教育具有很强的地域特点，真正是面向本土的教育实践，区域教育研究既不囿于既有的理论，也不限于个别专门学科，而是从区域实际出发，自下而上建构一套适用于本地教育实际的理论，摆脱借用和追随外国理论的框架。"（华京生，等，2009）[63]雷沛鸿选择广西省、卢作孚选择北碚和民生公司作为办学区域，虽然区域大小、地理位置不同，但其殊途同归的本土化办学为教育现代化与区域现代化提供了理论与经验。

（四）区域推进教育实践效果更佳

教育家利用政权的力量进行区域性办学实验，其影响范围、实际效果、受惠人群都比民间办学大得多。民间创办学校的优势主要是教育家理论创新、全身心投入，取得了较高的社会声望。但在中国特殊的国情下，由于缺乏官方的支持，民间办学大多是集中于一村一校，其发展步履维艰，实际效果和影响有限。比如，陶行知1926年创立中华教育改进社，提出"筹募一百万元基金，征集一百万位同志，提倡一百万所学校，改造一百万个乡村"，其目的"即在厉行乡村教育政策为我们三万万四千万农民服务"（陶行知，1984）[646]，并创办了晓庄学校，但3年后即被当局查封，他也逃亡日本避难。1932年，他在上海郊区大场创办山海工学团，1939年，在重庆创办育才学校。虽然他也培养了一批人才，"收获了显著的成绩"，其教育思想为世人称道，是公认的教育家，但却"不幸中途停顿，未能贯彻"（傅葆琛，1994）[356]，距离四个"一百万"有相当大的差距。从其教育事业惠及民众而言，他与雷沛鸿、卢作孚的区域办学相比要少得多。仅广西一省就有民众1200万人以上，1941年接受基础教育的儿童（6—14周岁）占全省应受教育儿童人数的79.18%，成年男女（15—45周岁）占应受教育者的84.5%，1940年国民教育推广到全国后，其影响范围遍及全国。民间力量办学和借助官方权力办学是两种不同的办学路径，都需要我们学习、研究和借鉴，前者的理论水平高、社会影响大、名望声誉高，可谓独领一时风骚，但后者侧重于教育普及推广，教育独立性可能受到行政权力的影响，但其实际教育效果和影响范围却广泛得多。教育是一项社会公共事业，属于政府行政的一个方面，政府不会坐视不管，任由民间兴办；教育是一项集体力量才能完成的事业，必须通过一定的方式形成团队进行办学，才能取得较广泛的效果，而利用现成的行政权力办学，比一位教育家依靠个人魅力来呼吁效果要好得多。如果任命具有较高教育理论修养、具有教育家潜质的人为教育行政长官或学校校长，使其具有了行政权力，这将会使教育如虎添翼，其办学必定会取得事半功倍的效果。当然，如何选拔合格的人才办学、保证办学的正确方向又是对各级政府行政智慧的考验。

第四节　本土化办学的困境与局限

雷沛鸿与卢作孚的办学虽然取得了显著成效，并形成了独特的本土化路径，但是办学过程并非一帆风顺，也存在着难以解决的矛盾与困境。这既有外界施加的压力，也有办学事业内部的矛盾。

一、造成之原因

（一）薄弱的基础

广西、四川都属于西部地区，多高山密林、峡谷大川，矿产、水利等资源丰富，四川盆地有"天府之国"的美誉，但与东部省份相比，却一直处于落后地位。尤其是近代以来，西方侵略、国家政局混乱给西部地区发展带来了更大的困难。这两省远离中央，形成了军阀割据的局面，为了保住地盘、争夺权力，军阀们一方面要对抗中央的控制，另一方面他们之间战争不断，又加之国共之间的内战、抗日战争等，广西、四川等地区政局动荡、民不聊生，不利于兴办教育。经济上，民众自己生活尚成问题，战争又需要大量的经费与粮食，从而使民生更加窘迫，而政府的经费肯定优先用于军事、行政，导致办学经费捉襟见肘。文化教育本身就落后，办学中人才、师资就成为主要瓶颈，而且本身没有受到教育的民众最初对办学也不感兴趣。这种薄弱的基础是雷沛鸿和卢作孚办学的基本条件，给他们带来了许多困难，也使其办学备受考验。

（二）纷乱的时局与行政的干涉

当时，中国正从农业社会被迫向工业社会转型，教育事业不能适应发展需要，必须进行变革。但各地存在着许多乱象、矛盾与误区，引发了诸多争议，使教育也变得无所适从。中华民国成立以来，政局变动频繁，"教育部长"更换多次，使教育蒙受了不必要的损失。地方上又出现了军阀割据，使教育受到了政治的过多干涉。

在军阀统治的广西、四川等地，军阀为了扩充势力，力求发展当地经济与教育，但各项事业必须围绕他们的割据统治，否则就会加以阻止。军阀政府要求教育也要为他们的统治服务，如广西提出"建设广西，复兴中国"的口号，倡导"三自"、"三寓"政策，大力进行政治、经济、军事、文化建设，雷沛鸿将办学思路与这些目标相结合才得以发展，这势必要牺牲教育的一些本真。卢作孚在北碚要听命于刘湘、杨森等军阀，而他自己也是地方行政官员。这些行政的干涉也使教育问题政治化，如广西国民中学的争论，掺杂了政治问题，使争论复杂化。在许多时候教育家要在行政权力与教育规律之间选择，甚至牺牲教育原则以换取办学的持续进行。这种状况主要表现在教育目的、教育管理与课程选择方面，初等教育阶段由于教育层次较低这种矛盾还不突出，而随着教育程度的提高，中、高等教育中这种矛盾则表现明显。

（三）对现代教育理论认识的局限

现代西方教育理论是为适应资本主义经济发展而出现的。不论夸美纽斯、赫尔巴特等的传统教育理论，还是以杜威为代表的进步教育理论，都是在教育实践的基础上提出的，适应本国的教育实际。我们在学习西方教育时，要具备国际视野和时代精神，要面对如何将西方先进的教育理念与本土特征相结合的难题。雷沛鸿曾留学欧美9年，卢作孚也曾自学西方教育理论，但依然面临这一问题。如果他们作为办学的领导者是第一层次的，那么作为第二层次的研究人员、教育部门团队成员对本土化的认识有所减弱，不断地学习、研究对第二层次的人的理解会有所帮助，但这需要一定的时间和相应的过程。基础学校的校长和教师可以算办学团队的第三层次，他们要面临更加严峻的教学实际问题和生活的压力，而他们基本未能学习外国先进教育理论，也未能接受较高水平的教育，其理论水平相对较低——即使这样，基层教师仍然十分缺乏——他们执行本土化办学的计划有一定的困难。这就要求教育家要认真研究本土教育实际，带领团队研究教育理论和实践，并不断进行相当的宣传鼓动，使本土化的办学理念深入人心，才能使办学沿着本土化的路径顺利开展下去。

二、办学中的困境与局限

（一）办学过程中的争议与批评

办学过程中，雷沛鸿和卢作孚遇到了各种非议与议论，甚至完全否定他们的办学行为。从提出批评的主体来看，有中央或地方行政当局，有外界教育家，有办学团队内部，有区域内民众。从批评的性质看，有善意的改进意见，有借题发挥的政治矛盾，有理论不同或未能深入了解出现的分歧。从争议的矛盾焦点来看，有民族主义与个人主义的矛盾，有当前利益与长远发展的矛盾，有教育与社会之间的矛盾，有办学思路不同的矛盾。而且，许多事件都体现了诸多矛盾，多侧面地反映出问题所在。比如，广西省国民中学之争表面上集中在国民中学毕业生升学与就业问题上，但体现的矛盾却很复杂，从教育理论上有代替派、取消派、改进派（曹天忠，2004）[291]，有雷沛鸿与继任教育厅厅长邱昌渭之间在教育行政上的矛盾，有黄旭初为代表的省政府与临时参议会的矛盾，有国民党 CC 派与新桂系的矛盾，也有普通民众对国民中学的误解与困惑。同样，1935 年年初，北碚的瑞山小学校长丁秀君辞职事件，丁秀君是卢作孚的学生，又值瑞山小学改为私立的关键时期，反映了人事、教学等方面的矛盾。

教育家在办学过程中会遇到种种意想不到的难题与矛盾，出现分歧与争议也是正常的，但重要的如何看待和解决这些矛盾与争议，这不仅需要教育家坚忍不拔的精神、正直无私的道德、渊博的教育理论、独特的教育思想，也需要快速的应变能力和机智的处事艺术。这对教育家的综合素质提出了较高要求。教育家解决这些矛盾的策略：一是分析矛盾的实质，认识到矛盾的主次，善于利用优势，化解矛盾；二是要坚持办学方向，但对正确的意见要从善如流，积极改进办学实践；三是积极宣传办学理念，改进办学质量，争取民众的理解和当局的支持，减少办学阻力。

（二）办学层次较低，教学效果不佳

雷沛鸿和卢作孚区域办学的重点是解决儿童入学和民众扫盲教育问题，首要任务是推广普及初等教育，使民众具备基本的知识与技能。在绝大多数农民都是文盲的民国时期，这一目的无疑是合理的，也是急迫的，正因为此雷沛鸿才制定了普及国民基础教育的"五年计划"（后改为六年），1940年在全国推广。这种普及教育主要是初等的基础教育，使受教育者学习最基本的文化知识或职业技能。他们能做到这样在当时已经非常难得，实属不易，但毕竟受教育的层次非常低下。即便这样，办学仍面临着经费、师资等严重不足的困难，而且各学校校长和教师还要承担其他社会任务，工作繁重而忙碌，待遇又不高，其教学效果就很难保证。1940年，雷沛鸿就说："教学法一项，据教育部报告，川、黔、滇、赣等省都欠佳；本省尤成问题，因为本省采三位一体制，教师工作很多，在《国民基础学校办理通则》上所罗列的教学法，未能切实施行，教师复缺乏素养，所以此次受到很严格的批评，我们应深自反省，力谋改进。"（韦善美，马清和，1990）[239-240]

于是，如何提高办学水平与层次成为重要课题。雷沛鸿和卢作孚做的努力主要有：一是应该扩大义务教育范围，使适龄儿童都能入学学习；二是提高初等学校的办学水平和师资力量，使学生能够接受较高质量的教育；三是创办相应的中等、高等教育，以形成前后衔接的办学体制和学校制度，虽然广西和北碚设置了小学、中学、大学，但在升学与就业等方面存在着许多问题，还有较大的提升空间。所以，他们办学整体层次较低，也尝试创办了较高层次的学校，但并不普及，效果也不太理想。

（三）教育目的与教学内容的争论

近代中国面临着国家与民族的危机，"教育救国"成为大家的广泛共识。在办学中一般都强调教育对国家独立、社会发展的重要性，对个人素养则关注较少，即使有，也是强调国民特性和劳动技能，以培养合格的公民为目的。这就体现了民族主义与个人主义的矛盾。当然，从理论上讲，民族主义与个人主义可以统一起来，在具体的人身上体现，培养个性与报效国家可以融为一体。但是，在具体办学中却存在着一定的矛盾，到近代中国更重视

民族主义，而强调个性是要允许学生自主行动，这样就有可能在个人与国家之间首先选择个人利益。这就使教育目的徘徊于民族主义与个人主义之间。

雷沛鸿和卢作孚办学中主要采用西方的课程内容和教育手段，重视现代科学技术的教育，体现了实用主义精神。但对中国传统文化重视不够，仅体现了其中的道德成分。那么，如何使公民素质得到全面平衡的发展呢？是重视实用还是个性？是摆在办学者面前的一个难题。素质教育在大学中表现为通识教育，而中小学中也面临这一问题。西方教育界在这方面也有许多分歧，实用主义越来越倾向重视通识教育，以培养学生的整体素质。在近代中国的办学实践中，现实的状况使教育家更重视实用主义，以解决民众生产、生活的实际问题。相应的，对中国传统文化和西方古典主义则较少学习，这是现实的选择，但从长远来看，这种选择并不一定合理，不利于民族文化的继承与创新，不利于民族素质的提高，也不利于本土化办学的实施与发展。

三、困境与矛盾中的反思

（一）办学思路：本土化办学理论与实践

清末以来，"中国数千年来的旧教育，现在已经整个的推翻了，可是新教育尚未产生。现在的所谓'新教育'，并不是新的产物，实在是从东西洋抄袭来的东西。日本留学生回来办日本的教育；英美留学生回来办英美的教育。试问中国人在中国办外国教育，还有什么意义？各国教育，有各国的制度和精神，各有它的空间性和时间性，万不能乱七八糟的拿来借用。"（宋恩荣，1989）[465]否则，甚至会使整个教育破产。因此，以雷沛鸿、卢作孚、晏阳初、梁漱溟等为代表的教育家开始探索符合中国国情、具有本土特色的办学路径。

然而，办学过程要体现本土特色，又要具有国际先进水平，是非常困难的。这需要具备教育本土化的三个要素——国际视野、时代精神、本土意识的平衡。办学者具备一个方面相对容易，出国留学或研修、考察就可以具有国际视野，留心中国国情就可以具有时代精神，悉心调查研究本土实际就可以具有本土意识，但能够有意识地进行本土化办学的理论思考，且能使三个要素达到平衡，是非常困难的。有些人能够认识到西方教育不能完全适应中国国情，但他们简单地认为将西方教育加以"中国化"的改造就可以了，没有意识到本土化的三个要素。而且，即使有了理论上的突破和对三要素平衡的考量，但真正在社会中进行办学又是一种新的考验。雷沛鸿、卢作孚在本土化办学中取得了可观的成绩，形成了独特的办学模式，但也走了一些弯路，经历了许多困难，而且他们的本土化办学对三要素的思考也并非完美无缺。

（二）办学体制与可持续发展

教育的发展不能靠当权者的一时兴起或教育家的突发奇想，而是要从理论高度认识办学规律，高瞻远瞩地制定办学规划，合理把握国际视野、时代精神、本土意识的平衡，使教育走上可持续发展之路。他们在办学中都注意制定相关法律法规，以规范办学行为，基本上形成了富有特色的办学取向。然而，在办学中还有许多需要提升的方面，尤其是可持续发展方面具有较大的提升空间。那么，如何能够保障办学可持续发展，避免出现"人走政息"的现象呢？具体可从这样几个方面着手：一是制定长远的发展规划，不仅着眼于教育当前的发展，更要注意教育的长时段规划，以促进教育和谐稳定的进步；二是加强教育科研，尤其是研究国际先进的教育经验与本土应用的问题，积极推动国际合作，不能仅靠外出考察或介绍经验的文章来了解外国教育，应该形成严谨的研究机制，对国际教育、时代命题和本土实际进行深入的、动态的研究探索，为办学提供智力、理论支撑；三是促成政府进行相关教育立法，将先进的教育理论和办学实践变成法律法规，走上法制化办学道路；四是形成民主化的教育行政，选拔具有教育家潜质的人才来办学，并以民主的方式进行约束，使教育能够高度健康的发展。

（三）教育自由发展与水平提高

教育属于社会的一个重要组成部分，与政治、经济、军事、文化等有着千丝万缕的联系，并不能截然分开。那么如何处理好教育与社会的关系是近代教育发展必须要解决的问题，由此引发了教育独立之争，虽然教育取得了一些进展，但大学区制等实践并未成功。这说明教育独立与依附的关系必须面对，但却很难把握教育与社会之间适当的张力。实际上，政府应该给教育家创造宽松的办学环境，让其自由地发展教育事业，才能使教育健康的发展，办学才能取得成功。

民国时期，各地教育发展极端不平衡，城市、市镇，尤其是沿海大城市教育相对发达，农村教育则相差甚远。为保证社会的公平与正义，政府就要做到教育均衡发展与合理布局，普及义务教育。雷沛鸿和卢作孚重视教育的公平与均衡，要求各村镇都要设立国民基础学校，普及义务教育，使民众和儿童都能接受相当程度的教育。虽然程度不高，水平有限，但毕竟使广大农村有了最基础的学校，农村民众能够接受基本教育。而普及过后就应该提高教育层次，这需要更宏大的规划、更多的人力物力的支持、更大的魄力。教育水平的提高也是历史的必然趋势，符合社会发展规律。

结　语

　　近代中国时逢乱世，教育救国成为救亡图存的重要方略之一。中国教育基本上以学习西方为主，可称为"赶超型"现代化，只有从"赶超型"现代化走向"创新型"现代化（香山健一，1990）[11]，才能使中国教育真正走向成熟。在教育由传统转向现代的过程中，人们逐渐认识到盲目照搬西方教育的弊端，开始走上探索教育本土化的创新之路。这是一条荆棘丛生的异常坎坷之路，比搬用西方现成的教育何止艰难百倍，但这才是中国教育发展的正途，是中国教育创新从自发走向自觉的表现。近代教育家们义无反顾地选择了教育本土化之路，他们以创荆辟莽、筚路蓝缕的精神进行教育理论与实践的创新。正是在这一意义上，他们从西方教育的"搬运工"（陶行知自嘲为"东洋车夫"）变成独立自主的"教育家"。他们以勇于创新、实事求是的态度创办教育，形成了乡村教育、民众教育、职业教育、科学教育等多种潮流与办学样式。其中，雷沛鸿的"融入式办学"和卢作孚的"互摄式办学"的取向无疑是独具特色的，理论创新与实践效果都产生了相当大的影响，成为民国时期教育本土化在区域办学中的典型代表。值得我们崇敬与研究的，不仅是他们执着的办学精神、高效的办学措施和精彩的办学思想，更重要的是他们面对复杂困窘的时局展现出来的教育本土化的办学智慧和教育家所独具的人文气质。

一、教育家办学：历史回眸与现实追求

　　清末的新式教育家大多接受的是严格的中国传统教育，在科举考试中取得了一定的功名，然后通过阅读西方教育著作或出国考察学习，了解了西方

的教育。民国时期的教育家一般都是直接接受的西式教育，雷沛鸿和卢作孚就是这样的。在社会转型、文化创新的关键时期，他们有着自身独特的气质与才能，既不同于传统教育培养出的清末教育家，也不同于新中国成立后向苏联学习的教育家。从知识来源来看，他们小时候接受的是中国传统的"四书五经"式的教育，具有相当程度的中国传统文化基础，成年后通过留学或自学对西方教育有了深广的了解。从知识结构来看，他们既接受了理科性质的知识，也学习了文科性质的学问，尤其是工作以后学习的范围更加广泛，这种不囿于教育狭窄领域的知识结构，使他们具有更加宽广的视野，能够真正从社会发展的角度来理解教育。从社会条件来看，清末和新中国时期具有相对统一的中央政府，社会环境相对平静，他们却生活在军阀割据、内战不断、日本侵略等内忧外患的时代，面临更加艰巨的考验，他们的教育救国、服务社会的意识更加强烈。这种独特性既是对他们的挑战，也是一种机遇，使他们具备了得天独厚的条件来实施本土化办学，以完成文化教育的现代化转型。

回眸教育历史，我们可以认识教育发展演变的来龙去脉，理解本国的文化教育传统，这是教育本土化的理论基础。在近代中国，由于先进性与实用性的优势，西方的现代教育成为中国教育的学习榜样和追求目标。相应的，由于政治意义上的批判和本身未能完成现代转型，中国传统文化教育却备受冷落，虽然我们现在已经开始转变对传统教育的态度，但只是对孔子等教育家的认可和个别教育思想的引用，而中国传统教育思想和教育体制中的合理成分仍然没有受到应有的重视，更没有尝试将其融入现实教育理论与实践中以实现教育本土化创新。而且，学习西方教育也主要是对其当前的教育政策或思想感兴趣，期望能够引入中国为我所用，起到立竿见影的效果，并不愿去了解西方教育历史，也不愿意深究西方教育发展背后的时代背景。这种功利性的指导思想必然导致对教育历史的漠视，对历史研究的不屑一顾，而从长远来看这正是中国教育发展的致命弱点，不改变这一现状中国教育必然漂泊无依，缺乏"根基"，没有"魂魄"。许多长期纠结的问题在历史上就困扰着教育，教育家们已经进行了一定的探索，许多着力追求的教育变革和创新已经早就尝试过，甚至已经证明是误区，我们却在津津乐道。我们一定要摒弃功利化的、短视的想法，不要期待教育历史和西方教育提供给我们现成的答案或效仿的模板，因为世界上不可能有这样的榜样，即使有相似的成功案例，不经过本土化的创新过程，也不会在中国取得成功。只有认真地研究教育历史和现实，仔细分析梳理教育体制背后的诸多因素，研究教育变革、理论创新的机制与原理，才是实现教育本土化的正确途径。

　　教育理论与教育实践一样都是与时俱进的，是一个不断变革创新的过程。近代教育家们已经开始重视教育本土化问题，进行了理论研究和实践探索，取得了丰富的经验教训。但由于时代局限，他们将教育本土化或新教育中国化定位于引进、消化、吸收西方教育，是对西方化的一种"反动"，处于相对被动状态。他们具有反侵略的民族独立意识，甚至有些教育家如雷沛鸿等具备了一种教育走向世界的自信气度。但是毕竟时过境迁，我们今天应该以全新理论视角来审视教育家的贡献，梳理出他们在当时的背景下走向教育本土化的路径。因此，教育本土化应该从单向度的引进吸收走向多向度的创新互动，其内涵应该包括国际视野、时代精神、本土意识三个因素，使我们的视野更加开阔。雷沛鸿和卢作孚正是因为能够理性地分析中西方教育的优劣，合理地将其与中国西部的实际相结合，形成了独特的办学模式。尤其是"新文化运动"以后，"向西方学习"已经成为不可逆转也不容置疑的潮流，将西方教育引入中国加以运用并不足为奇，而他们能够保持自己独立的思考，将中国传统教育的经验作为本土化办学思想的重要来源，坚持本土化办学方向，实属难能可贵。中西教育传统的合理运用，为他们的办学提供了丰富的理论资源和实践经验。

　　历史回眸是教育变革的基石，是教育研究的基点，是创新发展的源泉。现实追求是教育进步的动力，是教育历史的延续，是教育家办学的初衷。缺少了历史回眸，教育的现实追求就会成为"无源之水"、"无本之木"；缺少了现实追求，教育的历史回眸就变成了孤芳自赏，教育也就失去了未来。

二、教育本土化：合理性与自觉性

　　教育本土化既是历史上教育家的追求目标，也是全球化趋势日益明显的今天，中国教育的努力方向。可以说，教育本土化是教育变革的立足点、着眼点，也是努力追求的目标，更是一种永恒的追求，教育在不断创新中找寻自我、彰显个性、体现特色。这样，教育本土化因其合理性走向自觉性。

（一）国际视野

　　近代以来，西方文明以强大的生产力为后盾，影响到全球的各个角落，冲击着世界上各种文明，成为世界发展的标尺。西方的文化教育适应了资本主义工业文明的需要，为资本主义提供了强大的助推力。于是，世界各国不约而同地效仿西方教育，成为各国办学模式的合理选择。中国传统教育具有丰富的教育成果与成熟的教育经验，但未能自觉地完成现代转型，遭到了不公正的批判和抛弃，逐渐淡出了教育研究的主流领域。因此，教育本土化必须具备国际视野，了解国际教育的历史、趋势与动向。要注意的是，一般意义上提到的国际视野就是指西方教育的新发展、新方向，对于其教育历史漠不关心，更不去追究历史上办学的利弊得失。即使有时仍要研究赫尔巴特、蒙台梭利、杜威等著名教育家的著作，也多是形而上学地理解其教育思想，并期待直接运用到现实教育中，不去深究其思想诞生的时代背景和历史意蕴，也就不能理解先进教育思想的创生机制，更无法创新出具有本国特色的教育模式。教育的国际视野既要研究西方教育的现状与趋势，也要研究其历史进程，通过教育的表面现象折射出先进教育的创生机制。否则，教育发展就会走入照搬照抄西方教育模式的误区，这种亦步亦趋的学习永远不会形成本土化的教育，更谈不上超越西方教育，为世界教育做出贡献。国际视野是自觉地选择，但要注意合理地运用。雷沛鸿、卢作孚在办学中非常重视国际经验（相比较而言，是雷沛鸿对西方教育的现状与历史非常熟悉），他们以国际视野来引进西方教育，并加以创造性的应用，形成本土化办学模式。

（二）时代精神

每个时代都有自己的时代精神与时代任务，比如，对于近代中国来说，"救亡图存"就是最主要的时代命题。教育家不能就教育而研究教育，必须有宽广的社会视野，才能研究好教育。教育本身是一门涉及多门学科的学问，教育事业与社会关系密切，具有多样性。教育家办学必须关注时代精神，回应时代命题，完成时代任务。否则，教育理论与办学实践脱离时代、自说自话，一定不会取得好的效果，必定会被历史淘汰。这里所说的时代精神是指要根据国家前途、民族命运来高瞻远瞩地规划教育发展的蓝图，具有一定的前瞻性和预见性，是为了"未来"的教育。我们应该避免两种倾向：一是"头痛医头、脚痛医脚"式的解决当前遇到的一些具体困难，这种只顾眼前的短视的教育一定不会有长足的发展，更遑论民族的复兴；二是好高骛远、脱离现实地发展教育，为了虚无缥缈的目标而不断地劳民伤财，这种教育也必将一事无成。教育要具有的时代精神指合理地设计长远目标与近期计划，使其有机地结合起来，既有为教育远景奋斗的信心与智慧，又有脚踏实地变革教育的理性与实干。

同时，教育面临着时代主题，要去解决社会发展的难题，其前提是遵循教育的基本规律与原则来办学。办学者不能以救亡国家或党派利益为借口而急功近利地抛弃教育的本真，让教育为某些利益集团服务，把学生训练成驯服的工具，如国民党强调的"党化教育"（后改为"三民主义教育"）就是典型的例子。这样，学生会丧失个人的自主性和作为公民的尊严，失去辨别能力和批判精神，对政府灌输的观念毫不怀疑，形成类似古代君主专制时期对皇权的愚昧信仰。这种教育不仅使个人变成工具化的"行尸走肉"，也会使社会发展走向歧途，甚至会导致国家民族陷入严重的危机。雷沛鸿与卢作孚办学中就或多或少面临类似问题，如广西办学中强调与"四大建设"的配合，办学组织中的"三位一体"制，训练"全省青年相与效忠民族运动"和"谋学问与政治合作"（韦善美，马清和，1993）[533]，学校课程中的"公民教育"（韦善美，马清和，1993）[562-563]等，都表现出了教育与政治不分的弊端。当然，这并非主流，只是为了能够得到政府的支持而不得不采取的策略。雷沛鸿和卢作孚基本能够做到坚守教育的底线，把培养全格公民作为首要目标，政治的宣传在所难免，但他们比较注意分寸的把握。

（三）本土意识

本土意识是教育现代化的一个重要原则，无论如何改革、怎样办学，其最终目的都是为了解决本土问题、促进本土发展。办学中本土意识要注意正确地理解与分析本国、本土的实际情况，明确区域办学的必然性、可能性和合理性，这是办学思想的基础。国际视野、时代精神要与本土意识紧密结合，才能使教育得到合理的发展。脱离本土实际的教育再先进，对本土的教育现代化也无益。这就要求办学者要认真地调查研究当地的社会实际，搞清政治、经济、文化等发展的现状，然后有的放矢地规划办学蓝图。绝对不能将西方先进的教育思想和教育制度稍加改变就引入到中国使用，如 1927 年实行的大学区制就一个例子。当然，社会要给办学者进行办学实践提供相对宽松的环境，使教育事业能够自主地成长，才能使其健康发展。这一过程中失误是难免的，民众应该对其报以宽容的心态；相应的，办学者要广泛调查研究，多方听取意见，审慎地规划实施，一旦出现失误要及时改进。如雷沛鸿面对国民中学的争议，虽然据理力争，但他也在升学与就业方面做出了相应的调整。办学者要有承认错误和失败的勇气，这种气魄是教育家应该具有的特质，教育家就是这样由失败走向成功的。雷沛鸿和卢作孚都曾经有过多次教学和教育行政实践，其中也不免失误，然后才取得办学成功的。勇于承认错误不会降低教育家的身价，反而会提升他们的品格，如蔡元培虽然有大学区制的失败，但他依然是公认的著名教育家。

本土意识也要重视对中国传统教育的研究与继承，不能轻率地否定或抛弃。"我们对待传统应该相当慎重，传统不应仅仅被当作是障碍或不可避免的状况。抛弃传统应该看成是新事业的一种代价；保留传统则应算作新事业的一种收益。这种代价—收益分析并不总是可以应用的，除非只是非常笼统地。我希望着重指出，传统应该被当作有是价值生活的必要构成部分。在现代，人们提出了一种把传统当作社会进步发展之累赘的学说，这是一种具有重大历史意义的错误。"（希尔斯，1991）[440]本土意识主要是根据本土实际情况实行相应的办学措施和教育制度，但要设定好办学目标，最终克服困难去努力完成，避免以本土情况不同而敷衍塞责。换句话说，本土意识是克服困难努力办学的基础，是办好教育的基本条件，而不是碌碌无为的借口，也不是推卸责任的依据。

（四）区域办学

选择合适的区域进行办学，是在地域辽阔的中国办学的合理方式。不管是行政区划出的区域还是自然形成的区域，进行办学时都要具有一定的条件。区域内要有一定的行政权威或教育权威来支持办学，办学者应具有教育行政权，甚至是政府行政权，前者如雷沛鸿，后者如卢作孚。区域内要具有相对安定的环境、基本的经济支持和人才储备，以满足办学的基本需要。区域要选择合适的人选来主持办学，并形成一定的办学团队。教育家制定好办学规划，并在办学实践中不断调查研究、调整计划。

经过一段时期的办学努力，一般区域内的教育水平会得到相应的提升。如果不能与全国教育持平，就会出现两种相反的情况，一种是依然落后于全国平均水平，另一种是领先全国教育。这就使教育呈现出地区差异，教育水平失衡，那么民众就会涌向教育先进的区域，加剧社会的不公。对于前者，要给予相应的办学政策，督促其加快教育发展，但对此类区域的升学等方面的照顾要谨慎，否则会丧失危机感和推动力，满足于现状。对于后者，国家要总结经验，向全国推广，就像广西的国民基础教育一样，但要各地注意根据实际情况进行变通，教育发展的总体目标和实质不能改变。

三、教育家办学的不同选择

教育是个人与社会、历史与未来的桥梁和纽带，是社会发展的基本推动力。教育不仅能使个人具备社会所需要的知识、技能与道德，使个人能够适应社会并能够为社会做出相应的贡献。教育以传承与创新人类文明的方式联结着历史与未来，当前的教育是历史文化发展的结果，也是未来人类文明的基础。因此，教育是人类文明的源泉与基石，是中华民族伟大复兴的希望所在。教育要良性发展的首要前提之一，就是教育家办学，而且不同时代、不同地区、不同教育家办学的取向千差万别。这种差异体现了教育家变革办学体制的创新智慧与执着追求教育本真的不屈精神。

在中国西部贫穷落后的地区，雷沛鸿形成了"融入式办学"取向，卢作孚则探索出了"互摄式办学"取向，他们以不同的办学智慧取得了令人瞩目的成果，使教育本土化在理论与实践上都达到了相当的高度，极大地推动了当地现代化进程。"融入式办学"将教育事业融入社会，将各种类型教育融入国民教育，将西方教育融入中国本土，展现出教育变革的合理路径和教育事业的恒久魅力。这种取向强调教育的社会基础作用，从教育本身出发，由内而外地观察社会，引领政治、经济、文化、军事等其他事业的发展，以教育现代化推动区域现代化。"互摄式办学"则强调办学与其他社会事业之间、各种类型教育之间、中西方教育之间的互动与促进。这种取向以社会的视角来观察教育，将教育现代化置于区域现代化之中，明确教育事业作为国家发展和地方建设的重要部分，以社会全面均衡发展的思想来统摄办学事业，协调教育发展的规模和速度，使教育在现代化进程中做出应有的贡献。

作为教育家，雷沛鸿和卢作孚都非常重视教育对区域现代化的作用，以严谨的态度追求教育的本质，以辩证的思想对待古今中外的教育经验，以高昂的热情创办各种类型学校和教育机构，以锲而不舍的精神推动教育本土化的发展。他们这两种办学取向可以说是殊途同归、异曲同工的，成为教育家办学的经典案例。而且，他们依托政治权力和经济组织，形成了区域推进的办学样式，不同于国家主导的、制度化推进的办学——此办学流于简单化、行政化，推广容易但效果不佳；也不同于个体化的民间办学——此办学效果良好，但由于个人影响力、办学的特殊性等原因不易推广。他们的区域办学既具有较好推广价值，又能够取得一定效果。

　　本土化办学是教育发展的客观规律，是教育家办学的自觉意识，是区域推进的基本要求。这种本土化办学不同于"西方化"或"本地性"，而是在"西方化"或"本地性"之间保持一定的张力，实现对古今中外教育的"创造性转化"①，借用吉登斯（Anthony Giddens）所言，形成教育发展的"第三条道路"（吉登斯，2000）。这样，我们在面对西方教育时才能从"仰视"变为"平视"（曹锦清，2010）[1]，面对中国传统教育时才能从一味批判转向理性思考。作为民国时期教育家的重要代表人物，雷沛鸿与卢作孚以不同的办学取向实践了本土化办学的理念，促进了区域教育进步，推动了区域现代化发展。这种殊途同归的办学取向，为我们提供了本土化办学的理念与智慧，成为我们当前的教育改革可资借鉴的丰富成果。

---

　　① 林毓生、杜维明等都重视这一概念的文化意义。"'创造的转化'是一个相当繁复的观念：第一，它必须是创造的，即必须是创新，创造过去没有的东西；第二，这种创造，除了需要精密与深刻地了解西方文化以外，而且需要精密而深刻地了解我们的文化传统，在这个深刻了解交互影响的过程中产生了与传统辩证的连续性，在这种辩证的连续中产生了对传统的转化，在这种转化中产生了我们过去所没有的新东西，同时这种新东西却与传统有辩证地衔接。"（林毓生. 中国传统的创造性转化 ［M］. 北京：生活·读书·新知三联书店，1988：63-64.）李泽厚指出，中国传统文化必须经过"转换性的创造"才能实现新生："历史的解释者自身应站在现时代的基地上意识到自身的历史性，突破陈旧传统的束缚，搬进来或创造出新的语言、词汇、概念、思维模式、表达方法、怀疑精神、批判态度，来'重新估定一切价值'。只有这样，才可能真正去继承、解释、批判和发展传统。"（李泽厚. 中国现代思想史论 ［M］. 北京：东方出版社，1987：47.）他们的概念、视角、内涵等都有所区别，但其初衷都是为中国传统文化在现代化潮流中实现转型指明方向。

参考文献

《红旗》杂志社论. 1998. "斗私、批修"，做好各学校各单位的斗批改（1967 年 10 月）[M] //何东昌. 中华人民共和国重要教育文献（1949 年—1997 年）. 海口：海南出版社.

埃德加·莫兰. 2008. 复杂性思想导论 [M]. 陈一壮，译. 上海：华东师范大学出版社.

毕德蔓. 1926. 乡村教学经验谭 [M]. 赵叔愚，译述. 上海：商务印书馆.

布洛克. 1997. 西方人文主义传统 [M]. 董乐山，译. 北京：生活·读书·新知三联书店.

蔡元培. 1971. 今后教育方针 [M] //中国国民党中央委员会党史史料编纂委员会. 抗战前教育政策与改革（革命文献第五十四辑）. 台北：中央文物供应社.

蔡元培. 1984. 教育独立议 [M] //高平叔. 蔡元培全集（第四卷）. 北京：中华书局.

曹锦清. 2010. 如何研究中国·序 [M]. 上海：上海人民出版社.

曹天忠. 2004. 教育与社会改造——雷沛鸿与近代广西教育及社会 [M]. 天津：天津古籍出版社.

陈代六. 1993. 敬怀恩师卢作孚先生 [M] //政协重庆市北碚区委员会. 风范长存——重庆市北碚区各界隆重纪念卢作孚先生诞辰一百周年. 政协重庆市北碚区委员会.

陈果夫. 1971. 改革教育是消除国难的根本办法 [M] //中国国民党中央委员会党史史料编纂委员会. 抗战前教育政策与改革（革命文献第五十四辑）. 台北：中央文物供应社.

陈维谨. 1988. 四川军阀对教育事业的摧残 [M] //四川省文史研究馆. 四川军阀史料（第五辑）. 成都：四川人民出版社.

陈学恂. 1994. 中国教育史研究·现代分卷 [M]. 上海：华东师范大学出版社.

重庆教育志编纂委员会. 2002. 重庆教育志 [M]. 重庆：重庆出版社.

重庆市北碚区地方志编纂委员会. 1989. 重庆市北碚区志［M］. 重庆：科学技术文献出版社重庆分社.

戴雪. 2001. 英宪精义［M］. 雷宾南，译. 北京：中国法律出版社.

丁钢. 2009. 全球化视野中的中国教育传统研究［M］. 桂林：广西师范大学出版社.

杜维明. 1996. 儒家思想新论——创造性转换的自我［M］. 曹幼华，单丁，译. 南京：江苏人民出版社.

杜维运. 1986. 史学方法论［M］. 台北：三民书局.

杜占奇. 2003. 从民族国家拯救历史：民族主义话语与中国现代史研究［M］. 王宪明，等，译. 北京：社会科学文献出版社.

傅葆琛. 1994. 民众教育与地方自治及社会生产的关系［M］//陈侠，傅启群. 傅葆琛教育论著选. 北京：人民教育出版社.

傅葆琛. 1994. 乡村小学的地位与乡村小学教师的使命［M］//陈侠，傅启群. 傅葆琛教育论著选. 北京：人民教育出版社.

傅葆琛. 1994. 乡建运动总检讨［M］//陈侠，傅启群. 傅葆琛教育论著选. 北京：人民教育出版社.

高凤谦. 1991. 敬告教育部［M］//璩鑫圭，唐良炎. 中国近代教育史料汇编：学制演变. 上海：上海教育出版社.

葛向荣. 2001. 卢作孚先生的艰辛历程［M］//周永林，凌耀伦. 卢作孚追思录. 重庆：重庆出版社.

龚家玮. 1936. 广西新教育之观感［M］. 广西普及国民基础教育研究院.

龚家玮. 1988. 忆念宾师并陈清和师母［M］//政协广西壮族自治区文史资料研究委员会. 雷沛鸿纪念文集. 南宁：政协广西壮族自治区文史资料研究委员会.

顾明远. 1998. 教育大辞典（增订合编本）［M］. 上海：上海教育出版社.

广西省政府财政厅秘书室. 1938. 广西财政纪要新编［M］. 广西省财政厅.

广西壮族自治区地方志编纂委员会. 1994. 广西通志·军事志［M］. 南宁：广西人民出版社.

广西壮族自治区地方志编纂委员会. 1995. 广西通志·教育志［M］. 南宁：广西人民出版社.

广西壮族自治区地方志编纂委员会. 1998. 广西通志·经济总志［M］. 南宁：广西人民出版社.

广西壮族自治区地方志编纂委员会. 2001. 广西通志·行政区划志［M］. 南宁：广西人民出版社.

国民政府. 1987. 中华民国教育宗旨及实施方针（1929年4月26日公布）［M］//李桂林. 中国现代教育史教学参考资料. 北京：人民教育出版社.

中共中央国务院. 2010. 国家中长期教育改革和发展规划纲要（2010—2020年）

［M］. 北京：人民出版社.

何新. 2002. 论中国历史与国民意识［M］. 北京：时事出版社.

亨廷顿. 1998. 文明的冲突与世界秩序的重建［M］. 周琪，等，译. 北京：新华出版社.

黄立人. 2003. 卢作孚书信集［M］. 成都：四川人民出版社.

黄绍洲. 2001. 卢作孚与民生公司［M］//周永林，凌耀伦. 卢作孚追思录. 重庆：重庆出版社.

黄旭初. 1939. 中国建设与广西建设［M］. 桂林：建设书店.

吉登斯. 2000. 第三条道路——社会民主主义的复兴［M］. 郑戈，译. 北京：北京大学出版社.

吉尔. 2000. 地方性知识：阐释人类学论文集［M］. 王海龙，张家瑄，译. 北京：中央编译出版社.

姜义华，瞿林东，赵吉惠. 2003. 史学导论［M］. 上海：复旦大学出版社.

蒋维乔. 1991. 民国教育部初设时之状况［M］//璩鑫圭，唐良炎. 中国近代教育史料汇编：学制演变. 上海：上海教育出版社.

金嵘轩. 1936. 乡村教育［M］. 南京：正中书局.

金耀基. 1997. 中国现代的文明秩序的建构——论中国的"现代化"与"现代性"［M］//刘军宁，等. 公共论丛：经济民主和经济自由. 北京：生活·读书·新知三联书店.

凯兴斯泰纳. 1993. 凯兴斯泰纳教育论著选［M］. 郑惠卿，译. 北京：人民教育出版社.

亢真化. 1938. 黄旭初先生之广西建设论［M］. 南宁：建设书店.

柯文. 2002. 在中国发现历史：中国中心观在美国的兴起［M］. 林同奇，译. 北京：中华书局.

孔雪雄. 1934. 中国今日之农村运动［M］. 上海：中山文化教育馆.

莱纳兹. 1989. 教育的各种职能. 陈科美，丁证霖，译［M］//瞿葆奎. 教育学文集第3卷. 北京：人民教育出版社.

雷坚. 1997. 雷沛鸿传［M］. 南宁：广西人民出版社.

韦善美，马清和. 1989. 雷沛鸿文集（上册）［M］. 南宁：广西教育出版社.

韦善美，马清和. 1989. 雷沛鸿文集（下册）［M］. 南宁：广西教育出版社.

韦善美，马清和. 1993. 雷沛鸿文集（续编）［M］. 南宁：广西教育出版社.

李石岑，等. 1925. 现代教育思潮批判［M］. 上海：商务印书馆.

李萱华. 2001. 卢作孚北碚纪事［M］//周永林，凌耀伦. 卢作孚追思录. 重庆：重庆出版社.

联合国教科文组织. 2000. 世界文化报告·绪论［M］. 北京：北京大学出版社.

联合国教科文组织国际教育发展委员会. 1996. 学会生存：教育世界的今天和明天 [M]. 华东师范大学比较教育研究所, 译. 北京：教育科学出版社.

梁漱溟. 1992. 主编本刊（《村治》）之自白 [M] //中国文化书院学术委员会. 梁漱溟全集（第五卷）. 济南：山东人民出版社.

梁漱溟. 1992. 中国民族自救运动之最后觉悟 [M] //中国文化书院学术委员会. 梁漱溟全集（第五卷）. 济南：山东人民出版社.

林家有. 2004. 政治·教育·社会：近代中国社会变迁的历史考察 [M]. 天津：天津古籍出版社.

林森. 2010. 教育家办学导论：校长专业化发展的使命与策略 [M]. 北京：人民教育出版社.

林松柏. 2001. 穿土布制服的厅长——我在（四川省）建设厅时见到的卢作孚 [M] //周永林, 凌耀伦. 卢作孚追思录. 重庆：重庆出版社.

凌耀伦. 1987. 卢作孚与民生公司 [M]. 成都：四川大学出版社.

刘斐. 2000. 两广"六一"事变 [M] //全国政协文史资料委员会. 文史资料选辑（第3辑）. 北京：中国文史出版社.

刘光. 1988. 缅怀吾师雷沛鸿 [M] //政协广西壮族自治区委员会文史资料委员会. 雷沛鸿纪念文集. 南宁：政协广西壮族自治区委员会文史资料委员会.

刘寿祺. 1992. 刘寿祺教育文选 [M]. 长沙：湖南教育出版社.

龙山义亮. 1925. 现代教育思潮之批判的观察 [M] //李石岑, 等. 现代教育思潮批判. 上海：商务印书馆.

卢尔勤. 2001. 回忆卢作孚片断 [M] //周永林, 凌耀伦. 卢作孚追思录. 重庆：重庆出版社.

卢国纪. 2003. 我的父亲卢作孚 [M]. 成都：四川人民出版社.

凌耀伦, 熊甫. 1999. 卢作孚文集 [M]. 北京：北京大学出版社.

黄立人. 2003. 卢作孚书信集 [M]. 成都：四川人民出版社.

罗荣渠. 1993. 现代化新论——世界与中国的现代化进程 [M]. 北京：北京大学出版社.

罗中典. 1985. 卢作孚先生简介（续）[M] //政协合川县文史资料委员会. 合川县文史资料选辑（第三辑）. 合川：政协合川县文史资料委员会.

马清和. 2000. 风雨相依——回忆宾南先生 [M]. 香港：香港天马图书有限公司.

马秋帆. 1994. 雷沛鸿教育思想研究·前言 [M] //韦善美, 程刚. 雷沛鸿教育思想研究. 沈阳：辽宁教育出版社.

迈克·富兰. 2000. 变革的力量：透视教育改革 [M]. 中国教育科学研究所, 译. 北京：教育科学出版社.

迈克·富兰. 2010. 教育变革的新意义（第四版）[M]. 武云斐, 译. 上海：华东师范大学出版社.

明星颖. 1984. 卢作孚先生和他的教育与实业［M］//政协合川县文史资料委员会. 合川县文史资料选辑（第二辑）. 合川：政协合川县文史资料委员会.

穆勒. 2007. 功利主义［M］. 徐大建，译. 上海：上海人民出版社.

佩尔·索拉. 2001. 教育史是历史学科和传统人文学科的扩展［M］//萨里莫娃，约翰宁迈耶. 当代教育史研究与教学的主要趋势. 方晓东，等，译. 北京：教育科学出版社.

蒲孝荣. 1986. 四川政区沿革与治地今释［M］. 成都：四川人民出版社.

千家驹，韩德章，吴半农. 1935. 广西省经济概况［M］. 上海：商务印书馆.

任军锋. 2003. 地域本位与国族认同：美国政治发展中的区域结构分析［M］. 天津：天津人民出版社.

中国国民党中央委员会党史史料编纂委员会. 1971. 抗战前教育政策与改革（革命文献第五十四辑）［M］. 台北：中央文物供应社.

石中英. 2005. 教育学的文化性格［M］. 太原：山西教育出版社.

斯宾塞. 1997. 斯宾塞教育论著选［M］. 胡毅，王承绪，译. 北京：人民教育出版社.

苏希洵. 1941. 广西教育概况［M］. 南宁：广西省政府教育厅.

孙恩山. 2001. 卢作孚和他的长江船队［M］//周永林，凌耀伦. 卢作孚追思录. 重庆：重庆出版社.

孙孔懿. 2006. 论教育家［M］. 北京：人民教育出版社.

华中师范学院教育科学研究所. 1984. 陶行知全集（第一卷）［M］. 长沙：湖南教育出版社.

江苏省陶行知研究会. 2008. 陶行知文集（上册）［M］. 南京：江苏教育出版社.

童少生. 1980. 民生轮船公司纪略［M］//政协四川省委员会，四川省省志编辑委员会. 四川文史资料选辑（第十辑）. 中国人民政治协商会议四川省委员会.

童少生. 1991. 回忆民生轮船公司［M］//政协重庆市委员会文史资料委员会. 重庆文史资料选辑（第十七辑）. 重庆：西南师范大学出版社.

涂尔干. 1989. 教育的性质与任务［M］//瞿葆奎. 教育与社会发展（教育学文集第3卷）. 北京：人民教育出版社.

涂尔干. 2000. 实用主义与社会学［M］. 渠东，译. 上海：上海人民出版社.

王春梅. 2006. 西方民族主义教育思想研究［M］. 北京：民族出版社.

王啸. 2002. 全球化与中国教育［M］. 成都：四川人民出版社.

威廉·詹姆士. 1979. 实用主义［M］. 陈羽纶，孙瑞禾，译. 北京：商务印书馆.

吴德刚. 2011. 中国教育改革发展研究［M］. 北京：教育科学出版社.

吴洪成，郭丽平，等. 2006. 教育开发西南：卢作孚的事业与思想［M］. 重庆：重庆出版社.

吴晋航. 2000. 民生公司概述 [M]. 全国政协文史资料委员会. 文史资料选辑（第12辑）. 北京：中国文史出版社.

吴宣德. 2001. 中国区域教育发展概论 [M]. 武汉：湖北教育出版社.

吴彦文. 1939. 广西之特种教育 [M]. 广西省政府教育厅编审室.

希尔斯. 1991. 论传统 [M]. 傅铿，吕乐，译. 上海：上海人民出版社.

香山健一. 1990. 为了自由的教育改革——从划一主义到多样化的选择 [M]. 刘晓民，译. 北京：高等教育出版社.

项贤明. 2000. 比较教育学的文化逻辑 [M]. 哈尔滨：黑龙江教育出版社.

周永林，凌耀伦. 2001. 卢作孚追思录 [M]. 重庆：重庆出版社.

徐中约. 2002. 中国近代史（下册）[M]. 计秋枫，张庆葆，译. 香港：香港中文大学出版社.

宋恩荣. 1989. 晏阳初全集（第一集）[M]. 长沙：湖南教育出版社.

马秋帆，熊明安. 1993. 晏阳初教育论著选 [M]. 北京：人民教育出版社.

杨东平. 2003. 艰难的日出：中国现代教育的20世纪 [M]. 上海：文汇出版社.

杨汝熊. 1988. 中国的格龙维 [M] //政协广西壮族自治区委员会文史资料委员会. 雷沛鸿纪念文集. 南宁：政协广西壮族自治区委员会文史资料委员会.

杨森. 1990. 九十忆往 [M]. 台湾：龙文出版社股份有限公司.

杨森. 2003. 杨森致卢作孚函（1935年7月7日）[M] //黄立人. 卢作孚书信集. 成都：四川人民出版社.

杨寿堪，王成兵. 2011. 实用主义在中国 [M]. 北京：首都师范大学出版社.

杨小微. 2003. 美日教育本土化变革的比较及其对中国的启示 [M] //上海市社会科学界联合会. 人文社会科学与当代中国. 上海：上海人民出版社.

尹曲，马伟鹗. 1992. 雷沛鸿先生教育思想的政治基础 [M] //广西雷沛鸿教育思想研究会. 雷沛鸿教育思想研究文集（一）. 南宁：广西教育出版社.

余英时. 2004. 文史传统与文化重建 [M]. 北京：生活·读书·新知三联书店.

虞伯舜. 1938. 抗战后方的新广西 [M]. 重庆：建国书店.

袁世凯. 1991. 大总统申令（公布国民学校令）[M] //璩鑫圭，唐良炎. 中国近代教育史资料汇编·学制演变. 上海：上海教育出版社.

袁智. 1985. 回顾前民生公司的发展 [M] //政协四川省委员会文史资料研究委员会. 四川文史资料选辑（第三十七辑）. 成都：四川人民出版社.

张守广. 2002. 卢作孚年谱 [M]. 南京：江苏古籍出版社.

召川. 2000. 我所知道的卢作孚和民生公司 [M]. 全国政协文史资料委员会. 文史资料选辑（第74辑）. 北京：中国文史出版社.

赵戎生. 2001. 卢作孚是怎样开拓北碚教育事业的 [M] //周永林，凌耀伦. 卢作孚追思录. 重庆：重庆出版社.

赵晓铃. 2002. 卢作孚的梦想与实践 ［M］. 成都：四川人民出版社.

郑金洲. 2000. 教育文化学 ［M］. 北京：人民教育出版社.

郑永年. 2000. 中国民族和自由主义研究（提纲）［M］//哈佛燕京学社. 公共理性与现代学术. 北京：生活・读书・新知三联书店.

中国大百科全书出版社简明不列颠百科全书编辑部. 1986. 简明不列颠百科全书（第六卷）［M］. 北京：中国大百科全书出版社.

中国社会教育社广西考察团. 1937. 广西的教育及其经济 ［M］. 无锡：民生书局.

周顺之. 1992. 抗日战争时期迁驻北碚的国民政府机关和科研文教单位 ［M］//何建廷，北碚文史资料第 4 辑抗日战争的北碚. 北碚：政协重庆市北碚区委员会文史资料委员会.

朱勃，王孟宪. 1984. 比较教育的研究方法 ［M］：北京：教育科学出版社.

庄泽宣. 1938. 如何使新教育中国化 ［M］. 上海：民智书局.

庄泽宣. 1939. 乡村建设与乡村教育 ［M］. 昆明：中华书局.

［佚名］. 1922-02-1. 四川泸县之职业教育 ［N］. 申报（16）.

［佚名］. 1925-12-05. 四川通俗教育馆长卢作孚等来苏考察 ［N］. 申报（7）.

［佚名］. 1945. 卢作孚讲业务管理 ［J］. 新世界（2）.

［佚名］. 1946. 卢作孚论中国战后建设 ［J］. 新世界（2）.

北碚小学. 1937. 半年来的北碚小学 ［J］. 北碚月刊，1（6）.

本刊记者. 2000. 教育国际化与本土化研讨会综述 ［J］. 教育理论与实践（8）.

伯华. 1943. 国民中学的进步性 ［J］. 广西教育研究（4）.

曹天忠. 2000. 国民基础教育与广西基层社会建设 ［J］.（台湾）"中央研究院"近代史研究年集刊（34）.

曹天忠. 2001. 20 世纪 30—40 年代广西的初等教育改革运动 ［J］. 历史档案（3）.

曹天忠. 2001. 桂林文化城时期的国民中学之争 ［J］. 中山大学学报（社会科学版）（2）.

曹天忠. 2001. 哈佛、欧柏林大学游学工读与雷沛鸿的教育思想 ［J］. 广东社会科学（2）.

曹天忠. 2001. 雷沛鸿与孙中山 ［J］. 广西地方志（5）.

曹又文. 1993. 雷沛鸿对孙中山思想的继承和发扬 ［J］. 广东社会科学（4）.

曹又文. 1993. 雷沛鸿教育思想的演进 ［J］. 广西师范大学学报（哲学社会科学版）（2）.

常导之. 1944. 广西省之国民中学 ［J］. 教育视导集刊（1）.

陈剑恒. 1941. 国民教育行政的一个矛盾 ［J］. 国民教育指导月刊，1（2）.

陈康. 2011. 民国时期高等教育的本土化表现及主要动因探析 ［J］. 河南师范大学学报（哲学社会科学版）（6）.

陈曼平. 1998. 中国基础教育在毛南族地区的推行 ［J］. 广西地方志（5）.

陈时见. 1996. 雷沛鸿国民基础教育理论与实践及其借鉴意义 ［J］. 广西师范大学学报（哲学社会科学版）（3）.

陈时见. 1997. 教育大众化的开创性探索——雷沛鸿教育活动述评 ［J］. 东疆学刊（2）.

陈佑清. 2011. 教学过程的本土化探索——基于国内著名教学改革经验的分析 ［J］. 当代教育与文化（1）.

陈元. 2012. 论我国现代大学教育研究机构与新教育中国化的互动 ［J］. 黑龙江高教研究（5）.

戴本博. 1993. 雷沛鸿的治学之道 ［J］. 中国高教研究（6）.

但昭彬, 广少奎. 2009. 雷沛鸿高等教育思想探析 ［M］//纪念《教育史研究》创刊二十周年论文集（2）——中国教育思想史与人物研究.

董宝良. 2009. 雷沛鸿的教育本质论及其思想渊源 ［M］//纪念《教育史研究》创刊二十周年论文集（2）——中国教育思想史与人物研究.

方舟. 2005. 民众教育旗手卢作孚 ［J］. 教育与职业（34）.

高德胜. 2011. "教育家办学"的冷思考 ［J］. 江苏教育学院学报（社会科学）（4）.

高敏贵, 潘启富. 1996. 论雷沛鸿穷省办大教育的历史经验 ［J］. 广西教育学院学报（2）.

高时良. 2009. 雷沛鸿素质教育观发微 ［M］//纪念《教育史研究》创刊二十周年论文集（2）——中国教育思想史与人物研究.

葛向荣, 舒杰. 1936. 一年来的北碚民众教育 ［J］. 工作月刊, 1（1）.

葛向荣. 1937. 国难期中小先生制的推行 ［J］. 北碚月刊, 2（1-6）.

苟翠屏. 2005. 卢作孚、晏阳初乡村建设思想之比较 ［J］. 西南师范大学学报（人文社会科学版）（5）.

苟翠屏. 2009. 晏阳初与卢作孚 ［J］. 炎黄春秋（11）.

苟翠屏. 2009. 晏阳初与卢作孚的交情 ［J］. 文史精华（11）.

顾明远. 2011. 教育的国际化与本土化 ［J］. 华中师范大学学报（人文社会科学版）（6）.

顾其美. 1940. 峡区教育视察记 ［J］. 北碚月刊, 3（4）.

广西省政府. 1936. 北流县各级基础学校实施小先生制办法 ［J］. 广西省政府公报（131）.

广西省政府. 1937. 电发广西国民基础学校最低设备标准仰各遵照 ［J］. 广西省政府公报（157）.

广西省政府. 1937. 电各区行政监督等规定基础学校职教员办理教育以外政务限制办法通饬遵照 ［J］. 广西省政府公报（168）.

广西省政府. 1937. 广西国民基础学校巡回教学办法 [J]. 广西省政府公报（163）.

广西省政府. 1940. 廿九年十二月教义字第一〇三五二号篠代电据报韦茂林捐资兴学准给与一等奖章 [J]. 广西省政府公报（968）.

广西省政府. 1941. 广西建设计划大纲 [J]. 广西政府公报（1156）.

广西省政府. 1942. 三十一年八月教参字第九六五七号养代电电饬各县（市）提高中心学校国民学校学生程度 [J]. 广西省政府公报（1467）.

郭道明. 1996. 雷沛鸿师范教育思想初探 [J]. 广西师范大学学报（哲学社会科学版）（2）.

郭剑鸣. 2003. 试论卢作孚在民国乡村建设运动中的历史地位——兼谈民国两类乡建模式的比较 [J]. 四川大学学报（哲学社会科学版）（5）.

郭丽平. 2006. 现代教育家卢作孚的事业与教育思想研究 [D]. 保定：河北大学.

郭齐家，王建梁. 2009. 雷沛鸿师范教育思想研究发微 [M] //纪念《教育史研究》创刊二十周年论文集（2）——中国教育思想史与人物研究.

郭齐家. 1993. 雷沛鸿——从整体上探索中国教育出路的先行者 [J]. 中国教育学刊（3）.

瀚青. 1998. 论雷沛鸿的师道观 [J]. 华东师范大学学报（教育科学版）（2）.

洪石鲸. 1941. 四川省各县乡镇保校基金之筹集 [J]. 国民教育指导月刊（四川），1（2）.

侯铭. 1940. 在峡区实验中的新二部教学法 [J]. 北碚月刊，3（5）.

胡晓风. 1995. 向五位大师学习 [J]. 四川教育学院学报（4）.

华京生，华国栋. 2009. 区域教育研究的意义、特征和路径 [J]. 教育研究（2）.

黄升任. 1999. 对"教育救国论"的再认识 [J]. 探索与争鸣（7）.

黄书光. 2010. 基础教育变革中的文化坐标 [J]. 高等教育研究（1）.

黄文华. 2007. 救亡与救穷的双重使命——广西普及国民基础教育运动（1933—1940）[D]. 四川大学历史文化学院.

黄文华. 2008. 民国时期"广西普及国民基础教育运动"经费筹集及共矛盾困境 [J]. 桂林师范高等专科学校学报（4）.

黄子裳，刘选青. 1937. 嘉陵江三峡乡村十年来之经济建设 [J]. 北碚月刊（5）.

黄子裳. 1936. 嘉陵江三峡乡村建设实验区成立经过 [J]. 工作月刊，1（1）.

嘉陵江三峡乡村建设实验区署. 1937. 教育视导大纲 [J]. 北碚月刊，1（12）.

嘉陵江三峡乡村建设实验区署. 1937. 教育视导暂行办法 [J]. 北碚月刊，1（12）.

嘉陵江三峡乡村建设实验区署. 1937. 三峡实验区儿童家畜保育团简章 [J]. 北碚月刊，1（11）.

嘉陵江三峡乡村建设实验区署. 1937. 实验区农产展览会报告 [J]. 北碚月刊，2 (1-6).

贾宏燕. 2010. 幼儿教育界“新教育中国化运动”——论陈鹤琴“中国化的新幼稚园”及其启示 [J]. 教育史研究 (4).

姜朝晖. 2007. 评 20 世纪初对教育独立的一次理论探讨 [J]. 历史教学 (高校版) (4).

雷沛鸿. 1940. 广西省教育现况与检讨 [J]. 教育杂志，30 (9).

李承先，陈学飞. 2008. 话语权与教育本土化 [J]. 教育研究 (6).

李德玮. 1991. 论雷沛鸿教育思想及其实践 [J]. 广西师范大学学报 (哲学社会科学版) (3).

李海云. 2006. 新教育中国化运动研究 [D]. 上海：华东师范大学.

李海云. 2008. 全球化背景下的教育中国化——古楳新教育中国化理论的启示 [J]. 齐鲁学刊 (4).

李海云. 2008. 新教育中国化运动及其对当今教育改革的启示 [J]. 湖南师范大学教育科学学报 (3).

李豪. 1941. 本省边远县份的国民基础教育 [J]. 广西教育研究，1 (2).

李寰. 1948. 论共同进化与中国化运动 [J]. 边铎月刊，2 (1).

李慧洁. 2007. 论 20 世纪的“新教育中国化”[J]. 湖北教育学院学报 (11).

李继樊，罗仕聪. 2001. 试论卢作孚教育思想与教育实践的特点 [J]. 重庆社会主义学院学报 (3).

李佳穗. 1996. 卢作孚的学校教育思想 [J]. 文史杂志 (4).

李剑萍. 1999. 雷沛鸿与 20 世纪前半期中国成人教育 [J]. 河北师范大学学报 (教育科学版) (3).

李黎明. 2006. 梁漱溟乡村建设研究 [D]. 石家庄：河北师范大学.

李露. 1998. 论雷沛鸿教育行政管理思想与实践 [J]. 华东师范大学学报 (教育科学版) (1).

李露. 1999. 雷沛鸿教育法律思想渊源初探 [J]. 学术论坛 (2).

李森. 1942. 国民中学创立之回顾与前瞻 [J]. 广西教育研究，3 (2).

李向红，任一明. 2009. 卢作孚与黄炎培职业教育思想之比较 [J]. 继续教育研究 (8).

李向红. 2010. 卢作孚职业教育思想研究·摘要 [D]. 重庆：西南大学.

李彦福. 2009. 雷沛鸿教育思想与广西民族教育 [M] //《教育史研究》编辑部. 纪念《教育史研究》创刊二十周年论文集 (2) ——中国教育思想史与人物研究. 北京.

李业才，吴佩杰. 1999. 雷沛鸿教育方法论析 [J]. 广西右江民族师范高等专科学校学报 (4).

李政涛. 2004. 论中国教育学学派创生的意义及其基本路径 [J]. 教育研究 (1).

梁上燕. 1943. 边远县份的国民教育问题 [J]. 国民教育指导月刊, 3 (6).

廖其发. 2009. 论雷沛鸿的教育救国思想 [M] //《教育史研究》编辑部. 纪念《教育史研究》创刊二十周年论文集 (2) ——中国教育思想史与人物研究. 北京.

林洞笙. 2009. 雷沛鸿在广西民族地区推行成人教育的做法和启示 [M] //《教育史研究》编辑部. 纪念《教育史研究》创刊二十周年论文集 (2) ——中国教育思想史与人物研究. 北京.

林峰. 1940. 本区教育视察琐记 [J]. 北碚月刊, 3 (10).

林家有. 1998. 论雷沛鸿的价值观 [J]. 广西右江民族师范高等专科学校学报 (4).

林立. 1941. 国基校节省教学时间的商榷 [J]. 广西教育研究, 1 (5).

林良夫. 2000. 二十世纪前叶新教育中国化道路的回顾与反思 [J]. 社会科学战线 (5).

林森. 2010-05-11. 怎么样才是"教育家办学"？——关于"教育家办学"的十个视角 [N]. 中国教育报 (005).

刘公绰, 李伯龙. 1998. 雷沛鸿创制国民中学对我们进行素质教育的启示 [J]. 基础教育研究 (2).

刘来兵, 彭泽平. 2010. 卢作孚乡村民众教育建设实践探析 [J]. 四川师范大学学报 (社会科学版) (2).

刘来兵. 2008. 卢作孚北碚乡村教育建设探析 [D]. 重庆：西南大学.

刘庆昌. 2001. 论教育家 [J]. 山西大学学报 (哲学社会科学版) (5).

刘秀英. 2003. 企业家卢作孚独具特色的教育思想及其渊源 [J]. 邢台职业技术学院学报 (6).

刘义兵. 2009. 卢作孚早期的教育实践活动 [M] //《教育史研究》编辑部. 纪念《教育史研究》创刊二十周年论文集 (2) ——中国教育思想史与人物研究. 北京.

刘兆伟, 赵伟. 1998. 论雷沛鸿师范教育改革思想与其现实意义 [J]. 辽宁高等教育研究 (4).

刘兆伟, 赵伟. 1999. 雷沛鸿的教育立法思想与实践 [J]. 辽宁教育学院学报 (6).

刘忠义. 1937. 民众学校的几个实际问题 [J]. 北碚月刊, 1 (5).

刘忠义. 1939. 强迫教育的实践 [J]. 北碚月刊, 3 (1).

刘重来. 2001. 难能可贵的超前思考——试论卢作孚教育思想与实践 [J]. 重庆社会科学 (5).

卢显能. 1941. 从本省的经验论国民教育的特质 [J]. 广西教育通讯, 2 (5-6).

卢子英. 1937. 成都之行 [J]. 北碚月刊, 1 (12).

卢子英. 2001. 怀念二哥卢作孚 [M] //周永林, 凌耀伦. 卢作孚追思录. 重庆：重庆出版社.

卢作孚. 1940. 如何提倡劳动服务 [J]. 广播周报 (184).

罗善屏. 1943. 当前国民教育之严重问题及其解决方法 [J]. 国民教育指导月刊, 3 (10).

骆永寿. 1995. 卢作孚与成都通俗教育馆 [J]. 四川教育学院学报 (4).

骆永寿. 2001. 试论卢作孚民众教育思想的形成与发展 [J]. 文史杂志 (2).

马佳宏. 1999. 雷沛鸿教育管理思想论纲 [J]. 广西右江民族师范专科学校学报 (2).

马清和, 韦善美. 1990. 雷沛鸿传略 [J]. 晋阳学刊 (5).

民众教育委员会. 1936. 一月来的北碚妇女读书会 [J]. 北碚月刊, 1 (1).

民众教育委员会. 1937. 峡区民众教育之动向 [J]. 北碚月刊, 2 (1-6).

钮则诚. 2011. 教育伦理学本土化重构试探：台湾观点 [J]. 教育文化论坛 (5).

潘景佳. 1941. 国民中学教育之问题及其解决途径 [J]. 广西教育研究, 1 (4).

潘启富. 1997. 雷沛鸿创立的国民中学制度 [J]. 广西教育学院学报 (1).

潘启富. 2005. 雷沛鸿教育法治思想与实践浅析 [J]. 广西师范学院学报 (哲学社会科学版) (4).

彭干梓, 卢璐, 夏金星. 2009. 爱国实业家卢作孚的民众教育与职业教育思想 [J]. 职教论坛 (9) 上.

彭拥军. 2004. 高等教育的国际化与本土化 [J]. 大学教育科学 (4).

蕲阳侠. 1991. 卢作孚的企业教育及其经济成效 [J]. 教育与经济 (2).

钱宗范. 1997. 雷沛鸿民族教育体系理论研究 [J]. 右江民族师专学报 (4).

秦毅. 2002. 一个实业家对教育的思考与追求——卢作孚与中国的教育现代化 [D]. 重庆：西南师范大学.

曲铁华. 1994. 试论雷沛鸿改革高等教育的理论与实践 [J]. 辽宁教育学院学报 (2).

全红, 刘占贵, 王建梁. 2001. 雷沛鸿教育立法思想及实践研究 [J]. 广西右江民族师专学报 (4).

沈慧, 高文莹. 2005. 高等教育"国际化视野、本土化运作"的策略分析 [J]. 煤炭高等教育 (6).

舒杰, 葛向荣. 1936. 一年来的北碚的民众教育 [J]. 工作月刊, 1 (1).

舒新城. 1924. 论道尔顿制精神答余家菊 [J]. 中华教育界 (8).

宋恩荣. 1993. 民族主义教育家雷沛鸿 [J]. 广西师范大学学报 (哲学社会科学版) (2).

宋荐戈. 1998. 雷沛鸿主持下的广西教育改革和陕甘宁边区教育改革之比较 [J]. 广西教育 (5).

宋秋英, 丁邦平. 2011. 全球化背景下教育学本土化的内在意蕴及动因分析 [J].

教育与职业（3）.

　　苏希洵. 1941. 广西省廿九年度全省中等学校校长会议暨中学区中学教育研究会联席会议训词［J］. 国民教育指导月刊，1（2）.

　　覃德平. 1991. 雷沛鸿教育思想的理论基础［J］. 广西师院学报（哲学社会科学版）（1）.

　　覃红霞，陈兴德. 2000. 略论卢作孚的教育思想与教育生涯［J］. 重庆社会科学（3）.

　　谭超. 2003. 杜威思想对卢作孚教学方法的影响［J］. 西南交通大学学报（社会科学版）（2）.

　　谭群玉，曹又文. 1997. 雷沛鸿和新桂系的思想比较［J］. 广西社会科学（1）.

　　谭群玉. 1991. 论雷沛鸿的教育哲学观［J］. 广西师范大学学报（哲学社会科学版）（3）.

　　天民. 1912. 公民教育问题［J］. 教育杂志，5（10）.

　　田海蓝，周凝华. 2003. 卢作孚的教育生涯及教育思想［J］. 武汉交通管理干部学院学报（1）.

　　汪灏. 1999. 雷沛鸿教育思想研究发展概述［J］. 广西右江民族师范高等专科学校学报（2）.

　　王炳照. 1993. 雷沛鸿教育思想的创新、求实精神［J］. 教育评论（2）.

　　王慧. 2004. 师范教育改革的一个成功范例——雷沛鸿师范教育思想及实践［J］. 河北大学学报（哲学社会科学版）（3）.

　　王建梁，全红. 2001. 雷沛鸿与广西教育现代化——一个教育立法的视角［J］. 广西大学学报（哲学社会科学版）（增刊）.

　　王金霞，赵丹心. 2005. 定县模式—北碚模式：两种不同乡村建设模式的取舍［J］. 河北师范大学学报（哲学社会科学版）（3）.

　　王瑞武. 2007. 高等教育的国际化与本土化［J］. 当代教育论坛（3）.

　　王欣瑞. 2007. 现代化视野下的民国乡村建设思想研究［D］. 西安：西北大学.

　　王振权. 2010. 区域教育变革的场域依赖［J］. 中国教育学刊（2）.

　　蔚然. 1934. 传纪：航业界后起之秀——卢作孚先生与其事业［J］. 交通职工月报，2（9）.

　　文石. 1946. 航业巨子卢作孚［J］. 人物杂志（创刊号）.

　　吴黛舒. 2007. 繁荣背后的反思：中国的"教育学本土化"［J］. 教育理论与实践（5）.

　　吴冬梅，俞启定，于述胜. 2005. 20世纪二三十年代"新教育中国化"运动研究——"新教育中国化"运动的兴起［J］. 河北师范大学学报（教育科学版）（3）.

　　吴冬梅，俞启定，于述胜. 2005. 何谓"新教育本土化"［J］. 华东师范大学学报

（教育科学版）（2）.

吴冬梅. 2009. 庄泽宣"新教育中国化"思想、行为的社会心理学分析 [J]. 出国与就业：就业教育（14）.

吴桂就. 1993. 陶行知与雷沛鸿教育实践的相互关系 [J]. 中国教育学刊（1）.

吴桂就. 2000. 论雷沛鸿构建"民族教育体系"的理论基础 [J]. 广西民族学院学报（哲学社会科学版）（4）.

吴桂就. 2010-10-27. 雷沛鸿："教育为公、学术为公、天下为公" [N]. 中国教育报（C03）.

吴红英. 2008. 试论卢作孚的近代化思想与实践 [D]. 长沙：湖南师范大学.

吴洪成，陈兴德. 2000. 卢作孚教育思想及其实践活动述论 [J]. 西南师范大学学报（人文社会科学版）（5）.

吴洪成，郭丽平. 2010. 现代实业家卢作孚的教育救国梦 [J]. 职业技术教育（4）.

吴洪成，张文超. 2009. 卢作孚教育思想述评 [J]. 重庆社会科学（7）.

吴虹雨，朱成科. 2011. 近十年来我国课程理论本土化研究述评 [J]. 当代教育科学（21）.

吴康宁. 2004. "有意义的"教育思想从何而来—由教育学界"尊奉"西方话语的现象引发的思考 [J]. 教育研究（5）.

吴玉伦. 2005. 教育救国思潮的形成与发展 [J]. 湖南科技大学学报（社会科学版）（5）.

萧蕴昆. 1937. 北碚博物馆一瞥 [J]. 北碚月刊，1（5）.

肖欣. 2007. 试论卢作孚的社会整合思想 [J]. 重庆工学院学报（社会科学版）（5）.

谢文庆. 2012. 论近代知识分子转型及其教育推动力 [J]. 湖南师范大学教育科学学报（5）.

谢文庆. 2012. 论现代化视域下的中国近代教育史研究范式 [J]. 大学教育科学（5）.

谢文庆. 2012. 中国百年教育变革的本土化审视 [J]. 教育研究与实验（5）.

徐建平，王智力. 1996. 雷沛鸿对生活教育运动的贡献 [M] //广西高等教育改革与发展. 南宁：广西教育出版社.

徐建奇. 2005. 雷沛鸿教师思想探微 [J]. 乐山师范学院学报（11）.

徐旭. 1934. 广西普及国民基础教育的前程 [J]. 中华教育界，22（1）.

徐亚明. 1935. 四川新建设中心之小三峡 [J]. 复兴月刊，3（6-7）.

雪西. 1937. 北碚要闻汇志 [J]. 北碚月刊，1（8）.

阎广芬. 1996. 雷沛鸿教育思想的精华 [J]. 河北大学学报（增刊）.

阎广芬. 1996. 雷沛鸿——探索中国成人教育出路的先行者 [J]. 中国成人教育（4）.

颜俊儒，罗林. 2004. 中国乡村建设运动启示录——以民国乡建两大模式为例 [J]. 黑龙江教育学院学报（6）.

杨芳，李露. 2006. 雷沛鸿高等教育思想及启示 [J]. 高教论坛（3）.

杨启秋. 1991. 论三十年代的广西国民基础教育运动 [J]. 社会科学探索（4）.

杨涛. 2011. 近代中学教育改革本土化的探索——以新式教学法引介为中心 [J]. 南阳师范学院学报（社会科学版）（1）.

杨卫玉. 1938. 广西教育之观感 [J]. 教育杂志，28（12）.

杨小微. 2003. 全球化进程中教育变革的本土化 [J]. 教育研究与实验（4）.

叶澜. 2004. 中国教育学发展世纪问题的审视 [J]. 教育研究（7）.

易慧清. 1993. 雷沛鸿在教育改革中的创新精神 [J]. 东北师大学报（哲学社会科学版）（4）.

易连云，杨昌勇. 2003. 论中国教育学学派的创生 [J]. 教育研究（4）.

于述胜. 2008. 改革开放三十年中国的教育学话语与教育变革 [J]. 教育学报（5）.

于伟，李姗姗. 2010. 教育理论本土化的三个前提性问题 [J]. 教育研究（4）.

于泽元. 2010. 教育理论本土构建的方法论论纲 [J]. 教育研究（5）.

喻本伐. 2006. 论雷沛鸿的教育实验思想 [J]. 教育研究与实验（6）.

袁振国. 2007. 教育家的诞生 [J]. 上海教育（7B）.

恽震. 1933. 参观四川小三峡社会事业日记 [J]. 旅行杂志，7（3）.

张秉福. 2006. 民国时期三大乡村建设模式之比较与借鉴 [J]. 长江论坛（2）.

张定璋. 1993. 杰出的教育家和教育整体改革改革实验的先驱——雷沛鸿 [J]. 教育研究与实验（4）.

张改先，程刚. 1994. 雷沛鸿高等教育思想浅识 [J]. 教育科学（1）.

张胜军，王琰春. 2005. 教育本土化的多重涵义与分析 [J]. 当代教育论坛（7下半月刊）.

张燕. 2006. 雷沛鸿与晏阳初乡村教育实验比较 [J]. 内蒙古农业大学学报（社会科学版）（2）.

张镇道. 1942. 论推行国民教育的困难及其克服 [J]. 国民教育指导月刊，1（10）.

赵旭东. 2001. 赶超本土化：反思中国本土文化建构 [J]. 社会学研究（6）.

郑金洲. 1997. 教育现代化与教育本土化 [J]. 华东师范大学学报（教育科学版）（3）.

郑文华. 2009. 卢作孚民生公司职工教育研究 [D]. 重庆：西南大学.

钟志华. 2005. "盲人掌灯"还要走多远？——试论我国教育的本土化问题 [J]. 当代教育科学（24）.

周绍东. 2001. 卢作孚国家现代化思想及其借鉴意义 [J]. 西南师范大学学报（人文社会科学版）（3）.

周绍东. 2001. 论卢作孚教育教学思想及其现实意义 [J]. 涪陵师专学报 (2).

朱炳祥. 2002. "全球化"与"本土化"相互关系的发生学阐释 [J]. 武汉大学学报 (社会科学版) (5).

庄西真. 2004. "接轨"还是"拿来"：教育学本土化的思考 [J]. 当代教育科学 (11).

索　引

后　记

　　胡适集《楚辞》名句为对联："孰不实而有获,独好修以为常。"1986 年著名书法家蒋维崧书写此联,以追忆雷沛鸿先生。此联古朴挚雅,道出了人生的真谛。此处所"好"之"修"不仅讲究"格致诚正"的内部修养,也追求"修齐治平"的外在功业,更蕴含着"用行舍藏"的人生智慧。虽然不能期望所有人都成为君子,但以这种追求与修养"为常",却是人人可为,这与王守仁所说"愚夫愚妇与圣人同"具有相似的境界。这副对联使我感慨良多,想是我跻身"愚夫"之列而能不懈追求之故吧。我生长于农村,功课尚可,后考入中等师范学校,相对全面的素质教育对我产生了至关重要的影响。后来进入大学学习,工作后一直在高中教授历史。从事教育工作多年,深切地感受到中小学对学生考试分数的极端重视、大学教育对毕业文凭的过度追求,使学生失去了对学问本身的兴趣,更失去了对学术研究的终极追求。中国教育的困厄与偏失激发了我的苦苦思考,让我尝试着改变,因"困于心,衡于虑,而后作",属于"又其次"者。加之"孤陋而寡闻"、"独学而无友",这种偏离学生考试成绩和升学率的努力遇到许多冷眼、误解与讥讽。于是在硕士毕业后我毅然决定攻读博士研究生。

　　可能是得益于我的"好修",黄书光师允我忝列门墙,给了我修习的机会,引领我步入学术殿堂。我虽然没有立雪程门的经历,却有囊萤映雪的意志与不窥园圃的决心。先生悉心教诲,切磋琢磨,有如醍醐灌顶,使我这"愚夫"豁然开朗,略窥学术门境。先生对我的学位论文督促启诲,可谓束发吐哺、宵衣旰食,不仅使我不忍卒读的博士学位论文变得尚可一观,也使我于"细无声"处受到了"春雨"般的学术熏陶。我顺利地完成了由知识传授者向学术研究者角色、由历史学向教育学研究范式、由求同向求异思维模式的转型,经历了人生一次"涅槃"式的嬗变。

　　本书是在我的博士学位论文(2015年10月论文被评审为"首届教育学会教育史分会优秀博士论文")的基础上修改而成的。在华东师范大学"智慧的创获、品性的陶熔、民族和社会的发展"的氛围中，我"好修"而"有获"。感谢教科院和教育学系诸位师长，特别是丁钢教授、杜成宪教授、李政涛教授、王保星教授、霍益萍教授、王伦信教授等老师的教诲。感谢曲铁华教授、余子侠教授等专家的评审意见，及各位盲审专家认真地评审。感谢田正平教授、肖朗教授、杜成宪教授、金忠明教授、王伦信教授等答辩委员会专家的真知灼见。感谢教育科学出版社罗永华编辑为本书的出版付出的辛苦劳动。

　　感谢教育学系2010级博士班这个友爱、豁达的群体。虽然不再"同学少年"，却依然"意气风发"，难忘却你争我辩的学术讨论，难忘却丽娃河畔的激扬文字，难忘却"青梅煮酒"时的指点江山。感谢同门兄弟姐妹为我"有获"提供的诸多帮助。

　　感谢妻子、儿子及亲友的理解与支持。并以此文告慰父母的在天之灵。

　　此研究得到"联校教育社科医学研究论文奖计划"的资助，谨对提供无偿资助的香港圆玄学院和汤伟奇博士、"联校论文奖计划"发起人之一的杜祖贻教授表示衷心的谢意。

　　西汉刘向曾说"书犹药也，善读之可以医愚"，恐怕我这一生只有勤勉读书才能脱"愚"致"智"。笔者不敢奢望成为兼具"智、仁、勇"三达德的君子，遑论圣人。如能勉力做到"实而有获"、"好修为常"，成为"不惑"的智者，对中国教育有芹曝之献，则为大幸。

谢文庆

2015年12月6日

于岱宗南麓

出　版　人　所广一

策划编辑　罗永华

责任编辑　罗永华

版式设计　孙欢欢

责任校对　贾静芳

责任印制　叶小峰

图书在版编目（CIP）数据

本土化视域中的近代西部地区办学取向研究："融
入式"与"互摄式"办学之比较/谢文庆著. —北京：
教育科学出版社，2015.12

（基础教育的文化传承与理论创新丛书/黄书光主
编）

ISBN 978-7-5041-9697-2

Ⅰ.①本…　Ⅱ.①谢…　Ⅲ.①基础教育—办学模式—
研究—中国　Ⅳ.①G639.2

中国版本图书馆 CIP 数据核字（2015）第 151778 号

基础教育的文化传承与理论创新丛书

本土化视域中的近代西部地区办学取向研究："融入式"与"互摄式"办学之比较
BENTUHUA SHIYU ZHONG DE JINDAI XIBU DIQU BANXUE QUXIANG YANJIU：
"RONGRUSHI" YU "HUSHESHI" BANXUE ZHI BIJIAO

出版发行	**教育科学出版社**				
社　　址	北京·朝阳区安慧北里安园甲 9 号	市场部电话	010-64989009		
邮　　编	100101	编辑部电话	010-64981252		
传　　真	010-64891796	网　　址	http://www.esph.com.cn		
经　　销	各地新华书店				
制　　作	北京金奥都图文制作中心				
印　　刷	北京易丰印捷科技股份有限公司				
开　　本	169 毫米×239 毫米　16 开	版　　次	2015 年 12 月第 1 版		
印　　张	15.75	印　　次	2015 年 12 月第 1 次印刷		
字　　数	242 千	定　　价	39.00 元		

如有印装质量问题，请到所购图书销售部门联系调换。